Leitfaden

zur Durchführung von

Zusammenfassenden kaufmännischen Übungen

in Form eines

Muster-Kontors

Von

Robert Stern

Oberlehrer der öffentlichen Handelslehranstalt und Dozent an der Handelshochschule zu Leipzig

LEIPZIG

G. J. Göschen'sche Verlagshandlung

1900

Im gleichen Verlage erschien:

Formulare und Blankettbriefe. Zusammengestellt zum Gebrauche von Stern's „Leitfaden zur Durchführung von zusammenfassenden kaufmännischen Übungen in Form eines Muster-Kontors". Preis M. 1.50.

Schlüssel zu Stern's „Leitfaden zur Durchführung von zusammenfassenden kaufmännischen Übungen in Form eines Muster-Kontors". (Nur für die Hand des Lehrers, bezw. zum Selbstunterricht!) Preis M. 1.—.

Vorwort.

Der vorliegende Leitfaden verfolgt den Zweck, zur konzentrierten Durchführung der buchhalterischen und sonstigen schriftlichen Arbeiten in einem Muster-Kontor den notwendigen Stoff zu liefern und zugleich dem Lernenden als Nachschlagbehelf über die wissenswertesten Daten des internationalen Geschäftsverkehrs zu dienen.

In diesem Sinne wurde derselbe in zwei Hauptabschnitte gegliedert. Der erste Teil bringt in regelmässigem Zusammenhange verschiedenartige Geschäftsereignisse in einem Kolonialwaren- und Landesproduktengeschäfte

Er beginnt mit der Inventur und Bilanz, welche — so ist angenommen — jährlich Ende November errichtet wird.

Einen Monat später tritt ein öffentlicher Gesellschafter hinzu und die neue Firma wendet sich nun auch dem Bank-, Kommissions- und Exportgeschäfte zu.

Überall dort, wo Geschäftsereignisse vorkommen, zu deren richtiger Beurteilung die Kenntnis der Handels-, Wechsel-, Konkurs- oder kaufmännischen Spezialgesetzgebung nötig ist, sind Fragen gestellt.

Diese werden bei der kontoristischen Durchführung vollständig ausser Betracht gelassen.

Sie haben nur den Zweck, dem Studierenden — in erster Linie dem zukünftigen Handelslehrer — Gelegenheit zu bieten, die betreffende Materie zu wiederholen, sowie die Berührungspunkte zwischen den technischen und den wissenschaftlichen Handelsfächern zu kennzeichnen. Im Verfolge dieses Zweckes ist auch stets in der Überschrift zu den Fragengruppen der Hinweis auf den betreffenden Gesetzesabschnitt erbracht.

So enthält auch der im gleichen Verlage erschienene „Schlüssel“, soweit es speziell Rechtsmaterien betrifft, blos die Angabe des betreffenden Gesetzesparagraphen oder den Hinweis auf ein juridisches Fachwerk, welches diesen Stoff besonders behandelt.

Dort aber, wo ausschliesslich handelstechnische Momente in Frage kommen, — wie z. B. die Usanzen der Welthandelsartikel —, sind diese gleich an der betreffenden Stelle erläutert.

Der zweite Teil des Leitfadens enthält Nachschlagmaterial über den Post-, Telegraphen- und Kabelverkehr, den Verkehr mit der Reichsbank, die Versendung von Waren mittels Eisenbahn, Dampfschiffen etc., insbesondere aber alle wissenswerten Daten für den Export nach den wesentlichsten Absatzgebieten und über die Zollabfertigung.

Infolge der zahlreichen Beispiele und eingehenden Erläuterungen dürfte der Leitfaden auch zum Nachschlagebuch für den Praktiker geeignet sein.

Diese Erwartung ist wohl um so berechtigter, als der wesentliche Teil der erbrachten Daten auch thatsächlich aus der Geschäftspraxis hervorgegangen ist.

Die benutzten Schriften sind nachstehend nahmhaft gemacht und werden solchen empfohlen, welche Spezialstudien auf einzelnen Gebieten machen wollen.

Möge sich der Leitfaden in Berufskreisen gute Freunde erwerben und zur Förderung des kaufmännischen Wissens sein Scherflein beitragen.

Der Verfasser.

Fachschriften,

welche bei Bearbeitung des Leitfadens teilweise benutzt wurden.

Dorn, Export-Kompass, Wien 1898.

Adolff, Deutscher Levante-Verkehr (Tarif), Altona 1899.

Neumann, Auskunftsbuch für den internationalen Eisenbahn-Güter-Versand, Berlin 1897.

Dietzel, Handbuch für den Export, Hannover 1897.

Hanisch, Handbuch für Eisenbahnbeamte, Spediteure und Kaufleute, Leipzig 1887.

Seiler, Illustr. Eisenbahn-Güterverkehrs-Heft, Zittau 1893.

Telschow, Der Geschäftsverkehr mit der Reichsbank. Leipzig 1899.

Havenstein, Die Zollgesetzgebung des Reiches, Berlin 1892.

Ballerstedt, Der praktische Ratgeber im deutschen Zollwesen, Osnabrück 1896.

Inhaltsverzeichnis.

I. Teil.

Leitfaden.

A. Die Büchereinrichtung.

Ludwig Richter, Inhaber des unter der eingetragenen Firma L. Richter in Betrieb stehenden Handelsunternehmens besitzt laut Inventur vom 30. November 19..:

Aktiva.

I. Kasse: M. 4556.15.

Fragen (betreffend jene Zahlungsmittel, welche im Geschäftsverkehr den Kassenvorrat bilden).

1. *Welche Währung besitzt Deutschland?*
2. *In welcher Stückelung werden Reichsgoldmünzen geprägt?*
3. *Können auch Privatpersonen sich aus Barren oder aus verschiedenartigen Sorten Reichsgoldmünzen prägen lassen?*
4. *Aus welchen Bundesstaaten, bez. mit welchen Landesgeprägen zirkulieren 20 Mark- und 10 Markstücke als Reichsgoldmünzen?*
5. *Was bedeuten die auf den Deutschen Reichsgoldmünzen aufgeprägten Buchstaben: A, B, C etc?*
6. *Besteht in betreff der Annahme von Silbergeld eine Beschränkung?*
7. *Bilden die Silberthaler deutschen Gepräges ein gesetzliches Zahlungsmittel?*
8. *Was wurde von seiten des Reiches mit Rücksicht auf die in Österreich bis 1867 geprägten Vereinsthaler veranlasst?*
9. *Welchen Rang unter den Zahlungsmitteln nehmen die aus Silber geprägten 5-, 2- und 1-Markstücke ein?*
10. *Welche Stückelung hat die Scheidemünze?*
11. *Welche Noten haben im Reichsgebiete als giltiges Papiergeld Umlaufsfähigkeit?*
12. *Welche Noten haben ein beschränktes Umlaufsgebiet?*
13. *In welchen verschiedenartigen Marknennwerten sind die deutschen Reichskassenscheine ausgegeben; in welcher Gesamthöhe?*
14. *Ist man im Privatverkehre gehalten, jede Summe derselben an Zahlungsstatt anzunehmen?*
15. *In welchen verschiedenartigen Marknennwerten sind die Noten der deutschen Reichsbank ausgegeben; bilden dieselben ein gesetzliches Zahlungsmittel?*

16. Welche Verpflichtung besitzt die deutsche Reichsbank rücksichtlich der ausgegebenen Noten?
17. Giebt es Noten von Privatbanken, welche bloss bedingte Zahlkraft besitzen?
18. Welche Bestimmungen bestehen in betreff der Annahme von Noten der Privatbanken bei der deutschen Reichsbank?
19. Was kann unter dem Titel: „Barbestand" ausser den genannten Geldsorten und Noten in einer Kassenrechnung noch ausgewiesen sein?
20. Wie manipuliert man in jenen Unternehmungen, in welchen Sorten, Geldsurrogate oder auch Verrechnungsangelegenheiten als barer Kassenbestand ausgewiesen werden?

II. Giro-Einlage.

Einlage bei der Deutschen Reichsbank zur Bewerkstelligung des Giro-Verkehrs M. 15 956.55.

Fragen (betreffend den Giro-Verkehr im allgemeinen und im besonderen den Giro-Verkehr mit der Deutschen Reichsbank).

21. Worin besteht der Giro-Verkehr der Banken?
22. Welchen Vorteil bietet dieser Verkehr dem Geschäftsmann?
23. Welches sind die beiden Hauptformen des Giro-Verkehrs der Deutschen Reichsbank?
24. Kann Jedermann die Giro-Einrichtung der Deutschen Reichsbank benutzen?
25. Welche Bedingungen hat derjenige zu erfüllen, der sich dieser Einrichtung bedienen will?
26. Wo muss derjenige seinen Wohnsitz haben, welcher dem Giro-Verkehr der Reichsbank beitreten will?
27. Welche besonderen Vorteile bietet der Giro-Verkehr jenen, welche ihr Wechselportefeuille an die Reichsbank begeben wollen?
28. Erhält der Inhaber eines Giro-Kontos für seine Einlagen Zinsen?
29. Kann der Inhaber eines Giro-Kontos lediglich durch Bareinlagen sein Guthaben vergrössern?
30. In welcher Weise verfügt der Kontoinhaber über seine Einlagen?
31. Welche Art der Reichsbankchecks wird bei Barabhebungen und welche bei Überweisungen, beziehungsweise Übertragungen verwendet?
32. Was geschieht, wenn der Kontoinhaber beim Ausstellen eines Checks das Formular verdirbt?
33. Was erhält der Kontoinhaber zum Nachweise der bewerkstelligten Einlagen?
34. Werden fällige Wechsel, Anweisungen, Zinsscheine, Einziehungschecks etc., wenn solche der Reichsbank zur Gutschrift auf Giro-Konto übergeben werden, von dieser abzugsfrei als sofort fällig werdendes Guthaben behandelt?
35. Hat der Kontoinhaber auch dann einen Check auszustellen, wenn er sein eigenes Accept bei der Reichsbank zahlbar stellen will?

36. Kann auch eine Firma, die dem Giro-Verkehr der Reichsbank nicht angehört, ihr Accept für Rechnung eines Konto-Inhabers zahlbar stellen und was hätte in diesem Falle zu geschehen, damit dieses von seiten der Reichsbank honoriert würde?

37. Worin besteht der eingeschränkte Giro-Verkehr mit Banknebenstellen?

38. Wie wickelt sich der Verkehr mit jenen ab, die kein Giro-Konto besitzen und zu gunsten solcher, welche dem Giro-Verkehre angehören, Erläge bewerkstelligen wollen?

39. Was bezweckt der mit den Mitgliedern der Reichsbank-Abrechnungsstellen unterhaltene Abrechnungs(Clearing)-Verkehr?

III. Sorten.

Stück 75 20-Francs-Stücke à 16.24 (Tageskurs vom 30. Nov.) M. 1218.—.

IV. Waren.*)

a) Im Magazin des Hauptgeschäftes befindlich

200 Brode f. Raffinad in blauem Papier, Fabrikmarke „Holland“;
gew. 1995 kg à 26.— p. 50 kg . . . . M. 1037.40.

100 Brode IIa Raffinad in weissem Papier;
gew. 1100 kg à 26.50 p. 50 kg . . . . M. 583.—.

L. B. & S. Nr. 2368/2409, 42 Sack Kampinos-Kaffee;
Brutto 3365 kg
Übersäcke 42 „
3323 kg
Tara 63 „
Netto 3260 kg à 59 Pf. p. 1/2 kg . . . . M. 3846.80.

Z△Co. 1141/1160. 20 Ballen Ostiglianer Reis Ia;
Brutto = Netto 2005 kg à 36.— p. 50 kg . . . . . M. 1443.60.

L. R. 17/21. 5 Ballen Karolina-Reis 000;
Brutto = Netto 507 kg à 33.85 p. 50 kg . . . . . M. 343.24.

L. R. 22/23. 2 Ballen Singapore-Pfeffer;
Brutto 119,5 kg
Tara 4 „ (2 kg p. Ballen)
Netto 115,5 kg à 85.— p. 50 kg . . . . M. 196.35.

L. B. & S. 69. 1 Kiste Kassia lignea;
Brutto 37 kg
Tara 6 „
Netto 31 kg à 95.— p. 50 kg . . . . M. 58.90.

S. S. 415/417. 3 Fass ff. Gallipoli-Tafelöl;
Brutto 1636 kg
Tara 12 1/2 % 204,5 „
Netto 1431,5 „ à 85.— p. 50 kg . . . . M. 2433.55.

*) Mit Rücksicht auf den Lehrzweck wurde davon Umgang genommen, eine grössere Anzahl von Warengattungen — wie eine solche in der Praxis des Warengrosshandels stets angetroffen wird — den Geschäftsbeispielen zu Grunde zu legen.

L. Ö. J. G. 1312/1316. 5 Fass dopp. raff. Rüböl;
Brutto 805 kg
Tara 165 „
Netto 640 kg à 30.— p. 50 kg . . . . M. 384.—.

B. & Bs. St. W. 4416/4445. 30 Barrels amerik. raff. Petroleum;
Brutto 5245 kg
Tara 20% 1050 „ (usanzmässig abgerundet)
Netto 4195 kg à 25,50 p. 100 kg . . . . . . M. 1069.75.

b) Unterwegs befindlich.

Aus Liverpool fakturierte: 50 Ballen Dhollerah good;
Netto Cwt 178, 3, 16 Pfd. à $3^{13}/_{16}$ „fob" Liverpool
£ 318, 5, 7 ₰ (à 20.40) . . . . M. 6492.90.

Daten für das Magazinsbuch.

42 Sack Kampinos Kaffee; Tara per Sack $1^1/_2$ kg.

L. B. & S.	Nr. 2368	Brutto	79	kg	L. B. & S.	Nr. 2389	Brutto	78	kg
„	„ 2369	„	80	„	„	„ 2390	„	79	„
„	„ 2370	„	79	„	„	„ 2391	„	79	„
„	„ 2371	„	79	„	„	„ 2392	„	79	„
„	„ 2372	„	80	„	„	„ 2393	„	80,5	„
„	„ 2373	„	79	„	„	„ 2394	„	79	„
„	„ 2374	„	80	„	„	„ 2395	„	80	„
„	„ 2375	„	78	„	„	„ 2396	„	80	„
„	„ 2376	„	79,5	„	„	„ 2397	„	80	„
„	„ 2377	„	80	„	„	„ 2398	„	80,5	„
„	„ 2378	„	79	„	„	„ 2399	„	79	„
„	„ 2379	„	78,5	„	„	„ 2400	„	79,5	„
„	„ 2380	„	79	„	„	„ 2401	„	79	„
„	„ 2381	„	79	„	„	„ 2402	„	78	„
„	„ 2382	„	78	„	„	„ 2403	„	77	„
„	„ 2383	„	79	„	„	„ 2404	„	78	„
„	„ 2384	„	79	„	„	„ 2405	„	78	„
„	„ 2385	„	79	„	„	„ 2406	„	79	„
„	„ 2386	„	80,5	„	„	„ 2407	„	79	„
„	„ 2387	„	80,5	„	„	„ 2408	„	78	„
„	„ 2388	„	79	„	„	„ 2409	„	79,5	„

20 Ballen Ostiglianer Reis; Brutto für Netto.

Z△Co.	Nr. 1141	Brutto=Netto	101	kg	Z△Co.	Nr. 1151	Brutto=Netto	101	kg
„	„ 1142	„	100	„	„	„ 1152	„	99,5	„
„	„ 1143	„	101	„	„	„ 1153	„	99,5	„
„	„ 1144	„	100	„	„	„ 1154	„	100	„
„	„ 1145	„	100	„	„	„ 1155	„	100	„
„	„ 1146	„	101	„	„	„ 1156	„	101	„
„	„ 1147	„	101	„	„	„ 1157	„	100,5	„
„	„ 1148	„	100	„	„	„ 1158	„	100,5	„
„	„ 1149	„	100	„	„	„ 1159	„	99,5	„
„	„ 1150	„	100	„	„	„ 1160	„	99,5	„

5 Ballen Karolina-Reis; Brutto für Netto.

L. R.	Nr. 17	Brutto=Netto	101 kg		L. R.	Nr. 20	Brutto=Netto	101,5 kg
„	„ 18	„	101 „		„	„ 21	„	102 „
„	„ 19	„	101,5 „					

2 Ballen Singapore-Pfeffer; Tara 2 kg p. Ballen.

L. R. Nr. 22 . . . Brutto 59,5 kg | L. R. Nr. 23 . . . . Brutto 60 kg

1 Kiste Kassia lignea.

L. B. & S. 69. Brutto 37 kg, Tara 6 kg.

3 Fass Gallipoli-Tafelöl; Tara 12½ %.

S. S.	Nr. 415	Brutto 545 kg;	Tara 68 kg.
„	„ 416	„ 545,5 „	„ 68,5 „
„	„ 417	„ 545,5 „	„ 68, „

5 Fass dopp. raff. Rüböl.

L. Ö. J. G.	Nr. 1312	Brutto 161 kg;	Tara 33,5 kg.
„	„ 1313	„ 160,5 „	„ 33 „
„	„ 1314	„ 160,5 „	„ 33 „
„	„ 1315	„ 162 „	„ 32,5 „
„	„ 1316	„ 161 „	„ 33 „

30 Barrels amerik. raff. Petroleum; Tara 20 %

Marke	Nr.	Brutto	Marke	Nr.	Brutto
B. & Bs. St. w.	Nr. 4416	Brutto 175 kg	B. & Bs. St. w.	Nr. 4431	Brutto 174 kg
	„ 4417	„ 174 „		„ 4432	„ 175 „
	„ 4418	„ 175 „		„ 4433	„ 175 „
	„ 4419	„ 175 „		„ 4434	„ 175 „
	„ 4420	„ 175 „		„ 4435	„ 175 „
	„ 4421	„ 174 „		„ 4436	„ 175 „
	„ 4422	„ 175 „		„ 4437	„ 175 „
	„ 4423	„ 175 „		„ 4438	„ 175 „
	„ 4424	„ 175 „		„ 4439	„ 175 „
	„ 4425	„ 175 „		„ 4440	„ 175 „
	„ 4426	„ 175 „		„ 4441	„ 175 „
	„ 4427	„ 175 „		„ 4442	„ 174 „
	„ 4428	„ 175 „		„ 4443	„ 175 „
	„ 4429	„ 175 „		„ 4444	„ 175 „
	„ 4430	„ 174 „		„ 4445	„ 175 „

Warennotierungen.

(Zusammenstellung der täglichen Kursdepeschen von den wichtigsten Warenmärkten, mit Erläuterung der Notierungsarten.)

Zucker.

Magdeburg: Kornzucker, exkl. Sack; 88 % Rendement
11.52½ (= M. 11.525 p. 50 kg).
Kornzucker, Nachprodukt; exkl. Sack, 75 % Rendement
9.55 (= M. 9.55 p. 50 kg).
Brodraffinade I . . . . 25.— (= M. 25.— p. 50 kg).
Brodraffinade II . . . . 24.75 (= M. 24.75 p. 50 kg).
Würfel II . . . . 26¼ (= M. 26.25 p. 50 kg).
Gemahlen Melis . . . . 24.25 (= M. 24.25 p. 50 kg).

Hamburg: Rohzucker, frei ab Hamburg (neue Usanz) 10½ (= M. 10.50 p. 50 kg).

London: Zucker granuliert, Ia deutsche Marke, „fob" Hamburg
11, 3¾ (= 11 sh, 3¾ d p. engl. Cwt).

Paris: Rohzucker, inkl. Sack; 88% Rendement 32½ (= 32½ frcs. p. 100 kg).

Wien: Raffinade I (versteuert auf Grund des neuen Zuckersteuergesetzes)
42.37½ (= fl. 42.375 p. 100 kg).
Raffinade II, dito . . . . 42.125 (= fl. 42.125 p. 100 kg).
Rohzucker, exkl. Sack, (Frachtbasis Aussig) 13.37½ (= fl. 13.375 p. 100 kg).

Ist der Preis auf „Frachtbasis" gestellt, so ist die Preisdifferenz nach den offiziell publizierten Bahntarifsätzen zu verrechnen.

Kaffee.

Havre: Santos good average . . . . 33¾ (= fcs. 33.75 p. 50 kg).

Hamburg: Santos good average p. Sept. 27 Pf.; p. Dez. 27¾ Pf.; p. März 28¼ Pf.; p. Mai 28¾ Pf. (Pf. p. ½ kg).

Rotterdam: Brasil type . . . . 18½ (= 18.5 cents p. ½ kg).

London: Rio coffee . . . . 29/3 (= 29 sh, 3 d p. Cwt).

S. auch: Wissenswerte Daten über den internationalen Kaffeehandel S. 24.

Petroleum.

New York: Rohöl . . . . 9.05 (= 9.05 cents p. Gallon).
Petrol Refined in Cashes, 70% . 7.80 (= 7.80 cents p. Gallon).

Philadelphia: Petrol Refined, 85% . . . . . 8.35 (= 8.35 cents p. Gallon).
Fracht für Petroleum: Von New York . . . . . . 3 s, — d p. Ton.
Von Philadelphia . . . . . 3 s, 6 d p. Ton.

Batum: Rohöl . . . . 23½ (= 23½ Kop. p. Pud).

Hamburg: Amerik raff. Stand. white . . . . . 8.40 (= M. 8.40 p. 50 kg).

Bremen: Raff. Petroleum (raff. Pennsylv), „offiz. Makler-Notiz", inkl. Fass
7.35 (= M. 7.35 p. 50 kg).
In Kesselwagen . . . . 6.45 (= M. 6.45 p. 50 kg).

Mannheim: Amerik. Petroleum, verzollt . . 22.10 (= M. 22.10 p. 100 kg).

Stettin: Amerik. Petroleum, verzollt . . . . 11.15 (= M. 11.15 p. 50 kg).

London: Amerik. Petroleum . . . . $4^1/_{16}$ (= $4^1/_{16}$ pence p. Gallon).
Pipe line Certif I 140.— cents (siehe auch „Wissenswerte Daten über den Handel mit Petroleum", Seite 26).

Baumwolle.

New York: Good dhollerah . . . . $6^3/_{16}$ (= $6^3/_{16}$ cents p. engl. Pfd.).

Liverpool (s. auch Hamburg): Deliveries Americain any Port L. & S. (Termin) $3^{26}/_{64}$ p. Aug. (= $3^{26}/_{64}$ d p. engl. Pfd.)

Bremen (s. auch Hamburg): Hauptnotiz: Upland middling $32^1/_4$ (= $32^1/_4$ Pf. p. $^1/_2$ kg).

Hamburg: Bei Verkäufen gelten die Bezeichnungen der Liverpool Cotton Brokers Association, und zwar bei:

Nordamerikanischer Baumwolle

Ganze Klasse	Dreiviertel Klasse	Halbe Klasse	Viertel Klasse
ordinary good ordinary	barely good ordinary	fully ordinary	strict ordinary
„ low middling	„ low middling	„ good ord.	„ good ord.
„ middling	„ middling	„ low middl.	„ lowmiddl.
„ good middling	„ good middling	„ middling	„ middling
„ middling fair	„ middling fair	„ good middl.	„ gd. middl.

Ostindischer Baumwolle

Ganze Klasse	Dreiviertel Klasse	Halbe Klasse.	Viertel Klasse
middling good middling	barely good middling	fully middling	strict middling
„ middling fair	„ middling fair	„ gd. middl.	„ gd. middl.
„ fair	„ fair	„ middl. fair	„ middl. fair
„ good fair	„ good fair	„ fair	„ fair
„ good	„ good	„ good fair	„ good fair
„ fine	„ fine	„ good	„ good

Hauptnotiz in: middling fair 40 (= 40 Pf. p. $^1/_2$ kg).
good middling $38^1/_2$ (= $38^1/_2$ Pf. p. $^1/_2$ kg).
low middling 36 (= 36 Pf. p. $^1/_2$ kg).

Alexandrien: good middling (Type A) [Termin] $8^{25}/_{32}$ (= $8^{25}/_{32}$ Dollars [tarifiert fcs. 54.15] p. 50 kg), (siehe auch „Wissenswerte Daten über den Handel mit Baumwolle", S. 29).

Fragen (betreffend die Bewertung der Vorräte bei Aufnahme der Inventur s. Nr. 93—130, Seite 11).

V. Niederlage (Detailgeschäft).

Warenvorräte	M. 9865.25	
Aussenstände lt. Kundenkladde	„ 465.85	
		M. 10 331.10.

Fragen (betreffend die handelsrechtlichen Bestimmungen über Detailverkaufsstellen und Filialen [§ 13 des Handelsgesetzbuches vom 10./5. 1897]).

40. Ist ein Geschäft, welches sich mit dem Kleinverkauf von Waren in der Weise befasst, dass dasselbe regelmässig seinen Bedarf von einem Zentralgeschäft erhält und an dieses den erzielten Erlös abführt, als Zweigniederlassung im Sinne des Handelsgesetzbuches anzusehen?

41. Ist ein Geschäft als Zweigniederlassung anzusehen, wenn dasselbe an einem vom Geschäftssitze des Inhabers verschiedenen Orte dauernd seine Thätigkeit entwickelt?

42. Was ist behufs Anmeldung, Zeichnung und Eintragung einer Zweigniederlassung zu veranlassen?

43. Was ist in dem Falle zu veranlassen, wenn die Zweigniederlassung im Auslande errichtet werden soll?

44. Kann die Zweigniederlassung selbständig klagen und geklagt werden?

45. Kann eine Zweigniederlassung im Verkehr mit ihren Käufern rechtsgiltig bedingen, dass dieselbe im Säumigkeitsfalle anstatt bei ihrem eigenen Gerichtsstande, bei dem der Zweigniederlassung geklagt werde?

VI. Markwechsel.

a) Platzwechsel.

Nr. 143 auf Renner & Co., hier, p. 17./12. d. J. . . . . . . M. 695.50.
Aussteller: Friedrich Hüttler, Elberfeld; ausgestellt am 17./8. d. J.; 4 Monate vom Ausstellungstage; Order, eigene; giriert von Falk & Sohn, Berlin, an Ludwig Richter.

Nr. 145 auf Frei & König, Oschatz; (domiziliert beim Aussteller) p. 15./1. n. J. . . . . M. 762.35.
Aussteller: Ludwig Richter; ausgestellt am 31./10. d. J. (als Tageswechsel); Order, eigene.

Nr. 146 auf Karl Seiler, hier; p. 15./1. n. J. . . . . M. 1465.55.
Aussteller: Link & Co., Berlin; ausgestellt am 15./10. d. J. (3 Monate a dato); Order, eigene; zahlbar bei der Reichsbankhauptstelle in Leipzig; giriert von Link & Co. an Ludwig Richter.

b) Versandwechsel.

Nr. 147 auf Rüdiger & Co., Frankfurt a. M.; p. 31./1. n. J. . . M. 1995.65.
Aussteller: Halm & Zeidler, Frankfurt a. M.; ausgestellt am 30./10. d. J. (per „Ultimo Januar n. J.“); Order, Wilhelm Linke; von diesem giriert an Ludwig Richter.

Nr. 149 auf Albin Straube, Stuttgart; p. 5./2. n. J. . . . . . M. 695.85.
Aussteller: Ludwig Richter; ausgestellt am 15./10. d. J. (als Tageswechsel); Order: eigene.

Fragen (betreffend den Wechselverkehr im allgemeinen).

46. Werden zerrissene, bez. in ihrer Form zerstörte Wechsel im Privatdiskonte käuflich erworben?

47. Welche Stellung nimmt die Reichsbank denen gegenüber ein, die ihr solche Wechsel zum Kaufe anbieten?

48. Welche Stellung nimmt sie jenen gegenüber ein, welche Wechsel mit Rasuren oder mit Korrekturen oder mit Schreibfehlern anbieten?

49. *Welche Stellung nimmt die Reichsbank denen gegenüber ein, welche Wechsel zum Diskonte anbieten, auf denen das Ausstellungsdatum unklar angegeben ist, — etwa in Doppelziffern — oder welche auf „Marcs", „Marken" oder „Reichsmarken" lauten?*
50. *Welchen Vorteil bietet es, wenn derjenige, welcher häufig Wechsel an die Bank diskontiert, sich bei dieser ein Giro-Konto eröffnen lässt?*
51. *Worin besteht der formelle und worin der verkehrstechnische Unterschied zwischen dem Diskont an die Reichsbank, dem Diskont an Private und dem börsenmässigen Verkauf von Wechseln?*
52. *Wieviel Tage berechnet die Reichsbank als Minimum, wenn sie Platzwechsel käuflich erwirbt? und wieviel, wenn sie Versandwechsel erwirbt?*
53. *Wieviel beträgt das Minimum des Diskontes bei Wechseln in Beträgen von oder unter 100 Mark und wieviel bei Wechseln, die auf höhere Beträge lauten?*
54. *Welche sonstigen Bestimmungen bestehen für den Diskont der Reichsbank und welche für das Einziehungsgeschäft derselben?*

Fragen (betreffend die §§ 1—55 der Allgemeinen Deutschen Wechselordnung).

55. *Wer ist wechselfähig?*
56. *Was versteht man unter aktiver und was unter passiver Wechselfähigkeit?*
57. *Welches sind die Erfordernisse eines eigenen Wechsels?*
58. *Welches sind die Erfordernisse eines gezogenen Wechsels?*
59. *Welche Wechsel bezeichnet man als „Keller"wechsel?*
60. *Welche Form von wechselmässigen Gefälligkeitsgeschäften bezeichnet man mit dem Ausdrucke „Wechselreiterei"?*
61. *Wodurch unterscheidet sich die Wechselzession vom Indossament (Giro)?*
62. *Wievielerlei Formen des Giros giebt es?*
63. *Was sind Rekta-Wechsel? Rektagiri?*
64. *Was versteht man unter einem Teilindossament?*
65. *Was bedeutet der Zusatz zum Indossament: „ohne Gewährleistung" (ohne Obligo)?*
66. *Was bedeutet der Zusatz zum Indossament: „ohne Kosten"?*
67. *Was bedeutet die zum Indossament gesetzte Bemerkung: „zur Einkassierung"? — „in Prokura"?*
68. *Welche Hauptbestimmungen enthält die Bekanntmachung vom 8./3. 1879 betreffend die Postaufträge zur Besorgung von Wechselaccepten?*
69. *Wann ist ein Wechsel zur Annahme zu präsentieren und welche Ausnahmen bestehen diesbezüglich bei Markt- und Messwechsel?*
70. *Wann beginnt die Präsentationsfrist von Mess- und Marktwechseln nach den Bestimmungen für nachstehende Messen und Märkte: Leipziger Messwechsel; Augsburger Messwechsel; Breslauer Marktwechsel; Brünner Marktwechsel?*

71. *Besteht eine Verpflichtung für den Inhaber eines Wechsels, denselben zur Annahme zu präsentieren? Innerhalb welcher Zeit müssen Wechsel, die nach Sicht zahlbar lauten, zur Annahme präsentiert werden?*
72. *Was hat der Inhaber eines auf eine bestimmte Zeit nach Sicht lautenden Wechsels zu thun, wenn der Bezogene bei Vorweisung desselben die Datierung des Acceptes verweigert?*
73. *In welcher Weise muss die Annahme eines Wechsels erfolgen; welche Einschränkungen der Annahme sind zulässig?*
74. *Welchen Funktionären des Wechsels gegenüber haftet der Acceptant nach dem Inhalte seines Acceptes wechselmässig?*
75. *Kann der Bezogene aus dem Wechsel einen wechselmässigen Anspruch gegen den Aussteller erheben?*
76. *In welchen — vom Standpunkte der Praxis — verschiedenartigen Formen kann der Wechsel auf einen anderen Zahlungsort lauten, als auf den Wohnort des Bezogenen (Acceptanten)?*
77. *Welche Vor- und welche Nachteile bringt das Domizilieren beim Aussteller?*
78. *Welche wechselrechtliche Folge hat es, wenn ein Domizilwechsel, auf dem der Aussteller die Präsentation zur Annahme ausdrücklich vorgeschrieben hat, diese Angabe nicht beachtet?*
79. *In welchen Fällen wird Protest mangels Annahme erhoben und welchen Zweck verfolgt man damit?*
80. *In welchen Fällen kann Regress auf Sicherstellung genommen werden?*
81. *Wann sind Wechselverbindlichkeiten zu erfüllen: bei Wechseln mit bestimmtem Zahltage? — bei Wechseln, die auf die Mitte eines Monates lauten? — bei solchen, die auf Ende des Monates lauten? — bei auf Sicht gestellten Wechseln? — bei Wechseln, welche nach Wochen oder Monaten oder Jahr und Monaten nach Sicht lauten?*
82. *Wie wird die Fälligkeit bei jenen nach dato lautenden Wechseln bestimmt, die in einem Lande ausgestellt sind, in welchem nach altem Stile gerechnet wird?*
83. *Auf welche Weise wird der Inhaber eines indossierten Wechsels als Eigentümer desselben legitimiert?*
84. *Hat der Zahlende die Echtheit der Indossamente zu prüfen?*
85. *In welcher Weise erfolgt die Zahlung von Wechseln, welche auf Münzsorten lauten, die am Zahlungsorte keinen Umlauf haben?*
86. *Ist der Inhaber eines Wechsels gehalten, am Fälligkeitstage eine ihm vom Zahler angebotene Teilzahlung anzunehmen?*
87. *Welchen Zweck verfolgt der Inhaber des Wechsels mit der Erhebung des Protestes im Falle der Nichtbezahlung?*
88. *Wann sind domizilierte Wechsel zur Zahlung vorzuweisen und was hat bei dieser Wechselgattung zu geschehen, wenn die Zahlung nicht erfolgt?*
89. *Welche Verpflichtung hat der Inhaber eines mangels Zahlung protestierten Wechsels gegenüber seinem unmittelbarem Vormanne?*
90. *Gegen wen kann der Inhaber eines mangels Zahlung protestierten Wechsels die Wechselklage anstellen?*
91. *Was ist er ausser der Wechselsumme zu fordern berechtigt?*
92. *Was versteht man unter einem Rück-(Retour-)wechsel und was ist beim Ausstellen eines solchen zu beachten?*

VII. Buchmässige Forderungsrechte (Debitoren).

a) Forderungen an zahlungsfähige Schuldner.

Paul Freitag, hier . . . . M. 1495.15.
Lt. Kontokorrentbuch p. 15./1. n. J.

Kurt Angermann, hier . . . . M. 855.45.
Lt. Kontokorrentbuch: M. 260.95 p. 8./2. n. J.
„ 594.50 p. 18./2. n. J.

A. Kühnel & Co., Halle . . . . M. 915.85.
Lt. Kontokorrentbuch p. 31./1. n. J.

Ludwig Burkhardt & Sohn, Riesa . . . . M. 765.05.
Lt. Kontokorrentbuch p. 5./12. d. J.

Rechnung für Verschiedenartige (Konto pro diversi):
Anton Hallig, Leipzig-Gohlis, p. 3./3. n. J. . . . . . M. 195.15.
Franz Keller, hier, p. 16./2. n. J. . . . . M. 31.85.
Albin Becker, Leipzig-Connewitz, p. 17./2. n. J. . . . . M. 33.95.

b) Forderungen an zweifelhafte und zahlungsunfähige Schuldner.

Karl Krause, hier, verfallen am 12. Oktober d. J.	**M. 415.65**	
ab Abschreibung am 30./11. d. J.	**„ 115.65**	**M. 300.—.**
Haller & Kurz, hier, verfallen am 12. Sept. v. J.	**M. 912.50**	
ab Abschreibung am 30./11. v. J.	**„ 456.25**	
	M. 456.25	
ab Abschreibung am 30./11. d. J.	**„ 456.25**	

Fragen (betreffend die gesetzlichen Vorschriften über Handelsbücher, sowie über die Wertbestimmung bei Aufnahme der Inventur und Aufziehung der Bilanz [zu §§ 38—47 des Handelsgesetzbuches vom 10. Mai 1897]).

93. *Besteht ein direkter Zwang zur kaufmännischen Buchführung?*
94. *Ist der gewerbliche Unternehmer verpflichtet, Bücher zu führen?*
95. *Von welchem Zeitpunkte an ist der Kaufmann verpflichtet, Bücher zu führen?*
96. *Besteht die Buchführungspflicht auch für juristische Personen? — für Handelsgesellschaften? — für Genossenschaften?*
97. *Ist ein persönlich haftender Gesellschafter auch nach seinem Ausscheiden aus der Gesellschaft noch für die Buchführung der Unternehmung verantwortlich?*
98. *Ist der Geschäftsführer einer Gesellschaft mit beschränkter Haftung auch nach Widerrufung seiner Bestellung für die Buchführung der Unternehmung verantwortlich?*
99. *Haftet eine Ehefrau für die Buchführung einer Unternehmung, wenn sie zu dem Geschäfte ihres Mannes den Namen hergiebt?*
100. *Haftet eine Ehefrau, wenn das Geschäft mit ihren Mitteln und auf ihre Rechnung vom Ehegatten, — der angenommen: Prokurist oder Handlungsbevollmächtigter ist — geführt wird, für die Buchführung?*

101. Haftet der Inhaber einer Unternehmung für die Buchführung, wenn er nachweisbar — aus welchem Grunde immer — nicht in der Lage ist, sie selbst zu führen, und sie daher anderen zur Führung überlassen muss?

102. Was müsste derjenige thun, der ein Handelsgewerbe betreibt und der Buchführung nicht mächtig ist, sich deshalb auch der Haftung für die ordnungsmässige Führung derselben entziehen will?

103. Wen trifft bei einer offenen Handelsgesellschaft — bei der gewöhnlichen Kommanditgesellschaft — und bei der Kommanditgesellschaft auf Aktien die strafrechtliche Verantwortung mit Rücksicht auf die Unterlassung oder ungeeignete Bücherführung im Falle des Konkurses?

104. Wen trifft sie bei obigen Gesellschaften, wenn gegen die Anordnungen des Bankdepotgesetzes verstossen wurde?

105. Sind die Kommanditisten einer gewöhnlichen Kommanditgesellschaft für die Buchführung verantwortlich?

106. Wer ist bei der Aktiengesellschaft und der Gesellschaft mit beschränkter Haftung strafrechtlich verantwortlich?

107. Sind die Liquidatoren einer Aktiengesellschaft für die Buchführung verantwortlich?

108. Gelten die Buchführungsvorschriften des neuen deutschen Handelsgesetzbuches auch für die in Deutschland arbeitenden Filialen ausländischer Unternehmungen?

109. Welche Bücher müssen bei einem in das Handelsregister eingetragenen Unternehmen geführt werden?

110. Wie muss die Buchführung eingerichtet sein, damit sie den gesetzlichen Anforderungen entspreche?

111. Bedingt ein Verstoss gegen die Grundsätze einer ordnungsmässigen Buchführung in Konkursfällen die Straffälligkeit?

112. Verliert eine Bilanz den Charakter der Giltigkeit, wenn sie nicht unterschrieben ist?

113. Ist die Anwendung des Systems der einfachen Buchführung bei Aktiengesellschaften unzulässig?

114. Worin beruht das System der freien Beweiswürdigung gegenüber dem System der formalen Beweistheorie?

115. Gelten Aufzeichnungen des Kaufmannes in Notizbüchern, Kalendern, Kundenbüchern, Kommissions- oder Bestellbüchern als Eintragungen in Handelsbücher?

116. Weshalb ist an Stelle des im bisherigen Handelsgesetze angeordneten Kopierens der abgehenden Briefe in ein Kopierbuch nunmehr lediglich das Aufbewahren von Abschriften der abgesendeten Briefe getreten?

117. Was setzt das neue Gesetz in betreff der Inventur und Bilanz fest?

118. Worin unterscheidet sich die Inventur von der Bilanz?

119. Hat auch derjenige eine Inventur bez. Bilanz zu machen, der ohne eigenes Vermögen sein Handelsgewerbe beginnt?

120. Hat auch der, welcher ein bestehendes Geschäft durch ein Rechtsgeschäft unter lebenden oder durch Erbschaft erwirbt, eine Eröffnungsinventur zu machen?

121. Was gilt in betreff der Bewertung der einzelnen Vermögensgegenstände? Wann ist der allgemeine Verkehrswert der Berechnung zu Grunde zu legen? — Wann der Markt- oder Börsenpreis? — Wann die Einkaufs- oder Selbstkostenpreise?

122. *Was bestimmt das Gesetz in betreff der Aufziehung zweifelhafter und uneinbringlicher Forderungen in der Inventur bez. Bilanz?*
123. *In welcher Währung ist die Bilanz von inländischen Unternehmungen aufzustellen? — und in welcher Währung die von ausländischen Gesellschaften, die im Inland Zweigniederlassungen unterhalten?*
124. *Was bestimmt das Gesetz in betreff der Festsetzung des Geschäftsjahres? — Wann hat z. B. ein Geschäftsmann die Bilanz aufzuziehen, der am 1. November 1901 sein Geschäft beginnt? — kann er mit der Aufstellung derselben bis 1. Januar 1903 warten?*
125. *Muss der Kaufmann alljährlich die Warenvorräte inventarisieren? — Giebt es nach dieser Richtung Erleichterungen?*
126. *Besteht eine Pflicht zur Aufbewahrung von Geschäftsbüchern?*
127. *Welche Bestimmungen bestehen mit Rücksicht auf die Aufbewahrung von Büchern einer aufgelösten Handelsgesellschaft?*
128. *Besteht auch nach Auflösung eines Geschäftes die Pflicht zur Aufbewahrung von Büchern noch fort? — Geht sie etwa auch auf die Erben über?*
129. *In welcher Sprache müssen Bücher geführt werden? — Ist Stenographie als Schriftzeichen einer lebenden Sprache anzusehen?*
130. *Ist der Gebrauch von Bleistift anstatt Tinte gestattet?*

VIII. Einrichtung.

Laut Spezialverzeichnis	**M. 1915.50**	
ab Abschreibung 10% für das 1. Jahr	**„ 191.55**	
Wert der Einrichtung am 30. November d. J.		**M. 1723.95.**

Passiva.

I. Tratten (Passivwechsel):

Nr. 19 p. 15./1. n. J. Order: Aussteller . . . . ausgestellt von Gottfried Hiller, Hamburg. Vier Monate nach dato.	**M. 2695.50.**
Nr. 21 p. 1./2. Order: Franz Walter . . . . ausgestellt von Herrburger & Co., Berlin, am 20./12. d. J. an Order Franz Walter (als Tagwechsel).	**M. 1055.65.**

II. Buchmässige Verbindlichkeiten (Kreditoren).

Schorr & Lüders, Berlin, p. 25./1. n. J.	**M. 1295.65.**
F. Kern & Sohn, Dresden. p. 3./12. d. J.	**M. 496.85.**
Winkler & Sohn, Wien, p. 16./3. n. J. (m. R.) K. 2695.30, à (Buchungskurs) 85.—	**M. 2291.—.**
William Rally & Comp., Liverpool, (m. R.) £ 318, 5, 7, p. 10./3. n. J. à (Buchungskurs) 20,40	**M. 6492.90.**

Die Wechsel sollen in die Aktiva mit dem Nennwerte eingestellt werden, dagegen ist für dieselben ein Diskont von $4\frac{1}{2}\%$ in die Passiva einzusetzen; ebenso ist für die successive fällig werdenden Tratten $4\frac{1}{2}\%$ Diskont in die Aktiva einzusetzen.

Der Umstand, dass auch die Debitoren und Kreditoren erst in späterer Zeit fällig werdende Posten bilden, soll nicht in Rücksicht gezogen werden.

Angaben für die buchhalterische und kontoristische Ausführung.

Es ist mit Benützung der vorstehenden Daten die Eröffnungsinventur (30. November) zu machen; die Vermögensbestandteile der Inventur sind sodann im Inventurbuche auch bilanzmässig zusammenzustellen.

Hierauf sind zu eröffnen: das Kassabuch, das Memorial; das Kontokorrentbuch und folgende Hilfsbücher: Waren- (Magazins-), Wechsel-, Sorten-, Trattenbuch.

Die Faktur über die unterwegs befindliche Ware ist in den Fakturensammler (Bibliorhapt) einzuheften.

Die vorräthigen fünf Wechsel werden in das Wechselportefeuille eingelegt.

Fragen (zu den §§ 1—7 des Handelsgesetzbuches vom 19./5. 1897).

131. Wer gilt nach dem neuen Handelsgesetzbuche als Kaufmann?

132. Ist Jedermann berechtigt, ein Handelsgewerbe zu betreiben? oder giebt es Personen, welche aus irgend einem Grunde vom Betrieb des Handelsgewerbes ausgeschlossen sind?

133. Ist es für die Kaufmannsqualität der Person unerlässlich, dass dieselbe das Handelsgewerbe thatsächlich betreibe?

134. Ist ein Apotheker, der infolge gesetzlicher Bestimmungen Waren zu bestimmten Preisen verkaufen muss, als Kaufmann im Sinne des Handelsgesetzbuches anzusehen?

135. Ist der Vorstand einer Aktiengesellschaft als solcher anzusehen?

136. Ist der Geschäftsführer einer Gesellschaft mit beschränkter Haftung als solcher anzusehen?

137. Ist ein Vormund, der ein Kaufmannsunternehmen zwar im eignen Namen, aber für Rechnung des Mündels betreibt, als Kaufmann anzusehen?

138. Ist der Kommanditist einer gewöhnlichen Kommanditgesellschaft, bez. ist der Kommanditist einer Kommanditgesellschaft auf Aktien als Kaufmann anzusehen?

139. Ist der Unternehmer, der sich in Konkurs befindet und mit Willen des Konkursverwalters das Unternehmen weiter betreibt, als Kaufmann anzusehen?

140. Muss der Betrieb eines Handelsgewerbes den Hauptberuf bilden, oder ist z. B. ein Staatsbeamter, der ein Fahrradgeschäft betreibt, als Kaufmann im Sinne des Handelsgesetzbuches zu betrachten?

141. Welches sind die neun Arten der Handelsgrundgeschäfte?

142. *Ist es als ein Handelsgeschäft anzusehen, wenn z. B. ein Juwelier Goldmünzen kauft, in der Absicht dieselben einzuschmelzen und daraus Verkaufsgegenstände zu fertigen?*
143. *Ist die regelmässige Anschaffung von Kisten oder Fässern zu Verpackungs- bez. Versendungszwecken als Handelsgrundgeschäft anzusehen? Macht es einen Unterschied, wenn bedungen ist, die Tara sei zurückzustellen, oder wenn die Tara berechnet wird?*
144. *Ist die Anschaffung von Tuch von seiten des Schneiders, der im handwerksmässigen Umfange sein Gewerbe betreibt, als Handelsgeschäft anzusehen?*
145. *Besitzt der Inhaber einer Lohnmühle, einer Lohnspinnerei oder Lohnweberei Kaufmannsqualität?*
146. *In welchen Fällen bildet das Versichern ein Handelsgeschäft?*
147. *Das Handelsgesetz bezeichnet als reines Handelsgrundgeschäft u. A. auch das Bankier- und Geldwechselgeschäft. Welche Hauptgeschäftsarten sind hier in dem allgemeinen Ausdrucke: „Bankier- und Geldwechselgeschäft“ einbezogen?*
148. *Sind Hausierer, Höker Kaufleute?*
149. *Sind Besitzer von Auskunfts- oder Inkassobureaus Kaufleute?*
150. *Was sind Voll- und was Minderkaufleute?*
151. *Welche Vorschriften des Handelsgesetzbuches sind auf Minderkaufleute nicht anwendbar.*
152. *Können Vereinigungen zum Betriebe eines Minderhandelsgewerbes die Form von offenen Handelsgesellschaften oder von einfachen Kommanditgesellschaften erhalten?*

B. Geschäftsereignisse während des Monates Dezember.

1. Geschäftsvorfall.

1. Dezember.

Eingang von Bargeld.
(Ein Buchschuldner begleicht mit Bargeld seine Rechnung).

Anton Hallig, Leipzig-Gohlis, erlegt behufs Begleichung seiner Rechnung

	M. 195.15
— 2% Skonto	**„ 3.90**
	M. 191.25 bar.

Hallig wurde am 3./11. d. J. mit M. 195.15 auf 4 Monate Ziel (oder bei Barzahlung innerhalb einer Frist von 30 Tagen 2% Skontonachlass) belastet.

Fragen (betreffend einige der gebräuchlichsten Zahlungs- und Lieferungsbedingungen bei Warenumsätzen).

153. *Was versteht man unter einem Kontant- und was unter einem Zielgeschäft?*
154. *Was versteht man unter einem: „Kassa-Netto“-Umsatz?*
155. *Was bedeutet die Bezeichnung: „Auf . . . Monate Ziel, oder . . . % Skonto“?*
156. *Was bedeuten die Ausdrücke: „Lieferung in Käufers Wahl“ oder „in Verkäufers Wahl“?*
157. *Was bedeuten die Bezeichnungen: „Sporko“; „Fusti“; „Besemschon“; „Dekort“; „Leccage“ und „Supertara“?*
158. *Was bedeuten die Konditionen: „Franko Emballage, Netto Tara“; „Franko Fass, mit reeller Tara“; „Franko Zoll, loko Bremerhaven“; „Frachtfrei und transito, Lagerhaus Bremen“; „cif“ Bremen; „fob“ Hamburg; „cifif“ Antwerpen?*
159. *Was versteht man unter: „Rollend“, „schwimmend“, „segelnd“, „offen“, „à la rinfusa“ abgeschlossen?*
160. *Was bedeutet „Auf Verschiffung“, oder „Auf Ankunft“, oder „Auf glückliche Ankunft“ abgeschlossen; welchen Usanzen begegnet man zumeist bei diesen Abschlussarten?*

161. Was bedeuten die Ausdrücke: „Frei hinter Käufers Lager"; „Frei hinter dem Speicher des Käufers" zu liefern; oder „Auf Käufers Schale" zu liefern; „Nach Ankunft vom Boden des Käufers zu nehmen"; „Auf Abladung frei in . . . . zu liefern"?

162. Was bezeichnet die Kondition: „Qualität telle quelle"?

163. Was bedeutet der Ausdruck; „Lieferung auf Nachstechen"; „Lieferung auf Nachziehen"; „Salvo la visita"?

164. Was bedeutet das bei Geschäftsabschlüssen der Quantitätsbestimmung beigefügte Wörtchen: „Zirka"?

165. Was bedeutet der Ausdruck: „Auf Ankerung" geschlossen?

166. Was bedeutet die Kondition: „Exclusive Seebeschädigung und Dumpf"?

2. Geschäftsvorfall.

1. Dezember.

Übergabe von Waren an das Detailgeschäft; Bezug von Waren für dasselbe.

An das Detailgeschäft werden nachfolgende Waren zum Selbstkostenpreise (resp. Inventurpreise) abgegeben:

25 Brode f. Raffinade in blau Papier, „Holland"; 249 kg.
L. B. & S. 2368/70. 3 Sack Kampinos-Kaffee;
Brutto 238 kg, Tara $4^1/_2$ kg.
L. R. 17/18. 2 Ballen Karolina-Reis 000; Brutto = Netto 202 kg.

Für dasselbe werden von Hermann Brenner, hier, per kontant bezogen:

25 Pakete	**Stearin-Kerzen**	**(à $^1/_2$ Pfd.)**	**à M. —.30**
25 „	**Paraffin-Kerzen**	**(à $^1/_2$ „**	**à „ —.25**
5 kg	**Kongo-Thee**		**à „ 5.50**

Wissenswerte Daten über den internationalen Theehandel.

Provenienzen der im europäischen Theehandel vorkommenden Sorten: China; Japan; Indien; Ceylon und Java.

Hauptsorten: Imperial, Gunpowder, Haysan, Singlo, Souchong, Pecco und Kongo.

Auktionen: London, Rotterdam, Amsterdam und Hamburg.

Aufbewahrunng: in verschlossenen Glas- oder Blechgefässen. Kistchen innen mit Staniol belegt (nicht Bleifolie) oder in Porzellangefässen.

Handelswert:

Kongo, ord. bis gut-ord.	p. $^1/_2$ kg	M.	2.45
Souchong, ord. bis gut-mittel	„	„	2.10
Orange Pecco	„	„	2.70
Pecco, ord. bis gut-mittel	„	„	2.60
Pecco Blüten	„	„	5.55
Haysan	„	„	1.90
Imperial country	„	„	1.60
Gunpowder country	„	„	1.55

Ceylon und Assam	„	„	1.65
Java, schwarz	„	„	1.25
Java Grus (Siebware)	„	„	1.10
Kongo Grus	„	„	1.—
Souchong Grus	„	„	—.95

Usanzen im Theehandel:

Nach Hamburger Usanze, die für den deutschen Handel massgebend ist, wird bei Thee die wirkliche Tara dadurch ermittelt, dass man von jeder Partie (Chop) bis 19 Kisten je 1 Kiste, von 20—300 Kisten dagegen 3 stürzt und sie auf 0,5 kg genau abwägt.

Auf Grund dieser durch vereidigte Tarierer ermittelten Tara wird für die sämtlichen Kisten der Partie die Durchschnittstara berechnet.

Für die gestürzten Kisten wird eine Refaktie von 1 kg per Kiste vergütet. Abschlag 1 %.

Der Tarierer berechnet für jede gestürzte und gewogene Kiste über 15 kg je M. 1,20 Tariergebühr.

Thee wird im Detailhandel zumeist in Paketen von 1 kg 500, 100 und 50 g Nettogewicht feilgehalten.

Mit Rücksicht auf den im Kleinverkehre bestehenden Gebrauch noch nach dem Pfundgewichte zu rechnen, sind auch Packungen zu $^1/_4$ Pfund (= 125 g) vorkommend.

Zoll. No. 25 w 100 Mark für 100 kg. No. des statistischen Warenverzeichnisses: 697.

Zolltara: Thee in Kisten aus hartem Holz 22 %; in Kisten aus weichem Holz mit Staniol ausgelegt 21 %.

3. Geschäftsvorfall.

2. Dezember.

Warenverkauf gegen Accept des Käufers.

Ferdinand Mallner, hier bezieht franko Haus: S. S. 415/416 2 Fass Gallipoli-Tafelöl, Brutto 1090,5 kg; Tara 136,5 kg, à 95,50 p. 50 kg: gegen sein Accept der Tratte des Ludwig Richter, 4 Monate a dato, Order eigene.

Die Zuführung vom Magazin des Ludwig Richter zum Erfüllungsorte (Magazin des Ferdinand Mallner) besorgt der Spediteur Otto Zimmermann, der monatlich hierfür seine Gebühren berechnet.

Fragen (betreffend das Speditionsgeschäft [§§ 407—415 des Handelsgesetzbuches vom 10./5. 1897]).

167. Wer ist als Spediteur im Sinne des Handelsgesetzbuches anzusehen?
168. Worin bestehen die Pflichten des Spediteurs und in welchem Umfange haftet derselbe für einen etwa entstehenden Schaden?
169. Haftet der Spediteur für Fehler, die der sorgfältig gewählte Zwischenspediteur begeht?

170. *Ist der Spediteur ersatzpflichtig, wenn er z. B. eine ungeeignete Route wählt? — wenn durch eine falsch geschriebene Briefadresse das Konnossament später anlangt als die Ware? — oder wenn er als Zwischenspediteur die etwa notwendig gewordene Ausbesserung von Kisten oder Fässern durchzuführen unterlassen hat?*

171. *Besteht die Haftung des Spediteurs auch noch nach Annahme des Gutes und Bezahlung der Fracht durch den Destinatär?*

172. *Richtet sich die Haftpflicht des Spediteurs nach den Gesetzen des Bestimmungsortes oder nach den Gesetzen jenes Ortes, an welchem der Spediteur die ihm zur Versendung überlieferten Waren in Empfang nahm?*

173. *Von wem hat der Spediteur die Provision und Erstattung seiner Auslagen zu fordern?*

174. *Hat er das Forderungsrecht an den Destinatär, wenn er einen Auftrag, bei diesem Provision und Kosten zu erheben, annimmt?*

175. *Muss ein Spediteur jene Vorschüsse auf das Gut gewähren, welche zur ordnungsmässigen Beendigung des bereits übernommenen Speditionsauftrages etwa nötig werden?*

176. *Darf ein Spediteur, der eine Kollektivsendung macht und dadurch Sammelladungsfrachten bezahlt, den Auftraggebern Stückgutfrachtsätze anrechnen?*

177. *Auf welche Leistungen des Spediteurs bezieht sich das ihm gesetzlich eingeräumte Pfandrecht? Bezieht es sich auch auf Konto-Korrent-verrechnungen mit dem Kommittenten?*

178. *Kann ein Spediteur zugleich auch die Funktionen eines Frachtführers oder Verfrachters übernehmen und welche Kostenansprüche kann er in diesem Falle stellen?*

179. *Kann ein Spediteur auch in dem Falle Provision verlangen, als er sich mit dem Versender über einen bestimmten Satz der Beförderungskosten (Pauschalsatz) geeinigt hat?*

4. Geschäftsvorfall.

2. Dezember.

Überweisung aus dem Giro-Guthaben bei der Reichsbank.

An F. Kern & Sohn, Dresden, werden per Giro-Konto der Reichsbank zur Begleichung des morgen fällig werdenden Guthabens dieser Firma M. 496.85 überwiesen.

Siehe „Der geschäftliche Verkehr mit der Reichsbank". Seite 99.

5. Geschäftsvorfall.

3. Dezember.

Einlangen einer Faktur über von auswärts bestellte Waren.

Von der China Tea Co. (Gesellschaft mit beschr. Haftung) Hamburg, trifft eine Faktur ein, datiert vom 2. Dezember: über L. R. N. 1915 1 Kiste im Gewichte von 139 kg, enthaltend 10 Originalbüchsen chines. Thee à 10 kg Netto per Büchse, und zwar:

3 Büchsen	Pecco-Blüten-Thee	à M. 5.50 p. Pfd.	(verzollt)
4 „	Souchong-Thee	à „ 2.15 „ „	„
3 „	Haysan-Thee	à „ 1.95 „ „	„

Wert per 2. Januar mit 1 % Skonto.

Die Ware geht durch Vermittelung des Spediteurs Otto Zimmermann, der den Elbumschlag besorgt, per Elbkahn bis Wallwitzhafen — eisfreier Wasserweg angenommen — und von dort ab, dem Auftrage des L. Richter vom 29./11. entsprechend, per Eisenbahn nach Leipzig.

Siehe auch 11. Geschäftsvorfall und die „Wissenswerten Daten über den internationalen Theehandel", Seite 17).

Fragen (betreffend die Gesellschaft mit beschränkter Haftung [Reichsgesetz vom 20./4. 1892]).

180. Welche Haupterfordernisse muss der Gesellschaftsvertrag besitzen?
181. Welche Bestimmungen bestehen rücksichtlich des Stammkapitals der Gesellschaft?
182. Welche Bestimmungen bestehen rücksichtlich der Wahl der Firma?
183. In welchem Ausmasse haftet die Gesellschaft den Gläubigern derselben?
184. In welcher Weise erfolgt die Bestellung der Geschäftsführer?
185. Welche Rechte und Pflichten haben die Geschäftsführer der Gesellschaft mit beschränkter Haftung?
186. Welcher Nachweis muss rücksichtlich der geschehenen Einzahlung erbracht werden, damit die Eintragung in das Handelsregister zulässig sei?
187. Welche sonstigen Nachweisungen müssen behufs Eintragung ins Handelsregister erbracht werden?
188. Kann im Geschäftsvertrage bestimmt werden, dass die Gesellschafter über den Betrag der Stammeinlagen hinaus noch Nachschüsse zu leisten haben?
189. Wodurch unterscheidet sich die Gesellschaft mit beschränkter Haftung von der Genossenschaft mit beschränkter Haftung?

6. Geschäftsvorfall.

4. Dezember.

Bestellung auf Grund einer Warenofferte; Verladungsorder.

Brougham & Black, London, offerieren mit Brief vom 1./12. d. J.
50 Sack Piment,
50 Ballen Singapore-Pfeffer,
20 Sack Bengal-Ingber
und senden Musterproben.

Ludwig Richter antwortet, dass er von den offerierten Waren die 50 Ballen Singapore-Pfeffer à $5^{13}/_{16}$ d acceptiert.

Dieselben sind an Otto Zimmermann, Hamburg (Hauptsitz der Firma Otto Zimmermann Hamburg, Stettin und Leipzig) zur Weiterbeförderung nach Leipzig zu verladen.

Die Deckung wird nach Einlangen der Ware mittels kurzer Rimessen auf London erfolgen.

Siehe auch 12. und 18. Geschäftsvorfall.

Wissenswerte Daten über den Handel mit Pfeffer, Piment und Ingber.

Pfeffer:

Provenienzen:

a) Schwarzer Pfeffer (Malabar, Aleppo, Tellicherri, Penang, Singapore, Cochinchina).

b) Weisser Pfeffer (Penang, Singapore).

Haupthandelsplätze: Amsterdam, Hamburg, London, Singapore.

Notierungen an Handelsplätzen:

London: Blackpepper (Singapore, Aleppo oder Malabar) $5^3/_{16}$ (= $5^3/_{16}$ d p. engl. Pfd.)

White pepper (Penang oder Batavia) $8^{13}/_{16}$ (= $8^{13}/_{16}$ d p. engl. Pfd.)

Singapore: Notiz wie in London.

Handelswert (p. 50 kg):

Aleppo und Malabar	± M.	75.—
Singapore	± „	76.—
Penang und Batavia	± „	70.—
Weisser Pfeffer	± „	105.50

Handelsusanzen:

In London:

per engl. Pfund ohne Abschlag 30 Tage Ziel $1^1/_2$% Diskont gehandelt.

In Hamburg:

Schwarzer Pfeffer und Piment: Säcke bis 65 kg Brutto = 1 kg Tara.
„ über 65 „ „ = $1^1/_2$ „ „
Abschlag: 3%.

Piment (Nelkenpfeffer, Neugewürz):

Provenienzen: Westindien, besonders Jamaika, daher Jamaikapfeffer.
Handelswert (p. 50 kg): Jamaikapfeffer ± M. 40.—.

Ingber:

Provenienzen: Bengal-, Cochin-, Afrika-Ingber.

Handelsusanzen:

Bengal-Ingber: Säcke bis 65 kg Brutto = 1 kg Tara.

(Falls die Tara in Wirklichkeit $1^1/_2$ kg übersteigt, hat der Verkäufer die Differenz gegen letzteres Gewicht zu vergüten.

Säcke über 65 kg reine Tara.

Abschlag: 3%.

Jamaika-Ingber in Kisten à 60 kg oder in Barrels. Eingemachter Ingber zumeist aus Cochinchina in Büchsen, Dosen oder Töpfen; auch in Fässern zu 2 engl. Cwt Bruttogewicht.

Handelswert (p. 50 kg):

Afrika-Ingber	±	M. 25.—
Bengal-Ingber	±	„ 25.—
Cochin-Ingber	±	„ 65.—
Kandierter	±	„ 35.—

7. Geschäftsvorfall.

5. Dezember.

Ablieferung des erzielten Warenerlöses von seiten des Detailgeschäftes.

Das Detailgeschäft liefert den in der abgelaufenen Woche erzielten Barerlös von M. 1265.50 ab.

Die lt. Kundenkladde p. 30./11. ausgewiesenen Aussenstände haben sich durch Barzahlungen um M. 47.65 reduziert. Dieser Betrag ist in oben erwähntem Erlöse bereits inbegriffen.

8. Geschäftsvorfall.

5. Dezember.

Warenverkauf per kontant (unter Skontoabzug) durch Vermittelung eines Lokalagenten.

An Kurt Gerhard, hier, werden durch den Lokalagenten Herbert Müller per Kasse verkauft: 2 Sack Kampinos-Kaffee L. B. & S. 2371/2372 Brutto 159 kg; Übersäcke 2 kg; Tara per Sack $1^1/_2$ kg à 63.50 Pf. per $^1/_2$ kg abzüglich $1^1/_2$% Skontoabzug.

Der Lokalagent erhält für durch ihn bewerkstelligte Umsätze $2^1/_2$% Kommission gegen Abrechnung am Ende des Monates.

Fragen (betreffend die handelsrechtlichen Bestimmungen über Agenten und Handelsmäkler [zu §§ 84—104 des Handelsgesetzbuches vom 10./5. 1897]).

190. Wer ist Handlungsagent im Sinne des neuen Handelsgesetzbuches?
191. Kann ein Handlungsagent zugleich als Handlungsgehilfe angestellt sein?

192. Durch welche Hauptmomente unterscheidet sich die Stellung eines Handlungsagenten von der eines Maklers?

193. Ist ein Gelegenheitsagent auch als Handlungsagent anzusehen?

194. Büsst ein Agent seine Eigenschaft als Handlungsagent ein, wenn er für das Gewerbe eines Nichtkaufmanns thätig ist?

195. Besteht ein Unterschied zwischen Agenten, welche bloss vermitteln und solchen, welche Geschäfte vermitteln und abschliessen?

196. Welche Pflichten setzt das Handelsgesetzbuch für den Handlungsagenten fest?

197. Darf ein Handlungsagent in dem Handelszweige des Geschäftsherrn für eigene oder für fremde Rechnung Geschäfte machen?

198. Was schreibt das Gesetz mit Rücksicht auf jene Geschäfte vor, welche von einem vollmachtlosen Agenten abgeschlossen werden, oder welche vorbehaltlich der Genehmigung seitens des vom Agenten vertretenen Hauses zum Abschlusse gelangen?

199. Ist ein Handlungsagent zur Annahme von Zahlungen für den Geschäftsherrn oder zur nachträglichen Bewilligung von Zahlungsfristen befugt?

200. Darf ein Handlungsagent die Beschwerde über den Mangel einer Ware entgegennehmen und in betreff dieser Beschwerde dem Kunden Zusicherungen machen?

201. Kann ein Handlungsagent zugleich auch als Handlungsreisender thätig sein, und dürfte er in diesem Falle den Kaufpreis aus den von ihm abgeschlossenen Verkäufen einziehen?

202. Was erhält der Handlungsagent als Vergütung für seine Bemühung, und wann wird dieses Forderungsrecht bei durch ihn besorgten Käufen und wann bei durch ihn besorgten Verkäufen liquid?

203. Was geschieht mit Bezug auf seinen Anspruch aus jenen Geschäften, die infolge des Verhaltens des Geschäftsherrn ganz oder teilweise unausgeführt blieben?

204. Muss ein Verkaufsgeschäft seitens des Geschäftsherrn ausgeführt werden, wenn der Agent gegen Delkredere die Bürgschaft zu übernehmen bereit ist?

205. Gebührt einem Agenten, der für einen bestimmten Bezirk bestellt ist, die Provision auch für solche Geschäfte, die ohne seine Mitwirkung durch den Geschäftsherrn abgeschlossen wurden?

206. Hat ein Agent Anspruch darauf, dass ihm der Geschäftsherr die zur Vermittelung des Geschäftes aufgewendeten Kosten wie Porti, Depeschenkosten etc. vergüte?

207. Was bestimmt das Handelsgesetz mit Rücksicht auf die Kündigung des Vertragsverhältnisses zwischen dem Geschäftsherrn und dem Handlungsagenten?

208. Wer ist als Handelsmakler im Sinne des neuen Handelsgesetzes anzusehen?

209. Was bestimmt das Gesetz mit Bezug auf die Pflicht des Handelsmaklers zur Ausgabe von Schlussnoten bei Geschäften, die sofort erfüllt werden sollen, und was in betreff jener Geschäfte, die nicht sofort erfüllt werden sollen?

210. Welche Bestimmungen über die Warenproben und deren Aufbewahrung hat der Makler beim „Verkauf nach Probe“ zu beachten?

211. Welche von den Parteien ist zur Bezahlung des Maklerlohnes (bezw. der Provision, Kurtage oder Sensarie) verpflichtet?

212. *Was bestimmt das Gesetz über das Tagebuch des Handelsmaklers?*
213. *Ist das Tagebuch des Maklers ein Handelsbuch im Sinne des § 38 des neuen Handelsgesetzes?*
214. *Was versteht man unter Krämermaklern und worin unterscheidet sich deren Befugnis von der der Handelsmäkler?*
215. *Wodurch unterscheiden sich der Makler im Sinne des § 652 des Bürgerlichen Gesetzbuches vom Handelsmakler im Sinne des § 93 des Handelsgesetzbuches und vom Kursmakler im Sinne des Reichsbörsengesetzes vom 22./6. 1896?*

Wissenswerte Daten über den internationalen Kaffeehandel.*)

a) Direkter Import aus:

1. Brasilien. Haupthandelsplätze Rio de Janeiro und Santos.

Notiz: pr. 10 kg oder pr. portug. Arroba in Milreïs (Papier).

Die Sendungen nach Europa werden zumeist nach englischer Gewichtsusanze effektuiert.

Die grösseren Handelshäuser stellen Typenskalen auf; die verbreitetste dieser Skalen ist die von John Bradshaw & Co., Rio de Janeiro.

Rio:		Santos:	
Nr. 1.	superior	Nr. 1.	fine average
„ 2.	first good	„ 2.	good average
„ 3.	first ordinary	„ 3.	fair average
„ 4.	regular	„ 4.	low fair average
„ 5.	second good	„ 5.	ordinary
„ 6.	second ordinary.	„ 6.	common.

Die Kaffeehändler in Rio und Santos haben auf den grösseren europäischen Handelsplätzen, z. B. London, Havre, Hamburg, Triest, Vertreter, welche Aufträge übernehmen und durch ihre Häuser sich täglich über die Marktlage informieren lassen.

2. Zentral-Amerika. Hauptplätze sind: Laguayra, Savanilla, Costarica, Guatemala, Honduras, Surinam und Nikaragua.

Preis pr. 100 span. Pfd. = 46 kg.

3. Westindien. Hauptplätze sind: Domingo und Portorico.

Preis pr. 100 span. Pfd. oder 6 Arroba.

4. Java. Hauptplätze sind: Batavia, Surabaya und Samarang.

Zwangskultur: Die Eingeborenen müssen einen Teil der Ernte an die Regierung zum fixen Preise von holl. fl. 14.— pr. Pikul abgeben.

5. Sumatra und Celebes. Hauptplätze: Padang und Makassar.

Preis in holl. fl. pr. Pikul.

6. Die Philippinen. Hauptort: Manila.

Preis pr. ton (= 16 Pikul) fob Manila in £, s. und d.

*) Mit Benutzung von: Die Usanzen im internationalen Kaffeehandel von Eugen Schigut, Wien.

7. Ceylon. Hauptplatz: Kolombo.
Preis in Rupien pr. Pikul.

8. Mokka. Hauptplatz: Aden.
Preis pr. Frazella (= 28 engl. Pfd.) in Rupien.

b) Der Kaffeehandel auf Handelsplätzen.

Der Handel wickelt sich als Kassa- und Zeit-(Termin-)Handel ab.
Im engsten Zusammenhange mit dem Termingeschäfte stehen die Liquidationskassen.

Der Zweck der Liquidationskassen ist, den Käufern und Verkäufern genügende Sicherheit für die Erfüllung ihrer Kontrakte zu bieten.

Von beiden Kontrahenten wird behufs Sicherstellung für die Differenzen eine Einzahlung (Einlage, Depôt) gefordert.

Die Geschäfte müssen durch mit der Liquidationskasse in Verbindung stehende Makler aufgegeben werden.

Als Qualitätsbasis wird eine Type aufgestellt.

Auch Normalquantitäten (lots) werden von seiten mancher Liquidationskassen normiert.

Die Liquidationskasse giebt Scheine (Filières) aus, die nach Abschluss des Geschäftes vom Makler den Kontrahenten eingehändigt werden.

Dieselben sind girierbar, und es können Kompensationen zwischen Käufern und Verkäufern vorgenommen werden.

Haupthandelsplätze sind: Havre, Hamburg, London, Amsterdam, Rotterdam, Bremen, Antwerpen, Marseille, New York, Triest und Fiume.

Für den deutschen Kaffeehandel sind in erster Linie die Hamburger Usancen massgebend.

Hamburger allgemeine Usanzen für den Kaffeehandel:

Bei Kaffee in Säcken wird für Mengen über 250 kg Brutto ein Abschlag von 3 ‰ des Bruttogewichtes vergütet.

Die Tara wird bei Kaffee in Säcken mit 2 % vom Bruttogewichte nach Kürzung des Abschlages berechnet.

Der Käufer ist berechtigt, Proben unentgeltlich zu entnehmen, und zwar:

bei Partien von	11—20	Sack	$^1/_4$ kg
„ „ „	20—50	„	$^1/_2$ „
„ „ „	über 50	„	1 „

Das Gewicht eines Sackes darf, wenn nichts anderes bedungen wurde, nicht weniger als $57^1/_2$ kg und nicht mehr als 65 kg betragen.

Die wichtigsten maritimen Verbindungen zwischen den Verschiffungsplätzen und den Stapelplätzen sind:

Französische Schiffahrtsgesellschaft:

„Compagnie Générale Transatlantique“: Havre — New York: 8 Tage.

Deutsche Schiffahrtsgesellschaften:

„Hamburg-Amerikanische Paketfahrt-Aktien-Gesellschaft“: Hamburg — Havre — New York: 12 Tage.

„Hamburg-Südamerikanische Dampfschiffahrts-Gesellschaft“: Hamburg — Lissabon — Bahia — Rio de Janeiro — Santos: 27 Tage.

„Norddeutscher Lloyd“: Bremerhaven — Rio de Janeiro — Santos: 34 Tage.

„Deutsche Dampfschiffs-Rhederei“ (Sunda-Linie): Hamburg — Amsterdam — Genua — Batavia — Surabaja: 50 Tage.

Österreich. Schiffahrtsgesellschaft:

Österreichischer Lloyd: Triest — Santos: 44 Tage.

Zoll.

Nr. 25m1 40 Mark für 100 kg. Nr. des statistischen Warenverzeichnisses: 649.

Zolltara:

Kaffee, roh, in Kisten unter 200 kg	17%
„ „ „ „ von 200 kg und mehr	12%
„ „ „ Fässern mit Dauben von Eichen u. anderem harten Holz	12%
„ „ „ anderen Fässern	8%
„ „ „ Ballen	2%
„ „ „ Umschliessungen von einfachem Leinen	1%

9. Geschäftsvorfall.

7. Dezember.

Empfang einer Postanweisung; Verladung einer Ware auf Ziel.

Ludwig Burkhardt & Sohn, Riesa, begleichen per Postanweisung ihr Konto.

Über Postanweisungen siehe: „Wissenswerte Daten über den Postverkehr“, Seite 87.

Auf Grund neuerlicher Bestellung (vom 5. ds.) werden durch Otto Zimmermann an sie verladen (3 Monate Ziel):

L. R. 19. 1 Ballen Karolina-Reis, 000 Brutto = Netto 101½ kg à 35.50.

B.& Bs. St. W. 4416/4420 5 Barrels amerik. raff. Petroleum

Brutto	**874 kg**	
Tara 20%	**175 „**	
	699 kg	**á 27.50 p. 100 kg**

Wissenswerte Daten über den Handel mit Petroleum.

Marken: water white (1. Marke); superfine white (2. Marke); prime white (3. Marke); standard white (4. Marke).

Festgestellt durch das Kolorimeter.

Präpar. Öl: Sunlight, Astrallight und Imperiallight.

Durchschnittspreise in Hamburg (s. a. Warennotierungen, Seite 6).

Raff. Pennsylv. Stand. white p. 50 kg 8.40. (Preis in Hamburg Freilager inkl. Fass.)

Zoll: M. 6.— p. 100 kg Brutto, daher M. 3.—; sohin für Netto unter Zuschlag von gesetzl. bestimmten 25% (s. unten) M. 3.75; sohin verzolltes Petroleum ab Hamburg M. 12.15 p. 50 kg.
Raff. Amerikan. Stand. white p. 50 kg M. 8.50; verzollt inkl. Fass M. 12.25.
Raff. Russ. Petroleum p. 50 M. 5.15.

Handelsplätze: In Deutschland: Bremen, Danzig, Stettin, Hamburg, Lübeck, Mannheim; in Österreich-Ungarn: Triest, Fiume (zumeist galiz. und kaukas. Öl); in Frankreich: Havre, Marseille, Bordeaux; in England: London und Liverpool.

New York notiert täglich die Pipe line Certifs. (Credit Balances der Oil Company), eine Art von Warrants, durch welche der Inhaber ermächtigt wird, innerhalb einer Frist von drei Monaten von der Standard Oil Company eine bestimmte Quantität Öl zu entnehmen. Diese Pipe line Cert. werden in New York und London an Stelle der Ware börsenmässig gehandelt.

Normaltypen:

Amerik. Petroleum: Spez. Gewicht 800 bei + 15° Celsius. Farbqualität: Standard white.

1° Temperaturunterschied = 8 Einheiten ± am spezifischen Gewichte.

Galiz. Petroleum: Spez. Gewicht 810 bei + 15° Celsius.

Kaukas. Petroleum: Spez. Gewicht 810 bei + 15° Celsius.

Tara-Usanzen:

Die Emballage (Barrels, Kisten mit Karnistern) gehört nach den Usanzen der meisten Handelsplätze ohne spez. Vergütung dem Käufer.

Früher bestand ein spezieller Fasszoll, der jedoch 1894 aufgehoben wurde. Wenn bei Abschlüssen die Lieferung in Eisenfässern bedungen wird, so ist damit Petroleum netto Tara verstanden.

Zoll:

Petroleum: Tarifpost Nr. 29a.
Rohpetroleum: Warenstatistik Nr. 758.
Petroleum raffiniert: im Auslande raffiniert Nr. 759.
in inländischen Betriebsanstalten raffiniert Nr. 760.
für 100 kg brutto M. 6.—.

Beim Eingang von Petroleum in Kessel-(Zisternen-)Wagen oder Tankschiffen wird als zollpflichtiges Gewicht das Gewicht der Flüssigkeit angenommen und dazu, weil der Zoll für Brutto sich versteht, ein Zuschlag von 25% gerechnet.

Z. B. Tankschiffe mit Volumen (Fassungsraum) 10 000 kg =
10 000 . 6 : 100 = M. 600.—
+ 25% „ 150.—
Zollbetrag = M. 750.—

10. Geschäftsvorfall.

8. Dezember.

Barvorschuss an den Reisenden.

Der Reisende Friedrich Härtel geht auf die Geschäftsreise und erhält einen Barvorschuss von M. 300.—.

Siehe: „Fragen, betreffend die Prokura und Handlungsvollmacht" (Seite 45), ferner „Fragen, betreffend die Handlungsgehilfen und Handlungslehrlinge" (Seite 44), sowie die für Handlungsreisende geltenden Bestimmungen, welche in der Materie: „Wissenswerte Daten über den handelstechnischen Vorgang beim Exporte nach den hervorragendsten Handelsstaaten" erbracht sind.

11. Geschäftsvorfall.

9. Dezember.

Einlangen zweier von auswärts bezogener Sendungen.

(Fortsetzung des 5. Geschäftsvorfalls, sowie der Inventurangaben.)

Otto Zimmermann, Leipzig, sendet Speditions- und Spesennoten über durch sein Hamburger Haus bezogene und in das Magazin von Ludwig Richter gelieferte:

L. R. Nr. 1915 1 Kiste (enthaltend 10 Originalbüchsen chines. Thee; Brutto 139 kg).

Fracht von Hamburg bis Wallwitzhafen per Elbkahn, von dort bis Leipzig:

1. L. R. Nr. 1915. $\frac{70\text{ Pf.}}{100\text{ kg}}$ und $\frac{55\text{ Pf.}}{100\text{ kg}}$ und Spesen in Wallwitzhafen	M.	4.50
Rollgeld	„	—.75
Verschiedene sonstige Spesen	„	1.65
Wert p. dato	M.	6.90

2. # 1701/1750. 50 Ballen Dollerah good,
Brutto Cwt 199, 2, 24 (Gewicht lt. amtl. Abwage 22 365 kg).

Seefracht von Liverpool nach Hamburg		
6 s, 6 d p. Ton = £ 3, 5, — à 20.40 =	M.	66.30
Seeassekuranz vom Werte £ 320, —. —		
+ imag. Gewinn 5% „ 16, —, —		
£ 336, — —		
$1\frac{1}{2}\%$ £ 5, —, 10 à 20.40 =	„	102.90
Spesen in Hamburg $12\frac{1}{2}$ d p. 100 kg (zollfrei)	„	28.—
Flussfracht von Hamburg nach Wallwitzhafen 75 d p. 100 kg .	„	168.—
Flussassekuranz von M. 6800.— $\frac{1}{8}\%$ = ...	„	8.50
Speditionsprovision in Wallwitzhafen und Fracht bis Leipzig 55 d p. 100 kg	„	123.20
Rollgeld 15 Pf. p. 100 kg	„	33.60
Kleine Spesen	„	3.65
Wert p. 7./12.	M.	534.15

Fragen (betreffend die privatrechtlichen Verhältnisse der Binnenschiffahrt).

216. *Wer ist als Schiffseigner im Sinne des Gesetzes anzusehen?*
217. *Welche Rechte und Pflichten hat der Schiffseigner?*
218. *Welche Rechte und Pflichten hat der Schiffer (Führer des Schiffes)?*
219. *Haftet der Eigner aus Rechtsgeschäften, welche der Schiffer abschliesst?*
220. *Welche Beschäftigten am Schiffe zählt man zur Schiffsmannschaft?*
221. *Wo hat der Schiffsführer das Schiff anzulegen, wenn dasselbe im Ganzen verfrachtet würde?*
222. *Welche Bestimmungen bestehen für die Anzeige der Ladebereitschaft?*
223. *Welche Normalladungszeit setzt das Binnenschiffahrtsgesetz fest?*
224. *Was für Bestimmungen trifft das Gesetz mit Rücksicht auf jene Zeit, in welcher der Absender nachweisbar ohne sein Verschulden an der Anlieferung der Ladung verhindert ist?*
225. *Wann beginnt die Überliegezeit und welches Maximum ist für dieselbe festgesetzt?*
226. *Wieviel beträgt das Liegegeld, wenn eine vertragsmässige Festsetzung mangelt?*
227. *Was geschieht, wenn der Absender bis zum Ablaufe der Wartezeit keine Ladung zugeliefert hat?*
228. *Was bestimmt das Gesetz mit Rücksicht auf die Wiederausladung von Waren vor Abgang des Schiffes?*
229. *Was ist für die Anlieferung von Stückgütern gesetzmässig festgesetzt?*
230. *Welche Bestimmungen bestehen für das Löschen?*
231. *Was geschieht, wenn der Empfänger die Ladung nicht bis zum Ablaufe der Löschzeit abnimmt?*
232. *Welche Pflichten hat der Frachtführer, wenn die Ladung zur Erleichterung des Schiffes in Leichterfahrzeuge übergeladen werden muss?*
233. *Aus welcher Art von Schäden kann der Frachtführer nicht haftbar gemacht werden?*
234. *Welche Bestimmungen bestehen für das Ausstellen von Ladescheinen?*
235. *Was versteht man unter einer „Meldeadresse?“*
236. *Was geschieht im Falle von eingetretenen Schäden? — wer trägt die Kosten der „grossen Haverei“ und wer die der „besonderen Haverei?“*
237. *Nach welchen Prinzipien erfolgt die Schadenverteilung?*
238. *Zu welcher Art der Haverei gehören die Kosten für die grosse Haverei (Dispache)?*
239. *Welche Bestimmungen bestehen für die Registrierung der Binnenschiffe?*

Wissenswerte Daten über den Handel mit Baumwolle.

Massgebend für den deutschen Handel mit Baumwolle sind die Geschäftsbestimmungen der Bremer Baumwollenbörse. Dieselben enthalten in Übereinstimmung mit den Usanzen der Börsen von Hamburg, Berlin, Wien, Triest der Hauptsache nach Folgendes:

Provenienzen und Originalpackungen:

Das Quantum, nach welchem abgeschlossen wird, versteht sich in Originalballen und zwar:

bei Nordamerika-Baumwolle: mit einem Bruttogewichte von ca. 350—500 Pfd.;

bei Levante-Baumwolle: in kg (die Gewichte der Ballen variieren je nach Provenienz und Sorte von 85—320 kg);

bei Ostindischer Baumwolle: von 4—5 Faktory-Maunds (=140 bis 200 kg);

bei Ägyptischer („Mako"-)Baumwolle von 200—250 kg;

bei Südamerikanischer und Westindischer Baumwolle nach Seronen von 30—50 kg (südamerikanisch) und 200—220 kg (westindisch).

Abwage: Bei der Abwage werden auch 0,5 kg gerechnet. Bruchteile über 0,25 (½ Pfd.) werden für ½ kg gerechnet.

Das Gewicht fehlender Reifen, durch welches die Tara verringert wird, darf dem Bruttogewichte zugeschlagen werden.

Die Reduktion des englischen Gewichtes in kg erfolgt im Verhältnisse 100:45,36.

Kalo. Bei direkt über See bezogene Ware aus Amerika wird ein Gewichtsabgang bis 1%, aus Ostindien, der Levante und Ägypten bis ½% als natürliches Kalo betrachtet.

Regulierung von überseeischen Bezügen. Als Regel gilt bei überseeischen Bezügen die Erteilung eines Rembourses (Krediteröffnung) bei einem englischen oder Kontinental-Bankhause, auf welches der Verkäufer für Rechnung des Käufers unter Begleitung eines Exemplars des Konnossaments (Verladescheines), bei „cif"-Konditionen auch der Assekurranz-Police, den Gegenwert der Faktur entnimmt, und zwar von Ägypten und der Levante (Verladung pr. Steamer) in Tratten 3 Monate dato von Ostindien (Verladung pr. Steamer via Suez-Kanal) 3 Monate Sicht, von Ostindien (Verladung pr. Segler um das Kap) 6 Monate Sicht, von den Vereinigten Staaten (Verladung pr. Segler oder Steamer) 60 Tage Sicht.

Verkäufe nach Mustern: Bei Verkäufen auf Grund von Durchschnittsproben hat die Ware nach ihrem Durchschnitte, bei Verkäufen auf Grund von Detailproben nach jedem Ballen den Mustern zu entsprechen.

Von ostindischer Baumwolle ist es üblich, bei Partieen unter 50 Ballen jeden 5. Ballen, bei Partieen über 50 Ballen jeden 10. Ballen zu bemustern.

Arbitration. Unter Arbitration der Baumwolle versteht man die fachmännische Entscheidung über die Sorte, Klasse oder Qualität der Baumwolle.

Wenn in einem Kaufkontrakte die Arbitration bedungen ist, so gelten die Arbitrationsanstalten von London oder Liverpool als massgebend.

Übernahme. Der Käufer ist berechtigt, Ballen mit Seewasser-Havarie, falsch oder betrügerisch gepackte Ballen, oder solche, die einer anderen Provenierung als der bedungenen entsprechen, oder auch ungepackte (rebaled) Ballen zu refusieren.

12. Geschäftsvorfall.

9. Dezember.

Einlangen einer Faktur über beorderte Waren.

(Fortsetzung des 6. Geschäftsvorfalles.)

Von Brougham & Black, London, langt Faktur vom 7. Dezember über an Otto Zimmermann, Hamburg, zur Weiterbeförderung nach Leipzig verladene 50 Ballen Singapore-Pfeffer an.

Faktur. London, 7. Dezember 19..

50 Ballen Singapore-Pfeffer

L. L. 4761/4810. Brutto Cwt 58, 1, 10; Tara 3 Pfd. p. Ballen; Preis $15^{13}/_{16}$ d p. Pfd.

Wert 30 Tage mit $1^{1}/_{3}$% Skonto.

Siehe auch 18. Geschäftsvorfall.

13. Geschäftsvorfall.

9. Dezember.

Entnahme von Waren aus dem Detailgeschäft.

Zum Verbrauche in der Haushaltung nimmt Ludwig Richter aus dem Detailgeschäfte:

20 kg	Raffinade	à M. 26.50	p. 50 kg
5 „	Kampinos-Kaffee	à Pf. 58.75	„ ½ „
10 „	Karolina-Reis	à M. 32.—	„ 50 „
3	Flaschen Speise-Öl	à „ 1.50	

(Zu den nebenbezeichneten Preisen wurden diese Waren seinerzeit dem Detailgeschäft übergeben.)

14. Geschäftsvorfall.

10. Dezember.

Beispiel eines direkten Importes aus einem überseeischen Gebiete (Bezug von Bahia-Kakao).

C. F. Keller & Cie., Bahia, wurden am 8./11. d. J. beordert: 150 Säcke ferm. Bahia-Kakao an Otto Zimmermann, Hamburg, behufs Weiterbeförderung an Ludwig Richter, Leipzig, typenkonform zu verladen. Heute langt die diesbezügliche Faktur mit der Verladungsanzeige an.

Bahia, 26./11. 1901.

Faktur für Herrn Ludwig Richter, Leipzig.
Von C. F. Keller & Co.
über folgende auf Ihre werte Rechnung und Gefahr per Dampfer „Patagonia“ nach Hamburg zur Weiterbeförderung durch Herrn Otto Zimmermann, dort, verladene Waren.

Zeichen	Nr.	Quantität	Fakturentext	Netto-Gewicht kg	Preis p. 50 kg M.	Pf.	Betrag M.	Pf.
Kp	171/320	150 Sack	ferm. Bahia-Kakao	9000	69	—	12420	—
			abzüglich					
			Fracht in Hamburg zahlbar				337	50
			Val 28. Februar 1901				12082	50

Siehe auch 70. Geschäftsvorfall.

Wissenswerte Daten über den Handel nach Typen, Marken, Normalmustern oder Proben.

Zur Entgegennahme der Typen, Marken und Muster bestehen an den meisten Warenbörsen besondere Abteilungen.

In vielen Artikeln wickelt sich der Terminhandel auf Grund von Normal-Typen ab, welche bei der betreffenden Börsenkammer behufs schiedsrichterlicher Feststellungen in Streitigkeiten deponiert sind.

Auch die Mitglieder der Börse haben das Recht, von ihren nach Marke, Schild oder Benennung ständig in Verkehr gesetzten Fabrikaten einzelne Proben oder Kollektionen bei der betreffenden Börsenkammer ihres ständigen Wohnsitzes zur Aufstellung anzumelden.

Die zu hinterlegenden Typen, Marken und Normalmuster müssen usuell aufgemacht (adjustiert) und mit genauer Qualitätsbezeichnung, sowie der Firma des Erzeugers versehen sein.

Die hinterlegten Muster oder Proben dienen in Streitfällen als Grundlage für die Beurteilung der beanstandeten Ware.

Bei Verkäufen nach Muster oder Probe sind die Parteien berechtigt, das Kaufmuster, welches mit dem Datum des Abschlusses, dem Quantum desselben, ferner mit dem Siegel oder der Vignette vom Käufer oder Verkäufer versehen sein muss, bis zur Abwickelung des Geschäftes bei der betreffenden Börsenkammer zur Aufbewahrung zu hinterlegen.

In Hafenstädten werden häufig durch spezielle Sachverständige, Warenproben mit den in Dampfern eingelangten, jedoch noch nicht entlöschten Waren verglichen und darüber Atteste ausgestellt; ebenso werden zum Behufe des rascher zu bewerksteiligenden Verkaufes, vor Entlöschung des Dampfers Proben entnommen und nach usuellen Typen klassifiziert („arbitriert“).

In Hamburg entsendet zu diesem Behufe die Handelskammer über Verlangen der Partei einen Sachverständigen nach dem Hafen.

In Antwerpen bestehen spezielle konzessionierte Unternehmungen zur Untersuchung der Warenbeschaffenheit, Entnahme von Mustern und Klassifizierung der Waren; eines der angesehensten ist das „Institut des vieux Mesureurs".

Auf Grund von Musterproben, welche dieses Institut versendet, werden mit vollständiger Beruhigung in ganz Belgien Abschlüsse gemacht.

Der Besitzer des Konnossaments sendet ein Exemplar an dieses Institut, mit einem diesbezüglichen Auftrag zur Warenprüfung resp. Typenfeststellung.

15. Geschäftsvorfall.

11. Dezember.

Einlangende Orders; überschrieben durch den Reisenden.

Der Reisende Friedrich Härtel sendet folgende Bestellzettel:

Nr. 1. Albert Reichardt, Korbetha.

1 Fass	Rüböl ca. Brutto 150 kg	à M.	70.—	p. 100 kg
5 kg	Vanille in Bündeln	„ „	65.—	„ 1 „
10 „	russ. Hausenblase	„ „	18.—	„ 1 „
5 „	Senegal-Gummi	„ „	219.—	„ 100 „

per Kasse (30 Tage).

Die Ware wird durch den Frachtführer Otto Kölbel aus Korbetha mittels Übernahmescheines abgeholt werden.

Siehe 17. Geschäftsvorfall.

Nr. 2. Leopold Hohenstein, Weissenfels.

1 Fass Gallipoli-Tafelöl ca. 500 kg p. Fass à M. 95.— p. 50 kg
Kontant mit $1^1/_2$ % Skonto.

Nr. 3. Konrad Haller, Weissenfels.

1 Fass Jaffa-Sesamöl ca. 150 kg p. Fass à M. 50.— p. 50 kg
90 Tage gegen Accept.

Ausführung.

Nr. I. Order des Albert Reichardt, Korbetha. Das Fass Rüböl wird aus dem eigenen Vorrate entnommen und verladen (L. Ö. J. G. Nr. 1312 Brutto 161 kg, Tara 33,5 kg); die übrigen Artikel werden aus dem Detailgeschäfte entnommen. Dasselbe hatte seinerzeit:

Vanille	à M.	55.—	p. kg
Russ. Hausenblase	„ „	15.50	„ „
Senegal-Gummi	„ „	210.—	„ „

zum Verkaufe erhalten.

Nr. 2. Order des Leopold Hohenstein. Weissenfels. Das Fass Gallipoli-Tafelöl wird aus dem eigenen Vorrate entnommen und verladen (S. S. 417 Brutto 545,5 kg, Tara 68 kg).

Nr. 3. Order des Konrad Haller, Weissenfels. Das Fass Jaffa-Sesamöl wird durch den Lokalagenten Herbert Müller von Brückner, Lampe & Co., hier, bezogen. 145 kg à M. 45.50 p. 50 kg per kontant abzüglich $1^1/_2$% Skonto: franko Haus.

Die Expedition der in den Orders Nr. 2 und 3 angeführten Waren zur Bahn besorgt der Spediteur Otto Zimmermann.

Siehe auch 17. Geschäftsvorfall.

Wissenswerte Daten über den Handel mit Gummen und Harzen.

Hauptgattungen: Kopalharz, Damar(Kauri-)harz, Schellack, Drachenblut und Mastix; Gummi-(Arabikum, -Geddah, -Senegal, -Mogador, -Gejireh, -Amrad und -Suakim).

Stapelplätze für den Handel mit Gummen: Kairo, Alexandrien, Triest, Marseille, Livorno und London.

Versendungsart: Das Gummi kommt aus den Produktionsländern in Fardi zu 100—200 kg und wird dann elegiert und in Kisten oder Fässern versendet.

Handelsbezeichnung von Gummiarabikum: Senaar-, Tor- oder Turisches Gummi.

Handelswert:

Gummiarabikum Lev. elect.	p. 100 kg	±	M. 320.—
„ nat.	„ 100 „	±	„ 152.—
Damar elect.	p. kg	±	„ 1.80
Elemi	„ „	±	„ 0.55
Senegal	p. 100 kg	±	„ 220.50

Zoll Tarifsatz 5 m: (Drogerie-, Apotheker- und Farbwaren) Gummiarabikum, Gummi Senegal und Gummi Traganth zollfrei; Stat. Nr. 156; Tara: 12% in Fässern oder Kisten; 2% in Ballen.

16. Geschäftsvorfall.

12. Dezember.

Ablieferung des erzielten Warenerlöses von seiten des Detailgeschäftes; Übergabe von Waren an dasselbe.

Das Detailgeschäft liefert den in der abgelaufenen Woche erzielten Barerlös von M. 1415.15 ab. Die lt. Kundenkladde per 30./11. ausgewiesenen Aussenstände haben sich durch Barzahlung um M. 65.80 reduziert. Dieser Betrag ist in obenerwähntem Erlöse bereits inbegriffen. Dagegen wurden in dieser Woche Kunden lt. Kladde neuerdings mit M. 104.50 für Warenbezüge belastet.

An das Detailgeschäft werden nachstehende Waren zum Selbstkostenpreise (Inventurpreise) abgegeben.

B. & Bs. St. W.	**5 Barrels amerik. raff. Petroleum.**	
	Brutto 874 kg	
	Tara 174 „	
4421/4425	**Netto 700 kg à M. 25.50 p. 100 kg.**	

Für dasselbe werden von Hermann Brenner, hier, per kontant bezogen:

10 Flaschen à $^1/_2$ l Rum I	**à M.**	**—.80**
20 „ à $^1/_2$ l Rum II	**à „**	**—.65**
5 „ Kräuteressenz à $^1/_1$ l	**à „**	**1.60**
1 kg Bergamott-Öl	**à „**	**30.—**
1 „ Lorbeer-Öl (aus Blättern)	**à „**	**36.—**

Wissenswerte Daten über den Drogenhandel.

Massgebend sind für den deutschen Drogenhandel die Hamburger Platzusanzen; die wichtigsten Punkte derselben werden im Nachstehenden erbracht:

Usanzmässiger Abschlag

für Balsam copaivae in Kisten 3‰
„ Radix ipecacuanhae $^1/_4$ kg pr. Serone
„ „ sassaparillae $^1/_4$ kg pr. Kollo
„ Quecksilber $^1/_{10}$ kg pr. Flasche
„ Vanille 30 g pr. Dose von 4— 5 kg
65 „ „ „ „ 5—10 „
125 „ „ „ über 10 „

Bei allen anderen Waren $^1/_4$ kg vom Kollo über 50 kg bis 100 kg
$^1/_2$ „ „ „ „ 100 „ „ 200 „
1 „ „ „ „ 300 „ „ 400 „

Bei solchen Waren in Säcken oder Ballen, bei denen nicht jedes Kollo einzeln gewogen wird, beträgt der Abschlag in Bausch und Bogen 3‰ vom Fakturengewichte.

Ohne Abschlag werden alle jene Waren gehandelt, welche in der Regel nicht gewogen werden, wie ätherische Öle oder Chemikalien.

Tara.

Als Regel gilt, dass jeder Artikel mit auskommender Tara gehandelt wird.

1. Mit thatsächlich ermittelter Tara. Darunter ist zu verstehen: a) die reine Tara (vom Verkäufer vor der Lieferung für jedes Kollo festgestellt) oder b) die Durchschnitts-Tara bei grösseren Partien namentlich in Ballen oder Säcken.

2. Mit usanzmässiger Tara werden gehandelt:
Folia lauri in Ballen bis 50 kg $1^1/_2$ kg
„ 75 „ 2 „
„ 150 „ 3 „

Folia Sennae 6%
Gummi Asphalt 12%
Oleum ricini Ital. 1¼ kg pr. Dose
„ „ Ost-Ind. 1½ „ „ „
Radix ipecacuanhae 3¾ kg pr. Serone
„ sassaparillae Honduras 5 kg pr. Serone
„ „ Mexikan. 1 kg pr. Paket (für Stricke oder eiserne Drähte)
Terpentin Bordeaux 35 kg pr. Oxhoft.

3. Mit Ursprungs- (Original-) oder Fakturen-Tara:
Bimstein in Fässern oder Kisten
Borax raff. engl. und amerik.
Chemikalien aller Art.

4. Eine Anrechnung der Emballagen, Fastagen etc. findet statt bei:
Kampfor in Fässern oder Kisten
Chinin in Dosen oder Gläsern
Deutschen ätherischen Ölen (aller Art)
Deutschen Vegetabilien (aller Art).

Zoll.

(Statistisches Warenverzeichnis): Bimstein Nr. 269, Borax Nr. 125, Chinin Nr. 136, Kampfer Nr. 166, Lorbeerblätter Nr. 347, Ricinusöl Nr. 340, — zollfrei.

17. Geschäftsvorfall.

15. Dezember.

Übergabe einer Versandware an einen Frachtführer.

Der Frachtführer Otto Kölbel aus Korbetha holt die durch den Reisenden Friedrich Härtel beorderten Waren gegen von Albert Reinhardt, Korbetha, gefertigten Übernahmsschein ab.
Siehe auch 15. Geschäftsvortall.

Fragen (das Frachtgeschäft betreffend [§§ 425—452 des Handelsgesetzbuches vom 10./5. 1897]).

240. *Wer ist als Frachtführer im Sinne des Handelsgesetzbuches zu betrachten?*
241. *Muss der Absender dem Frachtführer einen Frachtbrief ausstellen und welche Punkte hat ein Frachtbrief zu enthalten?*
242. *Welche Pflichten hat der Absender dem Frachtführer gegenüber rücksichtlich der Begleitpapiere insbesondere wegen bestehender Zoll-, Steuer- und Polizeivorschriften?*
243. *Binnen welcher Zeit hat der Frachtführer die Beförderung zu bewirken?*

244. *In welchem Umfange übernimmt der Frachtführer die Haftung für einen etwaigen Schaden der durch Verlust, Beschädigung oder verspätete Ablieferung des Gutes dem Absender erwachsen könnte?*

245. *Mit welchem Werte wird das zur Versendung gelangte Gut bemessen, wenn für dasselbe wegen Beschädigung oder Verlust Schadenersatz geleistet werden müsste?*

246. *Kann der Absender den Frachtführer veranlassen, das bereits unterwegs befindliche Gut anzuhalten, zurückzugeben oder an einen anderen als den im Frachtbriefe bezeichneten Empfänger auszufolgen?*

247. *Von welchem Momente ab kann der Empfänger des Gutes die durch den Frachtvertrag begründeten Rechte geltend machen?*

248. *Wann entsteht für den Empfänger die Verpflichtung zur Bezahlung aller im Frachtbriefe angegebenen Übernahmekosten?*

249. *Kann der Frachtführer auch noch nach Annahme des Gutes wegen Beschädigung oder Minderung desselben in Anspruch genommen werden?*

250. *Für welche Art von Forderungen hat der Frachtführer durch den Frachtvertrag ein Pfandrecht und wie lange gilt dasselbe?*

251. *Welchen Zweck hat der Ladeschein?*

252. *Ist der Frachtführer verpflichtet, einen Ladeschein auszustellen?*

253. *Welche Wirkung hat die Übergabe des Ladescheines an denjenigen, welcher durch den Schein zur Empfangnahme legitimiert wird?*

18. Geschäftsvorfall.

15. Dezember.

Speditionsnota über Warenbezug,

Fortsetzung des 12. Geschäftsvorfalles.

Otto Zimmermann, Leipzig, sendet Speditionsnota über durch sein Hamburger Haus bezogene und in das Magazin von Ludwig Richter gelieferte L. L. 4761/4810 50 Ballen Singapore-Pfeffer.

Spesen in Hamburg: Versicherung von M. 3500 1‰; Fracht von London nach Hamburg 80 d. p. 100 kg (1 cwt = 50,8 kg) [auf ganze kg abrunden]; Löschen, Umladen etc. M. 16.50.

Spesen in Leipzig: Fracht von Hamburg bis Leipzig 175 Pf. p. 100 kg; Zoll von 2950 kg Brutto mit 4% Taravergütung M. 50.— p. 100 kg Netto; Rollgeld 20 Pf. p. 100 kg; verschiedene sonstige Spesen M. 18.50.

Fragen (über bei der Seeversicherung vorkommende Fachausdrücke).

254. *Was bedeutet im Seeversicherungsverkehr der Allgemeinausdruck: „Waren“, „Produkte“, „Retouren“, „Kaufmannschaften?“*

255. *Was bedeutet „Polices d'honneur?“*

256. *Was bedeutet der Versicherungsabschluss zu Gunsten: „wen es angeht?“*

257. *Was bedeutet der Ausdruck „für behaltene Ankunft?“*

258. *Was versteht man unter der Bedingung: „Frei von Bruch“, „Frei von Beschädigung und Bruch“, „Frei von Beschädigung ausser im Strandungsfalle“; „Frei von ersten Prozenten?“*

19. Geschäftsvorfall.

17. Dezember.

Ankauf der Deckung für Importwaren.

Im Wechslerhause Hermann & Schmidt, hier, werden £ 152.5.11 p. 25. Dez. fix auf Levy & Sons, London, à M. 20.43 (kz. S.) bar gekauft und an Brougham & Black, London, behufs Kontobegleichung gesandt. Das Appoint ist mit Notadresse bei der London city and country bank, lim. versehen; Order Brougham & Black.

20. Geschäftsvorfall.

18. Dezember.

Notleidend gewordener Wechsel; Regressnahme bei dem Indossanten.

Der gestern fällig gewordene Portefeuillewechsel Nr. 143, M. 695.50 auf Renner & Co., hier, wird nicht eingelöst.

Richter lässt Protest M/Z erheben und übersendet ihn mit Rückrechnung seinem Vormanne Falk & Sohn, Berlin.

Wechselbetrag . . .	**M. 695.50**
Protestkosten	**„ 4.50**
Zinsen 3 Tage à 6%₀ .	**„ —.35**
Porto	**„ —.45**
Provision $^1/_3$ %₀ . . .	**„ 2.35**
p. 20./12.	**M. 703.15**

(Die Protestkosten und Gebühren werden einstweilen aus der kl. Spesenkasse bestritten.)

Siehe auch 25. Geschäftsvorfall und die zur Inventur (Seite 10) erbrachten Fragen Nr. 87—92.

Fragen (betreffend die §§ 56—100 der allgemeinen Deutschen Wechselordnung).

259. Kann Sicherstellung verlangt werden, wenn sich auf einem mangels Annahme protestierten Wechsel eine Notadresse befindet?

260. Muss in der Notadresse der Zahlungsort ausdrücklich genannt sein?

261. Welcher Notadresse gebührt der Vorzug unter mehreren?

262. Was hat der Ehrenacceptant zu thun, um sich seine Rechte gegen den Honoraten zu wahren?

263. Übernimmt der Ehrenacceptant durch seinen Accept wechselrechtliche Verbindlichkeiten; und wenn ja, gegen wen?

264. Was hat der Inhaber eines von dem Bezogenen nicht eingelösten Wechsels, auf dem sich Notadresse oder ein Ehrenaccept befinden, zu thun, um seine Rechte aus dem Wechsel unverkürzt zu erhalten?

265. Was geschieht, wenn der Notadressat seine Bereitwilligkeit zu intervenieren erklärt, dennoch aber nach Vorlegung des Wechsels und der Protesturkunde Zahlung verweigert?

266. *Was ist ein „Kontraprotest?"*
267. *Ist eine Zahlung eines unbeteiligten Dritten, ohne die Erklärung, für wen dieselbe geleistet wird, als Ehrenzahlung im Sinne des Wechselrechtes anzusehen?*
268. *Welche Rechte hat der Ehrenzahler, wenn er sich im Besitze des Wechsels und der Protesturkunde befindet?*
269. *Wem gebührt der Vorzug, wenn sich mehrere zur Ehrenzahlung anbieten?*
270. *Welchen Anspruch hat der Ehrenacceptant, welcher nicht zur Zahlungsleistung gelangte, weil der Bezogene oder ein anderer Intervenient bezahlt hat?*
271. *Kann der Ehrenacceptant diesen Anspruch wechselmässig erheben?*
272. *Welche Verpflichtung hat der Aussteller rücksichtlich der Darstellung von Duplikaten?*
273. *Gelten die Vorschriften über Wechselduplikate auch für eigene Wechsel?*
274. *Was bedeutet die Bezeichnung „Sola"-Wechsel?*
275. *Kann auch ein Indossatar die Duplizierung des ihm mit Giro zugekommenen Wechsels verlangen?*
276. *Welchen Zweck hat die „kassatorische Klausel?"*
277. *Ist der Verwahrer des zum Accepte versandten Exemplars verpflichtet, dasselbe dem ordnungsmässig legitimierten Indossatar auszufolgen; und ist er auch verpflichtet, der etwaigen Kontreorder des Mandanten Folge zu leisten?*
278. *Welche Bestimmungen trifft die Wechselordnung rüchsichtlich der Kopien und wodurch unterscheidet sich die Vervielfältigung durch Duplikate von der durch Kopien?*
279. *Welche Bestimmungen trifft das Gesetz rücksichtlich abhanden gekommener Wechsel?*

Wissenswerte Daten über Respekttage und Uso auf den grösseren ausserdeutschen Wechselplätzen.

Amsterdam.

Keine Respekttage; Uso bei innerhalb des Landes zahlbaren Wechseln 30 Tage.

Antwerpen und Brüssel.

Keine Respekttage; Uso: 30 Tage nach dem Tage der Ausstellung.

Kopenhagen.

8 Respekttage mit weiteren 2 Werktagen als Verlängerungsfrist für die Protestlevierung. Sichtwechsel sind innerhalb 24 Stunden zu bezahlen. Usowechsel ungültig.

London (und ganz England).

3 Respekttage (ausser bei **Fix**-Wechseln oder „on demand"-Wechseln).

Uso bei Wechseln:

aus **Deutschland,** Belgien und den Niederlanden 1 Monat nach dato
„ Frankreich und der Schweiz . . . . . 30 Tage „ „
„ Spanien . . . . 2 Monate „ „

aus Italien	3 Monate nach dato	
„ den Vereinigten Staaten von Nordamerika .	60 Tage	„ Sicht
„ Südamerika	90 „	„ „

New-York (und ganz Nordamerika).
3 Respekttage; Usowechsel ungültig.

Paris (und ganz Frankreich).
Keine Respekttage; Uso: 30 Tage nach dem Ausstellungsdatum. Man kann auch „à usance de vue" (d. i. 30 Tage nach Sicht) oder „à deux usances de vue" gültig trassieren.

Petersburg (und ganz Russland).
3 Respekttage bei Sichtwechseln, 10 Respekttage bei den übrigen Wechseln; Uso: 15 Tage nach Ausstellung.

St. Gallen. 6 Respekttage; Uso: 15 Tage nach Ausstellung.

Zürich. Keine Respekttage; Uso: 15 Tage nach Ausstellung.

21. Geschäftsvorfall.

19. Dezember.

Einlangen einer Order; Versendung der Ware per Post unter Nachnahme.

Der Reisende Friedrich Härtel sendet aus Gross-Heringen die Bestellung:

Nr. 4 des Franz Kellner, Gross-Heringen auf:

2 kg Macisnüsse à M. 5.—
1 „ Ingber . . à „ 2.50
1 „ Nelken . . à „ 2.80

per Postpaket, unter Nachnahme des Wertbetrages.

Die Gewürze werden aus dem Detailgeschäfte entnommen, dem sie seinerzeit zu nachfolgenden Preisen übergeben worden waren:

Macisnüsse . M. 4.50 p. kg
Ingber . . . „ 1.80 „ „
Nelken . . „ 1.95 „ „

Über die Gebühren bei Postnachnahme siehe „Wissenswerte Daten über den Postverkehr".

22. Geschäftsvorfall.

19. Dezember.

Ablieferung des erzielten Warenerlöses von seiten des Detailgeschäftes.

Das Detailgeschäft liefert den in der abgelaufenen Woche erzielten Barerlös von M. 1695.65 ab.

Die lt. Kundenkladde per 30./11. ausgewiesenen Aussenstände haben sich durch Barzahlung um M. 62.65 reduziert; dieser Betrag ist in obenerwähntem Erlöse bereits inbegriffen.

In diesem Erlöse sind weiter inbegriffen 5 St. am künftigen 1. Januar fällig werdende Zinsscheine der Österreichischen Silber-Rente à fl. 21.— = öwfl. 105.— (= M. 178.50). (Dieselben werden als Barbestand in die Kasse eingestellt.)

Laut Kundenkladde wurden in der abgelaufenen Woche Käufer neuerdings mit M. 206.80 belastet.

23. Geschäftsvorfall.

21. Dezember.

Einlangen einer Ordre; telegraphischer Widerruf.

Der Reisende Friedrich Härtel sendet aus Gross-Heringen den Bestellzettel: Bestellung Nr. 5 des Leopold Herwegh, Gross-Heringen, auf 5 Barrels Petroleum à M. 25.75. Erlag durch die Leipziger Bank. Gleichzeitig mit der Bestellung langt der telegraphische Widerruf ein.

Siehe „Wissenswerte Daten über den Telegraphen- und Kabelverkehr.

Der Reisende wird von dem Einlangen der Bestellung 4 und dem Einlangen der Bestellung 5 sowie deren Widerruf nach Gross-Heringen verständigt, es wird derselbe gleichzeitig ersucht anzugeben, ob Briefe an ihn von jetzt ab bereits nach Weimar gesendet werden können?

24. Geschäftsvorfall.

20. Dezember.

Reklamation wegen ungeeigneter Qualität einer Ware.

Albert Reinhardt, Korbetha, ist mit der Qualität der ihm übersandten 5 kg Senegal-Gummi nicht zufrieden. Die Ware enthält viel Zusatz von Steinchen und minderwertigem dunklen Harz.

Es wird ihm geantwortet, er soll die Ware als Postpaket unfrankiert zurücksenden, es werde ihm eine andere Sorte baldigst zugesandt werden.

25. Geschäftsvorfall.

22. Dezember.

Kontobegleichung durch das Reichsbank-Giro-Konto.

Falk & Sohn, Berlin, überweisen zur Begleichung ihres Kontos (in Angelegenheit des notleidend gewordenen Wechsels Nr. 143 auf Renner & Co., Leipzig) per Reichsbank-Giro-Konto M. 703.15.

26. Geschäftsvorfall.

24. Dezember.

Einlangen einer Retourware.

Von Albert Reinhardt, Korbetha, langt als Retourware 1 Postpaket, enthaltend 5 kg Senegal-Gummi (fakturiert von Ludwig Richter am 11. ds. Mts.), ein. Die Empfangsspesen werden aus der kleinen Handkasse

bezahlt. Die Ware wird dem Detailgeschäfte, dem sie am 11. Dezember à M. 210.— per 100 kg entnommen worden war, wieder zurückgegeben. Dagegen wird Albert Reinhardt, Korbetha, mit (5 kg à M. 219.—) M. 10.95 entlastet.

27. Geschäftsvorfall.

29. Dezember.

Überweisung eines Geldbetrages an einen Kreditor.

An die China Tea Co., G. m. b. H., Hamburg, wird per Reichsbank-Giro-Konto der Betrag des am 2. Januar fällig werdenden Guthabens überwiesen.

Siehe „Der geschäftliche Verkehr mit der Reichsbank“, Seite 99.

28. Geschäftsvorfall.

30. Dezember.

Warenbezug per kontant.

Von Brückner, Lampe & Co., hier, werden 5 kg Senegal-Gummi I à M. 205.— per kontant ($1^1/_2$% Skonto) gekauft und per Postpaket an Albert Reinhardt, Korbetha (Faktur: 5 kg à M. 219.— per Kasse 30 Tage), als Ersatz für die am 24. ds. Mts. wegen ungeeigneter Qualität zurückerhaltene Ware, abgesandt.

29. Geschäftsvorfall.

31. Dezember.

Ablieferung des erzielten Warenerlöses von seiten des Detailgeschäftes.

Das Detailgeschäft liefert als Erlös für die Zeit vom 21. Dezember (Montag) bis inkl. 31. Dezember (Donnerstag) M. 2116.65 bar ab.

Die lt. Kundenkladde per 30./11. ausgewiesenen Aussenstände haben sich in der diesmaligen Abrechnungsperiode nicht verändert; dagegen sind Bücherkunden in dieser Periode mit M. 412.65 belastet worden.

30. Geschäftsvorfall.

31. Dezember.

Feststellung der im Monat aufgelaufenen kleinen Spesen (Kasse für kleine Spesen).

Die Handkasse weist aus, dass im Monat Dezember (lt. Aufzeichnung in einem Spesenbüchlein) M. 65.20 an verschiedenartigen kleinen Spesen verausgabt wurden.

31. Geschäftsvorfall.

31. Dezember.

Der Spediteur sendet die Monatsabrechnung.

Otto Zimmermann, hier, sendet Abrechnung, aus der hervorgeht, dass sein Guthaben ausser den durch Spesenrechnungen bereits ausgewiesenen Beträgen für mehrere Warenzuführungen und Abfuhren M. 6.50 beträgt.

Es wird ihm ein Check auf die hiesige Reichsbank-Hauptstelle zum Ausgleiche des Kontos übersandt.

32. Geschäftsvorfall.

31. Dezember.

Zahlung von Provision und Fixum an den Lokalagenten.

Der Lokalagent Herbert Müller behebt:

für seine Vermittelung beim Verkaufe von 2 Säcken Kampinos-Kaffee	M. 4.80
„ „ „ „ Einkaufe von 1 Fass Sesamöl	„ 3.35
„ „ Thätigkeit im Detailgeschäfte (zu Lasten desselben) . .	„ 50.—
bar:	M. 58.15

33. Geschäftsvorfall.

31. Dezember.

Entnahme von Bargeld zum Privatgebrauche.

Ludwig Richter entnimmt der Geschäftskasse zur Bestreitung des Haushaltes M. 450.—.

34. Geschäftsvorfall.

31. Dezember.

Bezahlung von Gehalten und Löhnen an die Angestellten des Haupt- und Detailgeschäftes.

Das Gehalt der Angestellten wird ausbezahlt.

Es erhalten die im Hauptgeschäfte Angestellten per Monat Dezember M. 650.—, die im Detailgeschäfte angestellten Handlungsgehilfen M. 420.— (zu Lasten derselben).

In diesem Betrage sind die im früheren Geschäftsvorfalle angeführten M. 50.— (Zahlung an Herbert Müller) nicht enthalten.

Der Reisende Friedrich Härtel erhält als Fixum für den Monat M. 200.— und überdies ein Tagesgeld von M. 15.— per Tag.

Die ihm als Vorschuss am 8. Dez. ausbezahlten M. 300.— werden vorläufig zu seinen Lasten als Aktivum geführt, dagegen werden das Gehalt und die Summe der Taggelder in das Passivum als transitorische Verbindlichkeit (zu bezahlende Reisespesen) eingestellt.

Fragen (betreffend die Handlungsgehilfen und Handlungslehrlinge [§§ 59—83 des Handelsgesetzbuches vom 10./5. 1897]).

280. *Wer ist als Handlungsgehilfe im Sinne des Handelsgesetzes anzusehen, und nach welchen Normen regeln sich die seitens der Handlungsgehilfen zu leistenden Dienste?*
281. *Sind kaufmännische Volontäre Handlungsgehilfen im Sinne des Handelsgesetzes?*
282. *Haftet der Prinzipal für Schäden, welche der Handlungsgehilfe einem Dritten in Erfüllung einer dem Prinzipal obliegenden Verbindlichkeit zufügt?*
283. *Sind Fabrikstechniker, Zeitungskorrespondenten von Auskunftsbureaus als Handlungsgehilfen anzusehen?*
284. *Gilt der Handlungsgehilfe auch dann als gegen Entgelt angestellt, wenn er an Stelle von Gehalt Provision oder Tantième bezieht?*
285. *Ist ein Handlungsreisender als Handlungsgehilfe im Sinne des Gesetzes anzusehen?*
286. *Darf ein Handlungsgehilfe ohne Einwilligung des Prinzipals selbstständig ein anderes Handelsgewerbe betreiben; darf er für eigene oder fremde Rechnung Geschäfte machen?*
287. *Welche Pflichten hat der Prinzipal seinen Gehilfen gegenüber mit Rücksicht auf die Regelung der Arbeitszeit; welche Pflichten hat er, wenn der Handlungsgehilfe in die häusliche Gemeinschaft aufgenommen ist?*
288. *Welchen Rechtsanspruch hat der Handlungsgehilfe, der durch unverschuldetes Unglück an der Leistung der Dienste verhindert ist?*
289. *Was setzt das Handelsgesetzbuch in betreff der Kündigung des Dienstverhältnisses fest?*
290. *Welche besonderen Bestimmungen bestehen für Handlungsgehilfen, welche ein Gehalt von mindestens 5000 Mark für das Jahr beziehen, oder für jene, welche für eine aussereuropäische Handelsniederlassung aufgenommen sind?*
291. *In welchen Fällen kann von jedem Teil ohne Einhaltung einer Kündigungsfrist das Dienstverhältnis gelöst werden?*
292. *Was bestimmt das Gesetz in betreff der sogenannten Konkurrenzklausel (der Vertragsabrede zwischen Prinzipal und Handlungsgehilfen, wonach den letzteren für den Fall des Austrittes aus dem Geschäfte hinsichtlich des Eintrittes in ein anderes Geschäft Beschränkungen auferlegt werden)?*
293. *Welche Pflichten hat der Lehrherr gegenüber seinem Lehrlinge?*
294. *Welche Pflichten hat der Lehrling gegenüber seinem Lehrherren?*

C. Die Errichtung der Bilanz per Ende Dezember 19..

(wegen Hinzutritt eines Gesellschafters).

Umwandlung der Einzelfirma „L. RICHTER" in eine offene Handelsgesellschaft unter der Firma „RICHTER & CO.".

Ludwig Richter hat den Entschluss gefasst, sich mit Ernst Francke, dem bisherigen Prokuristen des Exporthauses Mertens & Söhne, zu associieren.

Die Firma wird nach erfolgter Eintragung in das Handelsregister „**Richter & Co.**" lauten.

Das Unternehmen wird sich auch in Zukunft mit dem Betriebe des Kolonial- und Landesproduktenhandels befassen; in zweiter Linie soll aber auch dem Bank-, Kommissions-, Import- und Exportgeschäfte Aufmerksamkeit zugewendet werden.

Die Anbahnung und Durchführung der erstgenannten Geschäfte obliegt dem Gesellschafter Ludwig Richter, die Durchführung der Import- und Exportgeschäfte, sowie überhaupt der Aussenverkehr fallen in das Ressort des Herrn Ernst Francke.

Zugleich wird dem bisherigen Geschäftsleiter der Firma L. Richter, Ernst Becker, die Prokura erteilt.

Dem Rechtsanwalte Dr. Theodor Fellner wird die Abfassung des Vertrages und die Besorgung der handelsgerichtlichen Eintragung der neuen Firma und der Prokura übertragen.

Fragen (betreffend die Prokura und Handlungsvollmacht [§§ 48—58 des Handelsgesetzbuches vom 10./5. 1897]).

295. *In welcher Weise wird die Prokura erteilt?*
296. *Kann die Erteilung der Prokura an mehrere Personen gemeinschaftlich erfolgen?*
297. *Wozu ermächtigt die Prokura?*
298. *Zu welchen Handlungen ist der Prokurist nur ermächtigt, wenn ihm diese Befugnis besonders erteilt ist?*

299. *Ist eine Beschränkung des Umfanges der Prokura Dritten gegenüber wirksam?*
300. *Ist eine Beschränkung der Prokura auf den Betrieb einer oder einzelner Niederlassungen des Geschäftsunternehmens statthaft?*
301. *In welcher Weise hat der Prokurist zu zeichnen?*
302. *Ist die Prokura jederzeit widerruflich; ist sie übertragbar; erlischt sie durch den Tod des Inhabers der Unternehmung?*
303. *In welcher Weise sind die Erteilung der Prokura und das Erlöschen derselben bekannt zu machen?*
304. *Was bestimmt das Handelsgesetz rücksichtlich der Handlungsvollmacht?*
305. *Kann ein Minderkaufmann eine Handlungsvollmacht erteilen?*
306. *Kann ein Prokurist eine Handlungsvollmacht erteilen?*
307. *Was ist für den Umfang der Handlungsvollmacht massgebend?*
308. *Gilt der Handlungsreisende als Handlungsbevollmächtigter?*
309. *Zu welchen Rechtshandlungen gilt der Handlungsreisende auch ohne besondere Vollmacht für ermächtigt?*
310. *Zu welchen Rechtshandlungen gilt derjenige ermächtigt, der in einem Laden oder in einem offenen Warenlager angestellt ist?*
311. *In welcher Weise hat der Handlungsbevollmächtigte zu zeichnen?*

Gesellschaftsvertrag.

Der zwischen Ludwig Richter und Ernst Francke geschlossene Gesellschaftsvertrag lautet:

Gesellschaftsvertrag

welcher heute zwischen Herrn Ludwig Richter einerseits und Herrn Ernst Francke andererseits abgeschlossen wurde.

§ 1. Herr Ludwig Richter, Inhaber der hiesigen handelsgerichtlich eingetragenen Firma L. Richter, vereinigt sich mit Herrn Ernst Francke, bisherigem Prokuristen des Exporthauses Mertens & Söhne als öffentlicher Gesellschafter zum gemeinschaftlichen Betriebe eines Waren-Import- und Exportgeschäftes verbunden mit einem Warengrosso- und Detailgeschäfte unter der Firma

Richter & Co.

§ 2. Das Gesellschaftsvermögen besteht aus der Einlage des Herrn Ludwig Richter im Betrage von Mark ....*) und aus der Einlage des Herrn Ernst Francke im Betrage von Mark Fünfzigtausend, welche Werte durch am heutigen Tage aufgestellte und gegenseitig anerkannte Inventuren festgesetzt wurden.

§ 3. Jedem Gesellschafter wird seine Einlage auf einem eigenen, für ihn zu errichtenden Kapitalkonto gutgeschrieben und mit vier Prozent pro Jahr dekursiv verzinst.

---

*) Der Betrag der Einlage des Gesellschafters Ludwig Richter ist auf Grund der Bilanz vom 31./12. 19.. festzustellen und in der Höhe des darin ausgewiesenen Vermögensstandes in den Vertrag einzusetzen.

§ 4. Jeder der beiden Gesellschafter ist zur Firmazeichnung berechtigt und die aus derselben erwachsenden Verpflichtungen sind für beide Teile rechtsverbindlich.

§ 5. Für die Dauer der Gesellschaft, welche mit heutigem Tage beginnt, wird keine bestimmte Zeit festgesetzt; jedoch soll, den Ablebensfall eines der beiden Kontrahenten ausgenommen, jener Teilnehmer, welcher den Austritt aus dem Geschäfte wünscht, seinen Entschluss sechs Monate vorher dem anderen Gesellschafter mitteilen.

§ 6. Wenn die Gesellschaft infolge der Aufkündigung seitens eines der beiden Kontrahenten erlischt, so soll, falls der andere Gesellschafter das Geschäft fortzuführen beabsichtigt, dem ausscheidenden Teilnehmer dessen Geschäftsvermögensanteil auf Grund der zu ziehenden Bilanz bar ausbezahlt werden. Sollte eine Weiterführung nicht beabsichtigt werden, so soll nach beendigter Liquidation, welche nach beendigter Kündigungsfrist zu beginnen hat und von beiden Gesellschaftern gemeinschaftlich besorgt werden soll, jedem sein Anteil auf Grund der Liquidationsbilanz bar ausgezahlt werden.

Sollten Forderungen, deren Eingang zweifelhaft ist, der Beendigung der Liquidation im Wege stehen, so sind dieselben gänzlich abzuschreiben und die späteren Eingänge nach Massgabe der schliesslichen Geschäftsvermögensanteile unter die beiden Kontrahenten zu verteilen.

§ 7. Der Tod eines Geschäftsteilnehmers hat die Auflösung der Gesellschaft zur Folge und es hat der überlebende Teil die Liquidation zu besorgen; der hiernach sich ergebende Geschäftsvermögensanteil des Kontrahenten ist sechs Monate nach dem Tode des Gesellschafters an dessen Erben oder Rechtsnachfolger bar auszubezahlen.

§ 8. Obgleich sich beide Gesellschafter verpflichten, ihre ganze Zeit und Thätigkeit der Gesellschafts-Unternehmung zu widmen, so wird doch Herr Ernst Francke insbesondere die Anbahnung und Durchführung der Import- und Exportgeschäfte, sowie überhaupt den Aussenverkehr, Herr Ludwig Richter dagegen die Leitung der in der bisher betriebenen Branche gelegenen Geschäftszweige und die Aufsicht über die Führung der Bücher und Korrespondenzen zu besorgen haben.

§ 9. Jeder von beiden Kontrahenten hat das Recht, allmonatlich Beträge bis zur Höhe von 500 Mark gegen Bestätigung aus der Gesellschaftskasse zu entnehmen.

Über diese Leistungen der Gesellschaft, wofür die Zinsen ebenfalls zu vier vom Hundert zu berechnen sind, ist die Rechnung auf dem einem jeden der beiden Gesellschafter zu eröffnenden Privatkonto zu führen und der auf dem letzteren beim Abschlusse sich ergebende Saldo auf das betreffende Kapitalkonto zu übertragen.

§ 10. Jeder der beiden Gesellschafter hat das Recht, Geschäfte, welche in den Rahmen der Unternehmung passen, abzuschliessen; über geschäftliche Engagements, welche die Summe von zehntausend Mark übersteigen, beschliessen beide Teile gemeinschaftlich.

§ 11. Die Auslagen des Geschäftes werden aus der Gesellschaftskasse bestritten.

§ 12. Am Schlusse eines jeden Kalenderjahres soll eine Inventur errichtet und der Abschluss der nach den Grundsätzen der Doppelbuchhaltung zu führenden Bücher vorgenommen werden.

§ 13. Der auf Grund der zu ziehenden Bilanz sich ergebende Reingewinn ist unter die beiden Gesellschafter im Verhältnisse der gemachten Kapital-

einlagen, bzw. im Verhältnisse der aus der letzten Inventur resultierenden Geschäftsvermögensanteile zu verteilen.

Jeder Gesellschafter ist berechtigt, seinen Gewinnanteil herauszunehmen oder auch in dem Geschäfte zu belassen und dadurch seine Einlage zu erhöhen.

Ein allenfalls sich ergebender Verlust ist von beiden Kontrahenten in demselben Verhältnisse zu tragen.

§ 14. Beide Gesellschafter verpflichten sich, keine wie immer gearteten Nebengeschäfte zu betreiben.

§ 15. Im Falle von Meinungsverschiedenheiten oder Streitigkeiten zwischen beiden Kontrahenten soll ein Schiedsgericht entscheiden, dessen beide Mitglieder aus dem Kaufmannsstande zu entnehmen sind. Für den Fall dass sich dieses Schiedsgericht in der Streitfrage nicht einigen sollte, verpflichtet sich dasselbe, einen Obmann, dem Juristenstande angehörend, beizuordnen, dessen Ausspruch entscheidende Wirkung haben soll.

§ 16. Die Errichtung der Handelsgesellschaft ist dem Kgl. Amtsgericht zu Leipzig behufs Eintragung in das Handelsregister anzumelden.

Zn Urkund dessen der beiden vertragsschliessenden Teile eigenhändige Fertigung unter Beifügung ihrer Siegel.

Leipzig, 29./12. 19..

L. S. Ernst Francke m. p. L. S. Ludwig Richter m. p.

Fragen (betreffend die offene Handelsgesellschaft [§§ 105—160 des Handelsgesetzbuches vom 10./5. 1897]).

312. Welche Form der Gesellschaft bezeichnet man als offene Handelsgesellschaft?

313. Welche Vorschriften des Bürgerlichen Gesetzbuches finden auf offene Handelsgesellschaften Anwendung?

314. Wo ist eine offene Handelsgesellschaft behufs Eintragung in das Handelsregister anzumelden?

315. Sind auch Änderungen in der Organisation, in den Inhaberverhältnissen, in dem Sitze einer offenen Handelsgesellschaft registrierungspflichtig?

316. Wem obliegt die Pflicht, die Firma der offenen Handelsgesellschaft registrieren zu lassen?

317. Nach welchen Prinzipien regelt sich das Rechtsverhältnis der Gesellschafter einer offenen Handelsgesellschaft?

318. In welchen Fällen kann ein Gesellschafter an die Gesellschaft berechtigte Forderungen stellen?

319. In welchen Fällen kann eine Handelsgesellschaft an den Gesellschafter berechtigte Forderungen stellen?

320. Darf ein Gesellschafter einer offenen Handelsgesellschaft auch zugleich Gesellschafter einer anderen offenen Handelsgesellschaft sein?

321. Welche Rechte hat eine Handelsgesellschaft an den Gesellschafter, wenn dieser die ihm durch das Handelsgesetz gezogene Grenze seiner Befugnisse überschreitet oder der Gesellschaft Nachteile zufügt?

322. In welcher Zeit verjähren die Ersatzansprüche der Gesellschaft an einen Gesellschafter?

323. Wer ist zur Führung der Geschäfte einer offenen Handelsgesellschaft berechtigt?

324. *Kann ein Gesellschafter durch Vertrag von der Führung der Geschäfte ausgeschlossen werden?*
325. *Was geschieht, wenn mehrere Gesellschafter zur Führung der Geschäfte befugt sind und einer derselben einen Widerspruch gegen die Vornahme einer Handlung erhebt?*
326. *Was für eine rechtliche Folge hat die vertragsmässige Festsetzung, dass die Gesellschafter, denen die Geschäftsführung zusteht, nur kollektiv handeln können?*
327. *Auf welche Handlungen erstreckt sich die Befugnis zur Geschäftsführung?*
328. *Kann ein zur Geschäftsführung befugter Handelsgesellschafter einen Prokuristen bestellen?*
329. *Kann einem Gesellschafter einer offenen Handelsgesellschaft während des Bestehens derselben die Befugnis zur Geschäftsführung entzogen werden?*
330. *Welche Rechte hat jener Handelsgesellschafter, der von der Geschäftsführung ausgeschlossen ist?*
331. *In welcher Weise wird der durch den Betrieb einer offenen Handelsgesellschaft erzielte Gewinn unter die Gesellschafter verteilt?*
332. *Was schreibt das Gesetz rücksichtlich der Verzinsung der Gesellschaftsanteile vor und was geschieht, wenn der Gewinn zur Verzinsung der Anteile nicht ausreicht?*
333. *In welcher Höhe darf ein Gesellschafter der Gesellschaftskasse Gold entnehmen?*
334. *In welcher Weise ist das Rechtsverhältnis der offenen Handelsgesellschaft Dritten gegenüber gesetzlich geregelt?*
335. *Ist jeder Gesellschafter an sich ermächtigt, die Gesellschaft zu vertreten oder können einzelne von diesem Rechte ausgeschlossen werden?*
336. *Welche Rechte besitzt der mit der Vertretungsmacht ausgestattete Gesellschafter im Hinblicke auf die Gesellschaft?*
337. *Kann irgend ein Gesellschafter wegen einer Verbindlichkeit der Gesellschaft in Anspruch genommen werden; findet aus einem gegen die Gesellschaft gerichteten vollstreckbaren Schuldtitel die Zwangsvollstreckung gegen die Gesellschafter statt?*
338. *Haftet ein Gesellschafter auch für jene Verbindlichkeiten der Gesellschaft, die vor seinem Eintritte in dieselbe bestanden?*
339. *Durch welche Ereignisse und Umstände wird die offene Handelsgesellschaft aufgelöst?*
340. *Wann muss die Kündigung seitens eines Gesellschafters der Gesellschaft gegenüber in dem Falle erfolgen als die Gesellschaft für unbestimmte Zeit eingegangen worden war?*
341. *Gibt es Gründe, welche dafür massgebend sind, dass eine Gesellschaft vor Ablauf der für ihre Dauer bestimmten Zeit aufgelöst werde?*
342. *Kann eine Gesellschaft für die „Lebenszeit" eines Gesellschafters errichtet werden?*
343. *Was setzt das Gesetz für den Fall fest, dass eine Gesellschaft durch den Tod eines Gesellschafters aufgelöst werden muss?*
344. *Von wem ist die Auflösung der offenen Handelsgesellschaft zur Eintragung in das Handelsregister anzumelden?*
345. *Was geschieht in dem Falle, dass die Gesellschaft durch Eröffnung des Konkurses über ihr Vermögen aufgelöst erscheint; können dann*

die Gesellschafter, wenn der Konkurs durch Abschluss des Zwangsvergleiches oder über Antrag des Gemeinschuldners wieder aufgehoben wurde, die Fortsetzung der Gesellschaft beschliessen? und müsste in diesem Falle eine neuerliche Eintragung in das Handelsregister erfolgen?

346. *Was versteht man unter Liquidation einer Handelsgesellschaft und unter welchen Umständen und auf welche Weise erfolgt dieselbe?*

347. *Ist die Liquidation einer Handelsgesellschaft in das Handelsregister einzutragen?*

348. *In welcher Weise wird eine in Liquidation befindliche Handelsgesellschaft gezeichnet?*

349. *Welche Rechte und welche Pflichten haben die Liquidatoren?*

350. *Was hat nach Beendigung der Liquidation rücksichtlich der Firma sowie rücksichtlich der vorhandenen Geschäftsbücher und Papiere zu geschehen?*

Angaben für die Errichtung der Bilanz.

Die Bewertung der Warenvorräte hat nach den Ankaufs- (bezw. Kalkulations-) preisen zu erfolgen. Jene Waren, welche bereits Ende November vorrätig waren, sind zu den damals angenommenen Preisen zu bewerten.

Die im Portefeuille befindlichen Wechsel, sowie die Tratten sind abzüglich $4\frac{1}{2}\%$ Diskont einzustellen.

Der Umstand, dass auch die Debitoren und Kreditoren erst in späterer Zeit fällig werdende Posten bilden, soll auch bei Aufstellung der Dezember-Bilanz nicht in Rücksicht gezogen werden.

Die Einrichtungsgegenstände sind mit M. 1700.— einzustellen.

Als Buchungskurse für ausländische Verrechnungsverhältnisse sind anzunehmen:

für Pfund Sterlingbeträge	M.	20.43
„ Franks	„	80.40
„ österr. Kronen . .	„	84.50

Die Verrechnung mit dem Reisenden Friedrich Härtel (Vorschuss gegen Gehalt und Taggelder) ist transitorisch einzustellen.

Die Forderung an den in Zahlungsstockung befindlichen Debitor Karl Krause ist mit M. 300.— zu bewerten.

Das Detailgeschäft liefert einen Ausweis, aus welchem hervorgeht, dass der Wert der Lagerbestände (laut Pauschal-Aufnahme*) M. 6285.80 beträgt.
Die Aussenstände laut Kundenkladde betragen . . „ 1013.70
zusammen M. 7299.50

*) Es werden die Waren in Gruppen geteilt und bei Feststellung des Wertes die **Verkaufspreise** zu Grunde gelegt; hierauf werden von den einzelnen Gruppen jene Prozentsätze in Abschlag gebracht, die in der Regel bei solchen Warengattungen als Gewinnzuschläge benützt werden.

D. Geschäftsereignisse während des Monates Januar 19..

35. Geschäftsvorfall.

2. Januar.

Bare Vermögenseinlage; Bezahlung von Spesen.

Ernst Francke bringt bare M. 50000.— als Geschäftseinlage ein, welche in die Reichsbank als Giro-Einlage eingelegt werden.

Die Firma Richter & Co. versendet an ihre Geschäftsfreunde Zirkulare.

Es wird für das Vierteljahr (1. Januar bis 31. März) Mietzins bezahlt:

für das Hauptgeschäft	M. 600.—
für das Detailgeschäft	„ 250.—
	M. 850.—

Die Abonnementsgebühr für die Benutzung des Telephons (Nr. 5690) per 19.. wird mit M. 150.— bezahlt.

Für die Registrierung der Telegrammadresse „Richterco" und Löschung der bisherigen Telegrammadresse „Elrichter" wird bei der Post- und Telegraphen-Direktion die Gebühr von M. 30.— erlegt.

36. Geschäftsvorfall.

2. Januar.

Börseneinkauf. (Kauf von Wertpapieren; direkter Bezug derselben.)

Von Hermann & Schmidt, hier, werden an der Börse durch Vermittelung des Maklers Anton Haller M. 25000.— 3% Sächsische Rente à 86.50 gekauft und heute nachmittag per kontant bezogen. Der Firma Hermann & Schmidt wird ein Check auf die Reichsbank p. M. 20000.— in Zahlung gegeben.

Nota von Hermann & Schmidt, Leipzig.

Stck. 25 3% Sächs. Rente à M. 1000.—; mit Zinsscheinen per 1. April bis 1. Oktober; à 86.50. Die Maklergebühr wird am Ende des Monates direkt dem Anton Haller bezahlt.

37. Geschäftsvorfall.

2. Januar.

Beispiel eines Exportes per Deutsche Levante-Linie. (Proper-Export.)

Die Firma Mustafa & Co., Damaskus, bestellt bei Richter & Co. durch den Vertreter der letztgenannten in Damaskus, Ernst Walbeck, 500 kg gefärbte Zephyrwolle à fcs. 7.60 per kg; franko Bord Beirut gegen 3% per kontant nach Ankunft der Ware.

Expedition via Hamburg durch die Deutsche Levante-Linie.

Der Auftrag wird dem Besteller durch Kommissionskopie, welche an den Vertreter dirigiert wird, bestätigt.

Die Order wird mit einer laufenden Nummer versehen und in das Kommissions-Kopiebuch eingetragen.

Hierauf wird dieselbe an den Fabrikanten Otto Hille, Grossröhrsdorf, überschrieben (d. h. demselben die Ausführung des erhaltenen Auftrages zugewiesen).

Fortsetzung siehe 48. Geschäftsvorfall.

38. Geschäftsvorfall.

3. Januar.

Richter & Co. offerieren der Firma Leyrer & Co., Dresden, ihre Dienste in der Besorgung von Banktransaktionen.

Die Offerenten würden für effektive Umsätze 1‰ Kommission im Kontokorrent-Verkehr berechnen, ½% über oder unter der jeweilig normierten Berliner Bankrate und selbstausgelegte Spesen.

Zugleich erklären sie sich bereit, der Firma Leyrer & Co. einen Blankokredit bis M. 50000 gegen Vergütung von ¼% für Acceptationsprovision einzuräumen.

Siehe auch 42. Geschäftsvorfall.

39. Geschäftsvorfall.

4. Januar.

Beispiel eines Importes (Auktionseinkauf von Stapelware).

Die Firma Arnthal & Zoon, Amsterdam, wird auf Grund ihres an Richter & Co. gesandten Auktionsprospektes beauftragt, die 150 Ballen Java-Tabak (Los N. 129) und 120 Ballen Sumatra-Tabak, Los N. 142, M. C. & C. (= Maatschappij Commission und Condition), in der nächsten Auktion der Maatschappij zu kaufen und per Eisenbahn, in gewöhnlicher Fracht, zu verladen.

Für den Betrag der Faktur sollen sich die Kommissionäre in Amsterdam auf uns (Richter & Co.) in einer bei Sicht zahlbaren Tratte erholen.

Handelstechnische Daten, betreffend den Tabakhandel.

Die Rohtabake werden von seiten der Plantagenbesitzer direkt nach Amsterdam und Rotterdam zum auktionsmässigen Verkaufe versandt.

Die vereidigten Makler sortieren die Waren, ziehen Muster und setzen nach ihren Befunden die Ausrufpreise fest.

Der Tabak ist in Jute oder Rohleinen verpackt; die Unterlagen bilden zumeist dünne Bastblätter. Man nimmt pr. Ballen (Pakken) eine Tara von 2 kg als Durchschnittstara an.

Nachdem nun die Makler die Feststellung der Sorten und Mengen vorgenommen haben, versenden sie Zirkulare, in welchen sie die Ware anbieten und auf die bevorstehende Auktion aufmerksam machen.

Für ihre diesfällige Bemühung erhalten sie im Falle des Zustandekommens des Geschäftes von ihren Auftraggebern 2% Kommission.

Der Preis der Ware versteht sich in Cents pr. ½ kg unter Vergütung von 1% Skonto.

Der Käufer, der oft selbst wieder bloss als Kommissionär den Bezug besorgt, berechnet dann von der Ankaufssumme und allen Kosten für seine Bemühung die Kommission.

Handelswert:

Tabak ist ein hervorragender Handelsartikel, dessen Preisbildung von den Finanzgesetzen der Staaten mächtig beeinflusst wird.

Bald ist es eine blosse Steuer oder ein gewöhnlicher Zoll (wie in Dänemark, Holland, Belgien), oder diese Angabe kombiniert sich mit einem Anbauverbote (Grossbritannien), oder eine Fabrikssteuer (Russland), oder eine Zoll- und Flächensteuer, oder ein Monopol (wie in Frankreich, Italien, Österreich-Ungarn, Serbien, Türkei und Spanien), welche auf den Preis des Tabaks als Handelsware bestimmend einwirken.

Notierungen in Bremen:

Havanna: Deckblatt	½ kg	M. 9.—
„ Deckblatt und Einlage	„	„ 4.50
„ Einlage	„	„ 2.95
Kuba T.	„	„ 2.—
Domingo: Deckblatt	„	„ 0.825
„ Deckblatt und Einlage	„	„ 0.575
„ Einlage	„	„ 0.375
Portoricoblätter	„	„ 0.365
Brasilblätter	„	„ 1.75
Java	„	„ 3.675
Ungar.	„	„ 30.—
Stengel, Amerik. in Fässern	„	„ 10.—
„ „ „ Pakken	„	„ 7.—

40. Geschäftsvorfall.

7. Januar.

Beispiel eines Kommissions-Exportes.

Katschanik & Co., Salonik, bestellen durch Vermittelung des Platzagenten François Kolombo in Salonik (Subagent der Firma Richter & Co.) bei dieser 1500 kg Holznägel (Fabrikat von Klemens & Co., Ahlfeld) à fcs. 42.—. p. 100 kg franko Bord Salonik; franko Emballage.

Die Order wird von seiten der Firma Richter & Co. den Herren Klemens & Co., Ahlfeld, überschrieben und am 21. Jan. von diesen effektuiert.

Fortsetzung siehe 56. Geschäftsvorfall.

41. Geschäftsvorfall.

8. Januar.

Beispiel eines Importes (Bezug von Fellen zur Pelzwerkbereitung).

An Rudloff & Co., Moskau, wird Order erteilt,

ca. 7000 Stück Karakul und

„ 1500 „ Karakultschi

entsprechend der Vereinbarung, welche mit Herrn Iwan Rudloff gelegentlich seiner Anwesenheit in Leipzig getroffen wurde, einzukaufen.

42. Geschäftsvorfall.

13. Januar.

Beginn einer Kontokorrentverbindung.

Leyrer & Co., Dresden, erklären sich bereit, die Anträge von Richter & Co. anzunehmen, erwarten aber, dass die letzteren in dem Falle, als die auf Grund des eingeräumten Kredites gezogenen Tratten noch vor der Accepterteilung gedeckt sind, bloss $^1/_8$ % Acceptationsprovision berechnen werden.

Offerten in diesem Sinne seien ihnen bereits von anderen Firmen gestellt worden, aber sie sind sehr gern bereit, mit Richter & Co. in Verkehr zu treten.

Sie ergreifen in der Erwartung, dass ihr Gegenvorschlag acceptiert wird, gleich die Initiative und senden:

fl. 10 000.— österr. 4 % Gold-Rente

zur bestmöglichen Begebung der Gutschrift.

Siehe auch 38. Geschäftsvorfall.

Fragen (betreffend das Kommissionsgeschäft [§§ 383—406 des Handelsgesetzbuches vom 10./5. 1897]).

351. Wer ist als Kommissionär im Sinne des Handelsgesetzes anzusehen?
352. Welche Pflichten hat der Kommissionär?
353. In welchen Fällen ist der Kommissionär zum Ersatze des Schadens verpflichtet?

354. Was versteht man unter einem Pakotillevertrag?
355. Welche Art der Geschäfte bezeichnet man mit Indentgeschäfte?
356. Was ist Musterkommission?
357. Bewirkt im Bankgeschäfte die Absendung des Stückeverzeichnisses von seiten des Kommissionärs an den Kommittenten das Eigentumsrecht des letzteren?
358. Kann der Kommittent das Kommissionsverhältnis widerrufen?
359. Kann der Kommissionär das Geschäft an einen anderen zur Ausführung übertragen?
360. Hat der Kommissionär die Pflicht, für den Kommittenten in Vorschuss zu gehen?
361. In welchen Fällen hat der Kommittent das Recht auf Schadenersatz und wann zur Zurückweisung des Geschäftes?
362. Welche Rechtsfolgen hat es, wenn der Kommissionär unter dem ihm gesetzten Preise verkauft hat?
363. Ist „höchster Preis am Markttage“ als ein Limit anzusehen?
364. Welche Rechtswirkung hat es, wenn der Kommissionär unter dem ihm gesetzten Preise verkauft und mit der Anzeige von der Ausführung des Geschäftes sich zur Deckung des Preisunterschiedes anbietet?
365. Welche Rechtsfolgen hat es, wenn der Kommissionär den für den Einkauf gesetzten Preis überschritten hat?
366. Welche Pflicht hat der Kommissionär in dem Falle, in welchem das zum Verkaufe bestimmte Gut bei Empfangnahme in einem beschädigten oder mangelhaften Zustande sich befindet?
367. Haftet der Kommissionär für die Erhaltung der Beschaffenheit des Gutes, das sich in seiner Verwahrung befindet?
368. Welche Obliegenheiten hat der Kommittent bei Empfangnahme des durch den Kommissionär eingekauften Gutes?
369. Kann der Kommittent die aus dem Kommissionsgeschäfte hervorgegangenen Forderungsrechte mit Umgehung des Kommissionärs direkt bei den Schuldnern geltend machen?
370. Welche Rechtswirkung hat es, wenn von dem Kommissionär ohne Zustimmung des Kommittenten einem Dritten ein Vorschuss geleistet oder Kredit gewährt wird?
371. Muss die Bewilligung seitens des Kommittenten ausdrücklich, oder kann sie auch stillschweigend erfolgen?
372. Überschreitet der Kommissionär auch dann seine Befugnisse, wenn am Orte des Geschäftes die Stundung des Kaufpreises Handelsgebrauch ist?
373. Welche Vergütung erhält der Kommissionär, der für den Dritten dem Kommittenten gegenüber die Haftung übernimmt?
374. Kann der Kommissionär auch dann eine solche Vergütung beanspruchen, wenn das Geschäft als ein Zielgeschäft geplant, durch Barzahlung aber in ein Kassageschäft umgewandelt wurde?
375. Kann ein Kommissionär, welcher den Ankauf eines Wechsels besorgt hat, auf diesen ein Rekta- oder Prokura-Indossement, oder ein Giro ohne Obligo setzen?
376. Hat der Kommissionär auch für Geschäfte, die nicht zu stande gekommen sind, Anspruch auf Provision?

377. *In welchem Ausmasse und an welchen Objekten hat der Kommissionär ein Pfandrecht?*
378. *Hat der Kommissionär auch an jenen Objekten ein Pfandrecht, über die er mittels Konnossaments, Lager- oder Ladescheinen verfügen kann?*
379. *Welche Ausnahme besteht bezüglich des Pfandrechts des Kommissionärs im Bankverkehre durch das Bankdepotgesetz?*
380. *Ist das Pfandrecht des Kommissionärs mit dem Retentionsrechte des Kaufmanns identisch?*
381. *Muss der Kommissionär, wenn der Kommittent in der Einhaltung seiner Verpflichtungen im Verzuge ist, die Forderungen aus dem Kommissionsgeschäfte diesem abtreten, oder kann er dies verweigern?*
382. *In welchen Fällen kann der Kommissionär als Selbstkontrahent eintreten?*
383. *Was bestimmt das neue Handelsgesetz in Übereinstimmung mit dem Börsengesetze in betreff des Selbsteintrittsrechtes des Kommissionärs?*
384. *Welchen Kurs muss der als Selbstkontrahent eintretende Kommissionär in dem Falle in Rechnung bringen, wenn er den Kommittenten, der den Auftrag gab, während der Börsezeit eine Operation durchzuführen, erst am Schlusse derselben von der Ausführung verständigt?*
385. *Welche Rechtsfolgen bringt es mit sich, wenn der Kommissionär den bereits durchgeführten Abschluss mit einem Dritten verschweigt und dem Kommittenten gegenüber als Selbstkontrahent eintritt?*
386. *Welche Vorteile gewährt der Selbsteintritt des Kommissionärs demselben mit Rücksicht auf die Bestimmungen des Bankdepotgesetzes?*
387. *Bleiben für den Kommissionär, der als Selbstkontrahent eintritt, die Bestimmungen des Handelsgesetzbuches über die Pflichten des Kommissionärs aufrecht?*
388. *Wie geht der Kommissionär vor, wenn er von mehreren Kommittenten gleichartige Aufträge erhält und diese zu verschiedenartigen Kursen durchführt; wenn er z. B. von A Auftrag zum Einkaufe von 20 St. Laura, von B zum Einkaufe von 30 St. Laura und von C zum Einkaufe von 50 St. Lanra zu 260°/₀ erhält und es ihm gelingt, 40 St. zu 258°/₀ und 60 St. zu 259°/₀ zu erwerben; in welcher Weise berechnet er die Papiere seinen Kommittenten?*
389. *Darf der Kommissionär, der als Selbstkontrahent eintritt, Provision und sonstige beim Kommissionsgeschäfte vorkommende Kosten in Anrechnung bringen?*
390. *Welche Rechtsfolgen bringt es mit sich, wenn der Kommissionär die Ausführung der Kommission dem Auftraggeber mitteilt, ohne ausdrücklich zu bemerken, dass er als Selbstkontrahent in das Geschäft eintritt?*
391. *Steht dem Kommissionär das Recht des Selbsteintrittes auch dann zu, wenn der Kommittent den Auftrag widerrufen hat, bevor die Ausführungsanzeige zur Absendung gelangt ist?*
392. *Ist nach der etwa erfolgten telephonischen Benachrichtigung von dem Selbsteintritte oder gelegentlich derselben ein Widerruf noch möglich?*

43. Geschäftsvorfall.

15. Januar.

Verrechnungen mit dem Detailgeschäft und sonstige Kassaverrechnungen.

Das Detailgeschäft liefert als Erlös für die Periode vom 1. Januar bis heute M. 3815.50 bar ab. Der am 30./11. ausgewiesene Büchelkundensaldo hat sich bis auf M. 65.50 reduziert. Die Zahlungen sind in obigem Erlöse inbegriffen.

Von seiten der Büchelkundschaften, welche im Monat Dezember Waren bezogen haben, wurden M. 350.50 bezahlt; auch diese Zahlungen sind im obigen Erlöse inbegriffen.

Dagegen wurden lt. Kundenkladde neuerdings an Büchelkundschaften für M. 685.80 Waren abgegeben.

Die im Portefeuille befindlichen, heute fälligen Wechsel: Nr. 145 und 146 werden einkassiert. Die heute fällige Tratte Nr. 19 wird an die Leipziger Bank bezahlt.

Paul Freitag hier begleicht sein Konto mit baren M. 1495.15.

Die Leipziger Bank erlegt für Albert Reichardt, Korbetha, M. 605.20.

44. Geschäftsvorfall.

16. Januar.

Abrechnung über an der Börse begebene Effekten.

An Leyrer & Co., Dresden, wird geantwortet, dass Richter & Co. bereit sind, für jene Abgaben, welche zur Zeit der Accepterteilung bereits gedeckt sind, blos $^1/_8$% Acceptationsprovision zu berechnen.

Die eingelangten fl. 10000.— österr. 4% Goldrente begeben Richter & Co. an der Börse durch den Makler Anton Haller an Hermann & Schmidt à 101.— per heute und erteilen an Leyrer & Co., Dresden, Abrechnung:

fl. 10000.— österr. Goldrente

	à 101.—	fl.	10100.—
	=	M.	20200.—
	+ Zinsen 106/4%	„	235.55
		M.	20435.55
— Kurtage	M. 10.—		
— Steuer	„ 6.30	„	16.30
	Kredit Val dato	M.	20419.25

Wissenswerte Daten, betreffend den Schlussschein-, sowie den Effekten-(Fix-)Stempel.

a) Der Schlussscheinstempel.

Nach dem Gesetze vom 3./6. 1885 (betreffend die Erhebung von Reichsstempelabgaben) sind Schlussscheine stempelpflichtig.

Die Schlussscheinausstellung bei jedem börsenmässigen, den Wert von M. 600 übersteigenden Geschäfte ist obligatorisch.

Die Ausstellung eines Schlussscheines ist gesetzlich vorgeschrieben, welcher Art das Börsengeschäft immer sei; sie muss auch dann erfolgen, wenn der Abschluss mehreremals denselben Gegenstand betrifft.

Führt der eine der abschliessenden Teile das Geschäft als Kommissionär aus, kauft also z. B. ein Leipziger Bankier für einen Kunden durch Vermittelung eines Maklers Wertpapiere, so ist einmal ein Schlussschein zwischen dem Makler und dem Bankier und ein zweites Mal zwischen dem Bankier und dem Kunden zu wechseln. Dieser Vorgang wiederholt sich stets mit gleicher Stempelpflicht, so oft das Geschäft durch vermittelnde Hände geht.

Kauft jedoch z. B. ein Bank- und Wechselhausbesitzer in Riesa durch einen Bankier in Leipzig für einen Kunden in Riesa Wertpapiere, und benutzt der Bankier in Leipzig die Vermittelung eines Maklers, so kann der Bankier in Riesa den Schlussscheinabschnitt, den er vom Leipziger Bankier erhielt, mit einem bezüglichen Vermerk weitergeben.

In betreff der Angaben bestimmt das Börsensteuergesetz vom 27./4. 1894:

a) Für Kauf von ausländischen Banknoten, Geldsorten, ferner von Wertpapieren, inländischen und ausländischen Aktien, Renten und Schuldverschreibungen . . . . $^2/_{10}$ ‰
in Abstufungen von 20 Pf. für je 1000 M. oder Bruchteile derselben.

b) Für Kauf von Börsenobjekten unter Zugrundelegung von bestimmten Börsenusanzen (Zeit-Fix-Termin-Prämien-Geschäfte) . . . . . $^4/_{10}$ ‰
in Abstufungen von 40 Pf. für je 1000 M. oder Bruchteile derselben.

Im Kommissionsgeschäfte entfällt, da der Kunde die Hälfte des ersten Stempels (Bankier-Makler) und den ganzen zweiten Stempel zu tragen hat (Bankier-Kunde), auf jede Rechnung der $1^1/_2$malige Stempelbetrag (also $^3/_{10}$ ‰ und $^6/_{10}$ ‰).

b) Effekten-(Fix-)Stempel.

Sämtliche in Deutschland gehandelte Aktien und sonstige Wertpapiere unterliegen der Versteuerung und zwar dem Effekten-(Fix-)Stempel, welche Abgabe nur einmal zu entrichten ist.

Nach dem Gesetze vom 27./4. 1894 beträgt die Abgabe für:

1a) Inländische Aktien und Aktienanteilsscheine . . . . . . 1 %

1b) Ausländische Aktien und Aktienanteilsscheine (wenn sie im Inland ausgehändigt, veräussert oder verpfändet werden) . . . . $1^1/_2$ %
vom Nennwerte und zwar für 1a in Abstufungen von 1 M., für 1b in Abstufungen von $1^1/_2$ M. für 100 M. oder einen Bruchteil des Betrages.

2a) Inländische Renten und Schuldverschreibungen . . . . . 4 ‰

2b) Ausländische Renten und Schuldverschreibungen . . . . 6 ‰
vom Nennwerte und zwar für 2a in Abstufungen von 40 Pf., für 2b in Abstufungen von 60 Pf. für 100 M. oder einen Bruchteil dieses Betrages.

3a) Inländische, auf den Inhaber lautende Schuldverschreibungen der Kommunalverbände und Kommunen . . . . 1‰

3b) Inländische, auf den Inhaber lautende Schuldverschreibungeu der Korporationen ländlicher oder städtischer Grundbesitzer . . 2‰ vom Nennwerte.

4) Lose und öffentliche Lotterieanlehen . . . . 10% vom Nennwerte.

45. Geschäftsvorfall.

17. Januar.

Ausstellung eines Empfehlungs- und Kreditbriefes behufs Benutzung auf einer Geschäftsreise.

Ernst Francke reist behufs Anknüpfung von neuen Verbindungen und zur Besorgung von Einkäufen in dortigen grossen Auktionen nach Frankreich, Belgien und England.

Die Firma Richter & Co. veranlasst zu diesem Besuche, dass ihm die Leipziger Bank (Aktien-Gesellschaft) einen Empfehlungs- und Kreditbrief auf Credit Lyonnais Paris in der Höhe von fcs. 25 000.— ausfertigt.

Als Sicherstellungs-Depot übergiebt die Firma Richter & Co. der Leipziger Bank M. 25 000.— 3% Sächs. Rente.

Fragen (betreffend die Aktiengesellschaft [§§ 178—311 des Handelsgesetzbuches vom 10./5. 1897]).

393. *Worin besteht das Wesen einer Aktiengesellschaft?*
394. *Sind die Aktien teilbar?*
395. *Lauten die Aktien auf Namen oder Inhaber?*
396. *Welche Arten von Aktien dürfen nicht auf Namen lauten?*
397. *Auf welchen Mindestbetrag müssen Aktien lauten und welche Ausnahmen giebt es nach dieser Richtung?*
398. *Welche Bestimmungen gelten für Interimsscheine?*
399. *Wieviele Personen müssen bei der Feststellung des Inhaltes des Gesellschaftsvertrages beteiligt sein und in welcher Weise muss diese Beteiligung festgestellt werden?*
400. *Welche Punkte muss der Gesellschaftsantrag enthalten?*
401. *In welchen Organen haben Bekanntmachungen zu erfolgen?*
402. *Wer wird als Gründer einer Aktiengesellschaft angesehen?*
403. *Sind die Gründer berechtigt, alle Aktien zu übernehmen?*
404. *In welcher Weise erfolgt die Zeichnung der Aktien?*
405. *Wer ist zur Prüfung des Herganges der Gründung verpflichtet?*
406. *Auf was hat sich die Prüfung des Gründungsherganges zu erstrecken?*
407. *Welchen Organen der Aktiengesellschaft fällt die Verpflichtung zur Anmeldung derselben in das Handelsregister zu?*
408. *Welche Erklärung rücksichtlich der geleisteten Einzahlungen ist bei Anmeldung der Firma abzugeben?*

409. *In welcher Weise wird die Beschlussfassung über die Errichtung der Gesellschaft geführt, wenn die Gründer derselben nicht alle Aktien selbst übernommen haben?*
410. *Welches Stimmenverhältnis von Aktionären und gezeichneten Anteilen stellt das Gesetz als Norm für das Zustandekommen der Gesellschaft auf?*
411. *Welche Art von Verträgen der Aktiengesellschaft mit anderen bedarf zu ihrer Wirksamkeit der Zustimmung der Generalversammlung?*
412. *In welcher Weise ist die Verpflichtung des Aktionärs zur Leistung von Kapitaleinlagen begrenzt?*
413. *In welcher Weise findet die Gewinnverteilung bei einer Aktiengesellschaft statt?*
414. *In welchen Fällen dürfen den Aktionären Zinsen von bestimmter Höhe ausbezahlt werden?*
415. *Welcher Nachteil erwächst für jeden Aktionär, welcher den auf die Aktien eingeforderten Betrag nicht zur rechten Zeit einzahlt?*
416. *Was setzt das Gesetz rücksichtlich der auf Namen lautenden Aktien fest?*
417. *In welchen Fällen kann die Einziehung (Amortisation) von Aktien erfolgen?*
418. *Durch welche Organe wird die Aktiengesellschaft gerichtlich und aussergerichtlich vertreten?*
419. *In welcher Weise hat der Vorstand die Firma der Gesellschaft zu zeichnen?*
420. *Darf ein Mitglied des Vorstandes ein selbständiges Handelsgewerbe betreiben, oder für eigene bez. fremde Rechnung Geschäfte machen?*
421. *Wie ist bei Berechnung der Tantième der Vorstandsmitglieder vorzugehen; ist dieselbe vom Brutto-(Bilanz-)Gewinn zu berechnen?*
422. *Welche Bestimmungen bestehen für die Ernennung eines Prokuristen der Aktiengesellschaft?*
423. *Was hat der Vorstand zu thun, falls bei Aufstellung der Jahresbilanz oder einer Zwischenbilanz sich ergeben sollte, dass die Hälfte des Grundkapitals durch Verlust aufgezehrt ist?*
424. *In welchem Ausmasse sind die Mitglieder des Vorstandes einer Aktiengesellschaft bei Verletzung ihrer Obliegenheiten ersatzpflichtig?*
425. *Aus welcher Mindestanzahl von Mitgliedern hat der Aufsichtsrat zu bestehen?*
426. *Für welche Dauer gilt die Wahl des Aufsichtsrates?*
427. *Was bestimmt das Gesetz rücksichtlich der Bekanntmachungen von Änderungen in den Personen der Mitglieder des Aufsichtsrates?*
428. *In welcher Weise wäre die Tantième zu berechnen, wenn eine solche den Mitgliedern des Aufsichtsrates für ihre Thätigkeit zugesichert sein sollte?*
429. *Welche Obliegenheiten hat der Aufsichtsrat einer Aktiengesellschaft?*
430. *Können die Mitglieder des Aufsichtsrates zugleich auch Mitglieder des Vorstandes sein?*
431. *In welchem Ausmasse sind die Mitglieder des Aufsichtsrates einer Aktiengesellschaft bei Verletzung ihrer Obliegenheiten ersatzpflichtig?*
432. *Welche Bestimmungen trifft das Gesetz über Einberufung und Abhaltung der Generalversammlung sowie über die Publikation der Vorgänge in derselben?*

433. *Welche Bestimmung trifft das Gesetz rücksichtlich der Aufstellung der Bilanz; insbesondere rücksichtlich der Bewertung der Besitzstände und der Bildung der Verlustreserven und Erneuerungsfonds?*

434. *Mit welchem Werte ist ein Objekt in die Bilanz einer Aktiengesellschaft einzustellen, das in der Zeit zwischen der Aufstellung der Bilanz und der Abhaltung der Generalversammlung eine sachlich begründete Wertverminderung erlitt?*

435. *Können Gründungsentschädigungen, Maklerprovisionen, Notariats- und Gerichtskosten, Druckkosten für Prospekte, die bei Errichtung einer Aktiengesellschaft aufgewendet werden mussten, in den Bilanzen der ersten Geschäftsjahre mit Teilbeträgen in das Aktivum eingestellt und somit diese Ausgaben auf mehrere Jahre verteilt werden?*

436. *Weshalb schreibt das Gesetz vor, dass der aus der Vergleichung zwischen den Aktivposten und Passivposten sich ergebende Gewinn (oder Verlust) am Schlusse der Bilanz besonders angegeben sein muss; ist damit auch angeordnet, dass die beabsichtigte Verteilung des Gewinnes in der Bilanz zum Ausdrucke zu kommen habe?*

46. Geschäftsvorfall.

18. Januar.

Diverse Aufträge für laufende Rechnung.

Leyrer & Co., Dresden, senden zur Begleichung ihres Kontos:
M. 219.50 p. 15./3. auf Linke & Sohn, Dortmund
„ 618.45 „ 18./3. „ Fränkel & Co., Leipzig
ferner 100 St. fällige Coupons der russ. Bodenkredit-Pfandbrief-Anstalt (Zoll-Coupons) à Rbl. 2.50, sowie M. 3000.— in einer bei Vorzeigung fälligen Anweisung auf die Leipziger Bank.

Die beiden Wechsel werden abzüglich 5% Diskont kreditiert; die Anweisung wird einkassiert.

Wissenswerte Daten über den Handel mit russischen Zollcoupons.

Die in effektem Golde zahlbaren Coupons der russischen Staatsanleihen werden unter dem Namen Zollcoupons gehandelt; dieselben werden bei den russischen Zollämtern bei allen Zollzahlungen an Stelle von Gold angenommen.

Lauten die Coupons auf Rubel, so richtet sich bei Zollzahlungen ihr Wert nach dem angegebenen Rubelbetrage; lauten dieselben jedoch auf andere Währung, so z. B. auf Pfund Sterlinge, so wird die feste Relation: 1 £ = 6 Rbl. 36 Kop. Gold angenommen (bei Charkow-Krementschug-Obligationen wird die Relation mit 6 Rbl. 28 Kop. der Umrechnung zu Grunde gelegt).

An der Berliner Börse sind russische Zollcoupons als Sorten notiert.

Sie sind 6 Monate vor ihrer Fälligkeit bis 3 Monate vor ihrer Verjährung lieferbar.

Die Notiz für kleine Zollcoupons versteht sich für Stücke im Betrage von M. 10 = Rbl. 3.08 und darunter.

Im Nachfolgenden wird ein Beispiel dafür erbracht, wie dabei vorgegangen wird, wenn es sich um die Untersuchung handelt, in welcher Valuta russische Zollcoupons erhoben werden sollen.

100 Coupons der Russischen Bodenkreditpfandbriefanstalt à 2.50 Rbl. (= 8.04 M. = 4.72 holl. fl. = 10 fcs. = 8 sh.).

Kapitalsteuerrentenabzug von 5%.

Somit wirklicher Wert der Coupons 2.37½ Rbl. (7.63⁸ M. = 4.48⁴ holl. fl. = 9.50 fcs. = 7 sh. 7²/₁₀ d.).

Untersuchen wir nun, welcher Weg bei Verwendung dieser Coupons am vorteilhaftesten eingeschlagen werden könnte.

Es notieren beispielsweise am 20./4. 19.. in Leipzig:

Amsterdam für 100 holl. fl. K. S. pr. 8 Tg. M. 168.20 (2½%)
Paris für 100 fcs. K. S. pr. 8 Tg. M. 81.05 (3%)
London für 1 £ K. S. pr. 8 Tg. M. 20.42 (3%).

Sohin notieren auf den Kauftag gebracht

Amsterdam	M.	168.30
Paris	„	81.10
London	„	20.433

Würden z. B. 100 Stücke russische Zollcoupons à 2⅜ Rbl. im holl. Guldenbetrage eingehoben werden, so würden sie

448.4 holl. fl. × 168.3 = **M. 754.65**

hereinbringen.

Würden diese 100 Stücke im Francsbetrage eingehoben werden, so würden sie

950 fcs. × 81.1 = **M. 770.45**

hereinbringen.

Würden diese 100 Stücke in £ eingehoben, bezw. mit einem Affidavit zu 10 £ kurz London verkauft, so würden sie

£ 38.—*) × 20.433 =	M. 776.45
— für Beglaubigung des Affidavits festgesetzte Gebühr	„ 2.55
	M. 773.90

hereinbringen.

Bei der Berliner Zahlstelle würde man für diese 100 Stücke Coupons fix **M. 763.80** erhalten.

---

*) 100 mal 7 sh. 7²/₁₀ d.

47. Geschäftsvorfall.

18. Januar.

Gutschriftsanzeige und Ausführung.

(Fortsetzung des 46. Geschäftsvorfalles.)

Die von Leyrer & Co., Dresden, zugesandt erhaltenen 100 St. fälligen russ. Bodenkredit-Pfandbrief-Coupons à Rbl. 2.50 werden an Glyn & Co., London, mit einem Affidavit zur Gutschrift gesandt.

Für die Ausstellung der Affidavits werden M. 2.55 bar bezahlt.

An Leyrer & Co., Dresden, wird Gutschriftsanzeige erteilt (russ. Coupons = M. 763.80).

48. Geschäftsvorfall.

19. Januar.

Fortsetzung des Export-Beispieles (Proper-Export).

(Siehe 37. Geschäftsvorfall).

Otto Hille, Grossröhrsdorf, fakturiert die am 2./1. beorderten 500 kg gefärbte Zephyrwolle wie folgt:

5 Kisten M. & Co. # 2301/5 zur Verfügung der Spediteure Mannhardt & Co., Grossröhrsdorf.

500 kg gefärbte Zephyr-Wolle à M. 3.85	M. 1925.—
Kisten und Emballage	„ 20.50
	M. 1945.50

Die Speditionsfirma teilt mit, dass sie die 5 Kisten von Otto Hille ordnungsmässig übernommen hat, und erbittet sich Versandinstruktion.

Richter & Co. beauftragen nunmehr Mannhardt & Co. in Grossröhrsdorf mit der Verladung auf direktem Levantefrachtbrief via Hamburg.

Das Konnossement hat auf Order Mustafa & Co. ausgestellt zu werden; als Absender hat der Spediteur Richter & Co. anzugeben (damit die Käufer die Bezugsquelle nicht kennen lernen).

Nun fakturieren Richter & Co. die Ware:

500 kg gefärbte Zephyr-Wolle à fcs. 7.60 = fcs. 3800.— netto 3% p. kontant.

Fortsetzung siehe 67. Geschäftsvorfall.

49. Geschäftsvorfall.

20. Januar.

Ersuchen um Kreditauskunft.

Leyrer & Co., Dresden, ersuchen die Firma Richter & Co. mit Schreiben vom 19. ds. um Auskunft über die Firma Hilfreich & Co., Leipzig, insbesondere ob Warenkredit in der Höhe von einigen Tausend Mark befürwortet werden könnte?

Fragen (betreffend das Kreditauskunftswesen).

437. *Welche Vor- und welche Nachteile hat die Krediterkundigung bei Geschäftsfreunden derselben Branche?*
438. *Welche Vor- und welche Nachteile hat die Krediterkundigung bei berufsmässig organisierten Auskunftsbureaus?*
439. *Werden Leyrer & Co. die Ursache, welche der Anfrage zu Grunde liegt, in ihrem Schreiben angeben?*
440. *Welche Vor- und welche Nachteile sind im Gefolge, wenn die Ursache verschwiegen wird?*
441. *Welche Momente hat derjenige zu beachten, der eine günstige Auskunft erteilt?*
442. *Welche Momente hat derjenige zu beachten, der eine ungünstige Auskunft erteilt?*
443. *Wie wird seitens des Anfragenden vorgegangen, wenn zur Anfrage ein spezielles Blankett benutzt werden soll; insbesondere wenn es sich um die gleichzeitige Auskunftserteilung über mehrere handelt?*
444. *Welche Momente sind wissenswert, wenn wir Kredit gewähren wollen, welche, wenn wir uns z. B. um einen Agenten erkundigen, welche, wenn wir uns um einen Buchhalter, den wir anstellen wollen, und welche, wenn wir uns um die Solvenz eines Wechselgiranten erkundigen?*

50. Geschäftsvorfall.

20. Januar.

Diskont und Reeskont; Verrechnung mit der Reichsbank.

Kurt Winkelmann, hier, diskontiert an Richter & Co. nachfolgende Wechsel:

M. 619.88 p. 15./3. auf Lehmann & Sohn, hier.

Ausgestellt von Kurt Winkelmann, Leipzig, am 15./11. 19..; vier Monate a dato, Ordre Eigene.

M. 298.15 p. 31./3. auf Fränckel & Bruder, Berlin.

Zahlbar in Leipzig bei der Allgemeinen Deutschen Kreditanstalt.

Ausgestellt von Herzberg & Co., Berlin, als Tagwechsel am 15./12. 19.., Ordre Eigene; giriert von den Ausstellern an Walter & Sohn, Berlin, und von diesen an Kurt Winkelmann.

M. 365.85 p. 6./4. auf Wellbrock & Co., hier.

Ausgestellt von Kurt Winkelmann, Leipzig, am 31./12. 19.., als Tagwechsel, Ordre Eigene.

Richter & Co. nehmen diese 3 Wechsel von Kurt Winkelmann abzüglich $5^1/_2$% in Diskont und reeskontieren dieselben an die Reichsbank zum derzeitigen Banksatze von $4^1/_2$%.

Der Erlös der Wechsel verbleibt als Giro-Einlage bei der Reichsbank.

Die Reichsbank wird per roten Check beauftragt, an Schorr & Lüders, Berlin M. 1295.65 zu bezahlen.

51. Geschäftsvorfall.

20. Januar.

Beispiel eines Importes. (Auktionsankauf von Stapelware.)

Arnthal & Zoon, Amsterdam, haben in der Auktion der Maatschappij vom 15./12. 168 Ballen Java-Tabak und 129 Ballen Sumatra-Tabak gekauft und senden hierüber Faktur.

Arnthal & Zoon, Amsterdam. Amsterdam, 16./12. 1901.

Faktur für Herren Richter & Co., Leipzig.

Kauften auf Grund Ihrer geschätzten Ordre vom 4. ds. Mts. in der Auktion der Niederl. Maatschappij, hier, und senden Ihnen per Niederl. Staatsbahn-Gesellschaft für Ihre Rechnung und Gefahr:

F. Z. 12 962/13 129. 168 Ballen Java-Tabak			
	Brutto	12 835.5 kg	
Tara 336 kg = 2 kg p. Ballen			
115.5 „ Refaktie		451.5 „	
	Netto	12 384 kg	
	à $29^1/_2$ cents p. $^1/_2$ kg =		hf. 7306.60
N. R. D. 16 765/16 893. 129 Ballen Sumatra-Tabak			
	Brutto	10 455.5 kg	
Tara 258 kg = 2 kg p. Ballen			
65.5 „ Refaktie		323.5 „	
	Netto	10 132 kg	
	à $36^1/_2$ cents p. $^1/_2$ kg =		hf. 7 396.35
			hf. 14 702.95
	ab 1% Skonto		„ 147.03
			hf. 14 555.92
Dazu Spesen:			
Kurtage 1%		hf. 145.55	
Versenden und verladen		„ 65.50	
Verschiedene Spesen		„ 10.65	hl. 221.70
			hf. 14 777.62
	Kommission 2%		„ 295.55
			hf. 15 073.17

52. Geschäftsvorfall.

22. Januar.

Auskunfterteilung.

Richter & Co. beantwortet die Anfrage der Firma Leyrer & Co., Dresden, vom 20. ds. Mts. dahin, dass die Firma Hilfreich & Co. in Leipzig seit 1872 besteht, und Kommanditgesellschaft sei. Persönlich haftende Gesellschafter sind Fritz Hilfreich und Leopoldt Leonhardt. Kommandist ist Ludwig Heinrich mit einer Einlage von M. 20 000.

Das Geschäft geht gut; die Herren Hilfreich und Leonhardt gelten als tüchtige, umsichtige Unternehmer. Warenkredit in der Höhe von einigen Tausend Mark kann befürwortet werden.

Fragen (betreffend die Kommanditgesellschaft [§§ 161—177 des Handelsgesetzbuches vom 10./5. 1897]).

445. *Was ist eine Kommanditgesellschaft im Sinne des Handelsgesetzbuches?*
446. *Was hat die Anmeldung einer Kommanditgesellschaft zu enthalten?*
447. *Was wird bei der Bekanntmachung der Eintragung einer Kommanditgesellschaft angegeben?*
448. *Was ist bei einer Kommanditgesellschaft für das Verhältnis der Gesellschafter untereinander massgebend?*
449. *Führen die Kommanditisten die Geschäfte in einer Kommanditgesellschaft; können sie auf dieselben Einfluss nehmen?*
450. *In welcher Weise kann der Kommanditist Kontrolle über die Geschäftsführung üben?*
451. *Wie findet die Gewinnverteilung bei einer Kommanditgesellschaft statt?*
452. *In welchem Ausmasse nimmt der Kommanditist an dem Verluste in der Unternehmung teil?*
453. *Ist der Kommanditist zur Vertretung der Gesellschaft ermächtigt?*
454. *In welchem Umfange haftet der Kommanditist den Gläubigern der Gesellschaft?*
455. *Kann der Kommanditist seine Einlage während des Bestehens der Unternehmung erhöhen oder reduzieren, und ist die Reduktion derselben — wenn sie handelsgerichtlich eingetragen ist — den Gläubigern gegenüber wirksam?*
456. *Hat der Tod eines Kommanditisten die Auflösung der Gesellschaft zur Folge?*

53. Geschäftsvorfall.

22. Januar.

Gutschriftsanzeige.

Glyn & Co., London, erteilen Gutschriftsanzeige über
Stck. 100 russ. Boden-Kredit-Pfandbrief-Coupons à Rbl. 2.50 = 7 sh 7²/₁₀ d.
Val 19./11. £ 38.—

54. Geschäftsvorfall.

23. Januar.

Geldbehebung auf Grund eines Kreditbriefes.

Ernst Francke hat in Paris am 21. Januar fcs. 25000.— behoben. Credit Lyonnais hat hiervon die Leipziger Bank verständigt, welche heute der Firma Richter & Co., Leipzig, nachstehende Berechnung sendet:

fcs. 25 000.— Auszahlung, Paris am 21./1.;			
	à 80.65	M.	20 162.50
	+ Provision 1‰	„	20.16
	+ Kurtage ½‰	„	10.08
	+ Zinsen 5%, 2 Tg.	„	5.60
	+ Portospesen	„	1.11
	Debet p. heute	M.	20 199.45

Richter & Co. überweisen diesen Betrag an die Leipziger Bank per Reichsbank-Giro-Konto und erhalten das Sicherstellungs-Depot zurück.

55. Geschäftsvorfall.

23. Januar.

Beispiel eines Importes (Bezug von Fellen zur Pelzwerkbereitung).

Von **Rudloff & Co., Moskau**, langt Faktur vom 17. November über gekaufte und per Eisenbahn beförderte:

R. K. 64/87	24 Ballen Karakul						
		5998 Stücke					
	ab „nadmiot"	482 „					
	(Nachlass wegen fehlerhafter Stücke)	5516 Stücke	à	Rbl.	48.—	=	Rbl. 26 476.80
R. K. 88/92	5 Ballen Karakul						
		1350 Stücke					
	ab nadmiot	125 „					
		1225 Stücke	à	„	43.—	=	„ 5 267.50
R. K. 93/94	2 Ballen Karakul						
		564 Stücke					
	ab nadmiot	40 „					
		524 Stücke	à	„	53.—	=	„ 2 777.20
R. K. 95/97	3 Ballen Karakultschi						
		1380 Stücke					
	ab nadmiot	150 „					
		1230 Stücke	à	„	36.—	=	„ 4 428.—
							Rbl. 38 949.50
90 Karakultschi für							„ 250.—
							Rbl. 39 199.50
Kommission: 2½% von Rbl. 36 422.30							„ 910.55
Verpackung: 34 Ballen							„ 40.80
Trinkgeld und kleine Kosten							„ 8.—
Rollgeld							„ 2.40
						per kontant	Rbl. 40 161.25

Gewichts-Nota.

R. K.	64	250	**Karakul**;	Brutto	5	Pud	21	Funt
„	65	250	„	„	5	„	21	„
„	66	250	„	„	5	„	18	„
„	67	250	„	„	5	„	20	„
„	68	250	„	„	5	„	21	„
„	69	250	„	„	5	„	23	„
„	70	250	„	„	5	„	18	„
„	71	250	„	„	5	„	24	„
„	72	250	„	„	5	„	25	„
„	73	250	„	„	5	„	14	„
„	74	250	„	„	5	„	17	„
„	75	250	„	„	5	„	19	„
„	76	250	„	„	5	„	18	„
„	77	250	„	„	5	„	20	„
„	78	250	„	„	5	„	18	„
„	79	250	„	„	5	„	21	„
„	80	250	„	„	5	„	17	„
„	81	250	„	„	5	„	19	„
„	82	250	„	„	5	„	22	„
„	83	250	„	„	5	„	21	„
„	84	250	„	„	5	„	24	„
„	85	250	„	„	5	„	19	„
„	86	250	„	„	5	„	19	„
„	87	248	„	„	5	„	16	„
24 Ballen		5998	Stücke;	Brutto	131	Pud	35	Funt

R. K.	88	270	**Karakul**;	Brutto	5	Pud	12	Funt
„	89	270	„	„	5	„	10	„
„	90	270	„	„	5	„	11	„
„	91	270	„	„	5	„	18	„
„	92	270	„	„	5	„	8	„
5 Ballen		1350	Stücke;	Brutto	26	Pud	19	Funt

R. K.	93	282	**Karakul**;	Brutto	6	Pud	14	Funt
„	94	282	„	„	6	„	17	„
2 Ballen		564	Stücke;	Brutto	12	Pud	31	Funt

R. K.	95	460	**Karakultschi**;	Brutto	4	Pud	23	Funt
„	96	460	„	„	4	„	23	„
„	97	550	„	„	5	„	15	„
3 Ballen		1470	Stücke;	Brutto	14	Pud	21	Funt

Ohne Nummer **90 Stücke Karakultschi.**

56. Geschäftsvorfall.

23. Januar.

Beispiel eines Kommissions-Exportes.

(Fortsetzung des 40. Geschäftsvorfalles.)

Es langt von Klemens & Co., Ahlfeld, die Faktur über 1500 kg Holznägel à 42.— franko Bord Salonik, franko Emballage, ein. Richter & Co. ziehen eine Tratte auf Katschanik & Co., Salonik, Ordre Klemens & Co. und senden Faktur und Tratte an ihren Subagenten François Kolombo in Salonik (zur Accepteinholung und Übersendung nach Geschehenem an den Remittenten).

Die Ware ist inzwischen auf direktem Levantefrachtbrief ab Fabrik expediert worden; das Konnossament geht von der „Levante-Linie" Hamburg an François Kolombo.

Die Abwickelung dieses Geschäftes, welche ausserhalb des vorliegenden zweimonatlichen Kontor-Planes liegt, erfolgt sodann in nachfolgender Weise.

Trifft die Ware in Salonik ein, so besorgt der Subagent François Kolombo die Verzollung und lässt sie sodann, gegen Rückersatz der Zollspesen, der Firma Katschanik & Co. zustreifen.

Richter & Co., Leipzig, senden sodann, sobald sie durch François Kolombo von der unbeanstandeten Warenübernahme Kenntnis haben, der Firma Klemens & Co., Ahlfeld, die Kommissionsnota.

Nota über in Salonik verkaufte:

1500 kg Holznägel à 42.—	fcs.	630.—
6% =	„	37.80

Dagegen wird der Subagent François Kolombo kreditiert (beziehungsweise erhält er Baranschaffung):

für Kommission 2% =	fcs.	12.60
für Porti und Wechselstempelkosten	„	1.20
	fcs.	13.80

57. Geschäftsvorfall.

23. Januar.

Leyrer & Co., Dresden, senden mit Brief vom 22./1. der Firma Richter & Co.

M. 812.50 p. 15./3. auf Linhardt & Sohn, Merseburg (unacceptiert)
ausgestellt von Leyrer & Co. am 15./11. v. J.; Ordre, eigene
zur Besorgung des Acceptes und zur Diskontierung.

Richter & Co. senden den Wechsel an die Merseburger Kreditbank, Merseburg zur Einholung des Acceptes und beauftragen diese, den Wechsel nach Geschehenem unter Spesenaufgabe an uns, direkt an Leyrer & Co., Dresden, zu senden.

58. Geschäftsvorfall.

24. Januar.

Beispiel eines Importes (Auktionsverkauf von Stapelware).

Die Speditionsfirma Otto Zimmermann, Leipzig, hat über Verfügung von Richter & Co. die 270 Ballen Tabak am Leipziger Zollamte übernommen und liefert, indem sie die Ware der genannten Firma zustreift, hierüber Rechnung.

Fracht von Amsterdam bis Leipzig, 233 qu à M. 2.50		**M.**	**582.50**
Zoll von Brutto	**23 300 kg**		
Tara 5%	**1 165 „**		
	22 135 kg à 85 Pf. per kg	**„**	**18 814.75**
Rollgeld, 233 Zollzentner à 15 Pf.		**„**	**34.95**
Diverse Speditionsspesen und Gebühren		**„**	**45.50**
		M.	**19 477.70**

Die Note der Firma Otto Zimmermann wird per Reichsbank-Check geordnet.

59. Geschäftsvorfall.

24. Januar.

Telegraphische Börsenorder.

Leyrer & Co., Dresden, beordern telegraphisch die Anschaffung von zehn Aktien der Deutschen Bank billigst. Die Aktien sollen als offenes Depot zurückbehalten werden.

Richter & Co. kaufen die Aktien à 190% von Vetter & Co. per Makler Anton Haller und legen die Stücke in das Depot der Firma Leyser & Sohn im Sinne des Bankdepotgesetzes v. 5./7. 1896.

Fragen (betreffend das neue Börsengesetz von 1896 [mit Ausschluss der in der Materie „Kommissionsgeschäfte" behandelten §§ 70—74 des Börsengesetzes).

457. Welche Hauptpunkte muss die Börsenordnung enthalten?
458. Welche Personen sind grundsätzlich vom Börsenbesuche ausgeschlossen?
459. Durch welche Instanz wird die Ordnung der Börse gehandhabt?
460. Welche Instanz ist zur Aufsicht über die Börse von Staatswegen bestellt?
461. Auf welche Weise und zu welchem Ende wird ein Ehrengericht für die Börse bestellt?
462. Welche Aufgabe fällt den Kursmaklern zu?
463. Auf welche Weise werden die Börsenpreise festgestellt?
464. Was ist durch das Gesetz mit Rücksicht auf die Zulassung von Wertpapieren zum Börsenhandel festgesetzt?
465. Was versteht man unter Prospekthaftung?
466. Was versteht man unter Börsenterminhandel im Sinne des neuen Börsengesetzes?

467. Welche Formen des börsenmässigen Terminhandels sind durch das neue Börsengesetz untersagt?

468. Welche Wirkung hat die Lieferung einer unkontraktlichen Ware nach erfolgter Kündigung?

469. Welche Bestimmungen trifft das neue Gesetz bezüglich der Führung des Börsenregisters für Waren und Wertpapiere?

60. Geschäftsvorfall.

25. Januar.

Bareinkauf in einer öffentlichen Warenauktion.

Ernst Francke hat in der Auktion der Hudson-Bay-Compagnie, London, am 20./12. gekauft und bar beglichen:

Lt	696	35 Cross fox	38/—	p. Stck.	= £	66, 10, —	
„	2287	96 Lynx	13/—	„	= „	62, 8, —	
„	2288	96 „	13/—	„	= „	62, 8, —	
„	2332	112 „	8/—	„	= „	44, 16, —	
„	2333	112 „	8/1	„	= „	44, 16, —	
„	18	44 Otter	56/—	„	= „	123, 4, —	
„	1083	129 Marder	35/6	„	= „	225, 15, —	
„	1052	129 „	35/6	„	= „	228, 19, 6	
„	1951	158 Mink	12/3	„	= „	96, 15, 6	
„	1952	158 „	12/3	„	= „	96, 15, 6	
						£ 1052, 7, 6	
			$2^1/_2$ % Discount			„ 26, 6, 2	
						£ 1026, 1, 4	
			Lot-money	£ —, 15, —			
			Brokerage	„ 5, 5, 3		„ 6, —, 3	
						£ 1032, 1, 7	
			Casks & Packing as charged by Hudson Bay Co 18/— + 8/6			„ 1, 6, 6	
						£ 1033, 8, 1	
			1 % Sale-Commiss.			„ 10, 6, 9	
			Prompt			£ 1043, 14, 10	

Die Ware wird in zwei Fässer verpackt R. & Co. 101/102 und per Great Eastern Rlw. via Harwich an Otto Zimmermann, Hamburg, zur Weiterbeförderung an Richter & Co., Leipzig, verladen.

Die Verpackung und Versendung besorgen Black & Smith, London, welche hierüber eine Spesennota per £ 1, 3, 6 an Ernst Francke übergeben, welche dieser bar ordnet.

Auszug aus den Auktions-Bedingungen der Hudson Bay Co., London.

§ 1. Derjenige, welcher für die zur Versteigerung gelangende Partie Felle am meisten bietet, wird Ersteher derselben.

§ 2. Dem Käufer wird ein Nachlass (Dekort) von $2^1/_2$ % gewährt; dagegen hat er für jeden Posten 1 sh. 6 d. Auktionsgebühr und $^1/_2$ % Kommission an den versteigernden Makler zu bezahlen.

§ 3. Der Käufer ist verpflichtet, wenn dies von ihm verlangt wird, sogleich nach dem Abschlusse des Geschäftes eine Darangabe von 25 % des Kaufbetrages zu entrichten; jedenfalls aber muss das Darangeld am oder vor dem „Prompt-Tage" entrichtet werden.

Geschieht dies nicht, so hat die Gesellschaft das Recht, die Partie ohne besondere Mahnung oder Androhung zu verkaufen, und es haftet der Säumige für den etwa dadurch entstehenden Schaden.

§ 4. Ein bei einem solchen exekutiven Verkaufe etwa erzielter Mehrbetrag gehört nicht dem säumigen Käufer, sondern der Gesellschaft.

§ 5. Vom ersten Tage der Versteigerung ab wird für alle Zahlungen, welche vor dem prompty day geleistet werden, eine Vergütung von 5 % gewährt.

§ 6. Sämtliche Zahlungen sind an die von seiten der Gesellschaft mit der Auktion beauftragten Makler zu machen, welche auch für die thatsächliche Ablieferung der Ware sorgen.

§ 7. Die Waren sind am Prompt-Tage zu übernehmen und zu bezahlen. Für etwaige Fehler an denselben wird Vergütung nicht geleistet, und es werden diesbezügliche Reklamationen in keinerlei Weise berücksichtigt.

Sollte indes der Käufer nicht in der Lage sein, am Prompt-Tage zu übernehmen, so kann ihm ein Aufschub des Bezuges der gekauften Partie unter folgenden Bedingungen bewilligt werden:

Vom Kaufbetrage muss eine Darangabe von mindestens 25 % dem Makler am oder vor dem Prompt-Tage bezahlt werden.

Von dem restlichen Betrage werden 5 % Zinsen bis zum Tage der vollkommenen Regulierung der Post berechnet. Die volle Zahlung mit Zinsen muss längstens 9 Monate nach dem Tage der Versteigerung geleistet werden, widrigenfalls das Darangeld zu Gunsten der Gesellschaft verfällt.

§ 8. Überweisungen der gekauften Partieen an andere brauchen nicht berücksichtigt zu werden.

Nur in dem Falle, als die Makler die Überzeugung haben, dass der Gesellschaft durch Annahme einer Überweisungsadresse keinerlei Gefahr oder Nachteil erwächst, können sie den eigentlichen Ersteher aus dem Obligo freilassen und an Stelle desselben den in der Überweisungsnote Genannten annehmen.

§ 9. Für Waren, welche bezahlt sind, aber nicht am Prompt-Tage abgeholt werden, haftet der Käufer für Lagermietzins und Feuerversicherungsspesen in der Höhe von 12 vom Versteigerungswerte pro Monat (Teile des Monats werden als ganzer Monat angenommen).

Für alle Fälle aber — ob bereits bezahlt oder nicht — trägt vom Tage der Versteigerung ab der Käufer die Gefahr für die in der Auktion erworbenen Waren.

61. Geschäftsvorfall.

25. Januar.

Bankorders, Kontokorrentorders.

Leyrer & Co., Dresden, senden mit Brief vom 27./1.
M. 690.15 p. 8./4. auf Anton Kohler, Leipzig
„ 450.85 p. 15./4. auf Hermann & Bruder, Leipzig
zur Diskontierung und Gutschrift und avisieren ihre Tratte
M. 10 000.— p. Ult. April; Order, eigene.

Ausführung: Die Rimessen werden abzügl $5\frac{1}{8}$ % Diskont gutgebracht. Von der Tratte nehmen Richter & Co. Vormerkung.

62. Geschäftsvorfall.

26. Januar.

Acceptbesorgung.

Die Merseburger Kreditbank, Aktien-Gesellschaft, Merseburg, teilt mit, dass der Wechsel

M. 812.50 per 15./3. auf Linhardt & Sohn, Merseburg

von seiten der Acceptanten ordnungsgemäss acceptiert und in eingeschriebenem Briefe an Leyrer & Co., Dresden, gesandt wurde.

Die Merseburger Bank belastet Richter & Co. mit M. 1.50, welche ihr per Postanweisung gesandt werden.

Richter & Co. belastet Leyrer & Co., Dresden, mit M. 2.15 Val dato.

63. Geschäftsvorfall.

26. Januar.

Kontokorrent-Orders.

Leyrer & Co., Dresden, senden mit Brief vom 25./1.:

1. M. 695.15 per 9./3. auf Fränzel & Sohn, Leipzig
2. „ 865.65 „ 15./3. „ Ritter & Bruder, „
3. „ 700.— „ 31./3. „ A. L. Limbach, „

zur Gutschrift per

1. Ausgestellt von Kellner & Co., Dresden, am 15./11.; Order Eigene und giriert von den Ausstellern an Leyrer & Co., Dresden.

2. Ausgestellt von F. A. Schulz, Berlin, am 15./11., 4 Monate a dato, Order Eigene; vom Aussteller giriert in blanko an Könnemann & Sohn und von diesen an Leyrer & Co., Dresden.

3. Ausgestellt von Leyrer & Co., Dresden, am 30./11. (ult. Nov.), 4 Monate a dato, Order Eigene.

Die drei Wechsel werden per Verfall unter üblichem Vorbehalte gutgebracht.

64. Geschäftsvorfall.

26. Januar.

Beispiel eines Importes (Bezug von Fellen zur Pelzwerkbereitung).

Otto Zimmermann, Leipzig, erteilt Speditionsnota über eingelangte und vom Zollamte bereits zollfrei abgelassene

31 Ballen Karakul; 3 Ballen Karakultschi und 90 Stücke Karakultschi.

(Zustellung in das Magazin.)

Fracht auf 188 Pud (Moskau-Leipzig) à Rbl. 1.90	**Rbl. 357.20**
Interessenzuschlag samt Bahnkommission und Stempel . . .	**„ 7.20**
Assekuranz von Rbl. 43 000.— $1^1/_4$ ‰	**„ 53.75**
Spesen 52 Kop. per Ballen (44 Ballen)	**„ 22.88**
	Rbl. 441.03
à M. 217.03	**M. 957.20**
Speditionsprovision und Spesen in Leipzig inkl. Abfuhr . . .	**„ 37.50**
per kontant	**M. 994.70**

Kalkulation.

I. R. K. 64/87 Stck. **5516 Karakul** (24 Ballen) à 48.— . . .	Rbl.	26 476.80
Kommission in Moskau 2½ %	„	661.92
Verpackungsspesen und Trinkgelder, per Ballen 1 Rbl. 52	„	36.50
Fracht auf 132 Stck. à 190 Kop.	„	250.80
Assekuranz von Rbl. 30 000.— 1¼ ‰	„	37.50
Spedition, Kommission und kleine Spesen (verteilt) .	„	25.—
	Rbl.	27 488.52
à 217.03 =	M.	59 658.35
+ 5 % Zuschlag*)	„	2 982.95
	M.	62 641.30

Es stellt sich sohin der Bezugspreis von 5998 Stücken bez. (nach Abrechnung des Nadmiot) von **5516 Stücken** auf **M. 62 641.30**, sohin von

Stck. **10 Karakul** auf M. **113.60.**

II. R. K. 88/92 Stck. **1225 Karakul** (5 Ballen) à 43.— . . .	Rbl.	5267.50
Kommission in Moskau 2½ %	„	131.68
Verpackungsspesen und Trinkgelder per Ballen 1 Rbl. 52	„	7.60
Fracht auf 27 Pud à 1.90	„	52.30
Assekuranz von Rbl. 5800.— à 1¼ ‰	„	7.25
Spedition, Kommission und kleine Spesen (verteilt) .	„	5.—
	Rbl.	5 471.33
à 217.30 =	M.	11 889.20
+ 5 % Zuschlag	„	594.45
	M.	12 483.65

Es stellt sich sohin der Bezugspreis von 1350/1225 Karakul auf M. 12 483.65, sohin von

Stck. **10 Karakul** auf M. **101.90.**

III. R. K. 93/94 Stck. 524 Karakul à 53.—	Rbl.	2777.20
Kommission in Moskau 2½ %	„	69.43
Verpackungsspesen und Trinkgelder per Ballen 1 Rbl. 52	„	3.04
Fracht auf 13 Stck. à 1.90	„	24.70
Assekuranz von Rbl. 3000.— 1¼ ‰ . . , ...	„	3.75
Spedition, Kommission und kleine Spesen (verteilt) .	„	2.75
	Rbl.	2880.87
à 217.03 =	M.	6252.35
+ 5 % Zuschlag	„	312.65
	M.	6565.—

Es stellt sich sohin der Bezugspreis von 564/524 Stücken Karakul auf M. 6565.— sohin von

Stck. **10 Karakul** auf M. **125.30.**

---

*) Maklergebühr beim Verkaufe 1%, 30 Tage Dekort beim Verkaufe; Zinsenverlust beim Bezuge.

IV. R. K. 95/97 1380/1230 Karakultschi à 36.—	Rbl.	4428.—
Stck. 90 Karakultschi für	„	250.—
Stck. 1320 Karakultschi	Rbl.	4678.—
Kommission in Moskau $2^1/_2$ %	„	116.95
Verpackungsspesen und Trinkgelder per Ballen 1.52 (5 Ballen angenommen)	„	7.60
Fracht auf 16 Pud à 1.90	„	30.40
Assekuranz von Rbl. 4200.— $1^1/_4$ ‰	„	5.25
Spedition, Kommission und kleine Spesen	„	5.—
	Rbl.	4843.20
à 217.30 =	M.	10 524.27
+ 5 % Zuschlag	„	526.23
	M.	11 050.50

Es stellt sich sohin der Bezugspreis von 1320 Karakultschi auf M. 11 050.50, sohin von

Stck. **10 Karakultschi** auf M. **83.70.**

Probe.

Fakturenbetrag Rbl. 40 161.25 à 217.30 =	M.	87 270.40
Note des Spediteurs	„	994.70
	M.	88 265.10
5 % Zuschlag und Kalkulations-Differenz	„	4 493.53
	M.	**92 758.63**

Kalkulationspreise.

5516 Karakul à 11.36	M.	62 661.76
1225 „ à 10.19	„	12 482.75
524 „ à 12.53	„	6 565.72
1320 Karakultschi à 8.37	„	11 048.40
	M.	**92 758.63**

Fragen (das Eisenbahntarifwesen betreffend).

470. Was versteht man unter Wertklassifikationssystem?
471. Was versteht man unter Gewichts- und Wagenraumsystem?
472. Wann bezeichnet man das Tarifsystem mit dem Ausdrucke „gemischtes System?“
473. Wie werden die für das Personenkilometer und Frachtentonnenkilometer entfallenden Selbstkosten einer Eisenbahn festgestellt?
474. Was versteht man unter Stationstarif?
475. Was versteht man unter Entfernungstarif?
476. Was versteht man unter Schnitttarif?
477. Was sind Anstosstaxen?
478. Was versteht man unter Staffeltarif?
489. Was versteht man unter Differentialtarif?
480. Was sind Frachtdisparitäten?
481. Worin liegt das Wesen des Zonentarifs; welche Vorteile bietet er?
482. Welchen Zweck verfolgen die Tarif-Kartelle? und welchen Zweck verfolgen die Tarifverbände?
483. Auf welchen beiden Hauptsystemen der Tariftechnik gipfelt das Eisenbahn-Tarifwesen in Deutschland?

65. Geschäftsvorfall.

28. Januar.

Kontokorrent-Order.

Leyrer & Co., Dresden, erteilen mit Brief vom 27. ds. Order die zehn Deutsche Bank-Aktien dem Depot zu entnehmen und bestens zu begeben. Richter & Co. begeben die Stücke an Frege & Co. per Makler Anton Haller á 195.— und kreditieren die Auftraggeber zu Lasten des Stücke-Konto derselben.

Der Reichsbank wird der Wechsel Nr. 147 mittelst Liste zur Einziehung übergeben.

66. Geschäftsvorfall.

28. Januar.

Ordre zum kommissionsweisen Verkauf einer Ware.

Bei der in Konkurs geratenen Firma Becker & Sohn, hier, erliegen für Rechnung der Firma Winkler & Sohn, Wien: W. S. 716/19 8 Kisten Meerschaumwaren, welche die letztgenannten an erstgenannte im Oktober v. J. zum kommissionsweisen Verkauf gesandt hatten.

Winkler & Sohn, Wien, senden mit Brief vom 20./1. an Richter & Co. legalisierte Vollmacht und ein Schreiben an den Konkursverwalter Dr. Josef Hermann, in welchem dieser ersucht wird, gegen Erstattung der bisher aufgelaufenen Spesen die Ware an Richter & Co. auszuliefern.

Richter & Co. werden in dem Schreiben beauftragt, den kommissionsweisen Verkauf der Ware, über welche Spezifikation beiliegt, vorzunehmen.

Verkaufskonditionen: 1% Kommission, 1% Delkredere.

Dr. Josef Hermann giebt Auftrag, die 8 Kisten an Richter & Co. gegen Erstattung von M. 38.50 Kosten auszufolgen.

Die Zufuhr aus dem Lokale der in Konkurs befindlichen Firma in das Magazin von Richter & Co. besorgt der Spediteur Otto Zimmermann.

Fragen (betreffend die Konkursordnung vom 17./5. 1898 [§§ 1—244]).

484. *Was umfasst das Konkursverfahren?*
485. *Gehören auch die Geschäftsbücher des Gemeinschuldners zur Konkursmasse?*
486. *Gehört bei allgemeiner Gütergemeinschaft, wenn über das Vermögen des Ehemannes das Konkursverfahren eröffnet wurde, das Gesamtgut zur Konkursmasse?*
487. *Welche Wirkung übt das Konkursverfahren über das Vermögen der Ehefrau auf das Gesamtgut?*
488. *Kann ein Anspruch auf abgesonderte Befriedigung aus Gegenständen, welche zur Konkursmasse gehören, geltend gemacht werden?*
489. *In welcher Weise erfolgt die abgesonderte Befriedigung?*
490. *Welche Rechte haben ausländische Gläubiger im Konkursverfahren?*

491. *Wer übt an Stelle des Gemeinschuldners im Konkursverfahren das Verwaltungs- und Verfügungsrecht?*
492. *In welchen Fällen können Rechtshandlungen, welche vor der Eröffnung des Konkursverfahrens vorgenommen sind, als den Konkursgläubigern gegenüber unwirksam angefochten werden?*
493. *Von wem wird das Anfechtungsrecht ausgeübt?*
494. *Unter welchen Bedingungen kann der Verkäufer oder Einkaufskommissionär Waren, welche von einem anderen Orte an den Gemeinschuldner abgesendet und von demselben noch nicht vollständig bezahlt sind, zurückfordern?*
495. *Welche Bestimmungen bestehen für Gläubiger, welche an einem zur Konkursmasse gehörigen Gegenstand ein durch ein Rechtsgeschäft bestelltes Pfandrecht haben?*
496. *Was sind aufrechnungsberechtigte Forderungen und sind solche im Konkursverfahren geltend zu machen?*
497. *Was versteht man unter Massekosten und was unter Masseschulden?*
498. *Nach welcher Rangordnung werden die Konkursforderungen berichtigt und in welche Klasse rangieren die gewöhnlichen kaufmännischen Forderungen?*
499. *Welche Arten von Forderungen können im Konkursverfahren nicht geltend gemacht werden?*
500. *Welches Gericht ist für das Konkursverfahren zuständig?*
501. *Von welcher Instanz und in welcher Weise wird der Konkursverwalter ernannt?*
502. *Welche Rechte und Pflichten hat der Konkursverwalter?*
503. *Von welcher Instanz und in welcher Weise wird der Gläubigerausschuss bestellt?*
504. *Welche Rechte und Pflichten hat der Gläubigerausschuss?*
505. *In welcher Weise wird das Konkursverfahren eröffnet?*
506. *Was hat der Gemeinschuldner zu thun, wenn er selbst die Eröffnung des Verfahrens beantragt?*
507. *In welchem Falle wird der Antrag eines Gläubigers auf Eröffnung des Verfahrens zugelassen?*
508. *Welche Massnahmen kann das Gericht bei Eröffnung des Konkurses gegen den Schuldner treffen?*
509. *In welcher Weise erfolgt die Verlautbarung von der erfolgten Konkurseröffnung?*
510. *Welche Wirkung wird dem offenen Arrest zugedacht?*
511. *Hat der Konkursverwalter das Geschäft zu schliessen, oder kann er es fortsetzen?*
512. *Wer hat die Geschäftsbücher des Gemeinschuldners abzuschliessen und wer hat das Inventar und die Bilanz anzufertigen?*
513. *Aus welchen Gründen verlangt der Konkursverwalter oder verlangen Konkursgläubiger, dass der Schuldner nach Anfertigung der Kridabilanz den Offenbarungseid leiste?*
514. *Welche Frist besteht zur Anmeldung der Konkursforderung?*
515. *Welcher Minimalzeitraum ist gesetzlich festgesetzt zwischen dem Ablaufe der Anmeldefrist und dem allgemeinen Prüfungstermine?*
516. *Welche Angaben hat die Anmeldung zu enthalten?*
517. *In welcher Weise erfolgt die Prüfung der angemeldeten Forderungen?*

518. In welcher Weise erfolgt die Verteilung der Masse an die Konkursgläubiger?

519. Was versteht man unter Zwangsvergleich und in welcher Weise kann ein solcher zu stande kommen?

520. In welchen Fällen ist der Zwangsvergleich unzulässig?

521. Nimmt das Gericht auf das Zustandekommen des Zwangsvergleiches Einfluss?

522. Welche Wirkung hat der rechtskräftig bestätigte Zwangsvergleich auf die Gesamtheit der nicht bevorzugten Konkursgläubiger und welche Wirkung auf jene, welche Rechte aus einem für die Forderung bestehenden Pfandrecht, aus einer für sie bestehenden Hypothek, Grundschuld oder Rentenschuld oder aus einer zu ihrer Sicherung eingetragenen Vormerkung haben?

523. In welchem Falle wird auf Antrag oder Gemeinschuldners das Konkursverfahren eingestellt?

524. In welchen Fällen stellt das Gericht das Konkursverfahren ein?

525. In welchen Fällen findet das Konkursverfahren über das Vermögen einer Aktiengesellschaft statt?

526. Kann auch ein Mitglied des Vorstandes oder ein Liquidator einer Aktiengesellschaft den Antrag stellen, das Konkursverfahren über dieselbe einzuleiten?

527. Gilt dasselbe, was in betreff des Konkursverfahrens für Aktiengesellschaften festgesetzt ist, auch für Kommanditgesellschaften auf Aktien; gilt es auch für gewöhnliche Kommanditgesellschaften?

528. Kann auch bei einer im Konkurse befindlichen Kommanditgesellschaft oder bei einer Kommanditgesellschaft auf Aktien ein Zwangsvergleich zustande kommen? und im Bejahungsfalle auf welche Weise?

529. In welchen Fällen werden Schuldner, welche ihre Zahlungen eingestellt haben oder über deren Vermögen das Konkursverfahren eröffnet worden ist, wegen einfachen Bankerutts und in welchen Fällen wegen betrüglichen Bankerutts bestraft?

67. Geschäftsvorfall.

29. Januar.

Fortsetzung des Export-Beispieles (Proper-Export.)

(Siehe Geschäftsvorfälle 35 und 46.)

Die fünf Kisten Zephyr-Wolle wurden in Hamburg der Deutschen Levante-Linie angeliefert.

Es langt aus Hamburg von der „Levante-Linie" das Levante-Konnossement ein und wird von Richter & Co. an deren Vertreter Ernst Walbeck, Damaskus, gesendet.

Die Abwickelung dieses Geschäftes, welche ausserhalb des vorliegenden zweimonatlichen Unterrichtsplanes liegt, erfolgt sodann in nachfolgender Weise.

Ernst Walbeck, Damaskus, erhebt bei Mustafa & Co. den Fakturenbetrag nach Richtigkeitsbefund und Übernahme der Ware.

Er sendet der Firma Richter & Co. sodann als Rembourse einen Check auf Paris, abzüglich $^1/_2$ % Checkspesen.

Fakturenbetrag	fcs.	3800.—
ab 3 % Skonto	„	114.—
	fcs.	3686.—
ab $^1/_2$ % Checkspesen (die sich der Agent in der Regel bei Remboursierung berechnet, weil er minderwertige Frankenstücke erhält, an denen er kleine Verluste erleidet und weil er auch Stempelgebühr bezahlen muss)	„	19.—
	fcs.	3667.—

Richter & Co., Leipzig, übergeben den Check ihrem Bankier, welcher ihn à 80.60 tel quelle berechnet = M. 2955.60.

Export-Kalkulation.

Warenbezug.

5 Kisten gefärbte Zephyr-Wolle:

Fakturenbetrag	M.	1945.50
Fracht	„	31.—
Assekuranz	„	7.50
Konnossement	„	1.50
Hausspesen	„	19.50
	M.	2005.—

Hausspesen.

(Der Exporteur stellt für Bureauspesen 1 % in die Kalkulation.)

Exporterlös.

Fakturenbetrag	fcs.	3800.—	
ab 3 % Skonto	„	114.—	
	fcs.	3686.—	
ab $^1/_2$ % Checkspesen	„	19.—	
	fcs.	3667.—	
3 % Agentenprovision (vom Erlöse)	„	110.—	
	fcs.	3557.—	
à 80.60 t. g. =	M.	2866.94	
Nutzen am vorliegenden Propre-Exportgeschäft	„	861.94	= 42 %.

Fragen (betreffend den Seehandel [§§ 474—905 des Handelsgesetzbuches vom 10./5. 1897]).

530. *Wer führt nach dem Gesetze den Namen Rheeder?*
531. *Welche Rechte und welche Pflichten setzt das Gesetz für den Rheeder fest?*
532. *Wer führt nach dem Gesetze den Namen Mitrheeder?*

533. *Was ist ein Korrespondentrheeder; welche Pflichten setzt das Gesetz für ihn fest?*
534. *Was ist ein Schiffspart?*
535. *Welche Rechte und welche Pflichten setzt das Gesetz für den Schiffer (Schiffsführer) fest?*
536. *Welches sind die verschiedenen Stufen in der seemännischen Laufbahn?*
537. *Welchen Zweck haben die See-Berufsgenossenschaften?*
538. *Welchen Zweck hat das internationale Signalbuch?*
539. *Was versteht man unter „Stauen“ und „Garnieren“?*
540. *Was ist in betreff der Eintragung eines Schiffes in das Schiffsregister festgesetzt?*
541. *Was ist in betreff der Führung des Tagebuches gesetzlich festgesetzt?*
542. *Was versteht man unter „Heuervertrag“, „Rolle“, „Manifest“, „Seepass“?*
543. *Was versteht man unter Havarie, wieviel Arten derselben giebt es?*
544. *Was ist Verklarung?*
545. *Was ist Bodmerei und was bestimmmt das Gesetz in betreff derselben?*
546. *Was ist Grossaventurhandel?*
547. *Was versteht man unter einem Konnossament?*
548. *Was sind „Order-Konnossamente“, „Durchfracht-Konnossamente“?*
549. *Was sind Konnossament-Klauseln?*
550. *Was bedeuten die Klauseln: „Inhalt unbekannt“, „frei von Bruch“, „frei von Leccage“?*
551. *Was ist Dispache? was versteht man unter Regulierung der Dispache nach „York-Antwerp-Rules“?*
552. *Was versteht man unter „Abandon“?*
553. *Was gilt in betreff der Liege-, Lösch- und Überliegezeit, sowie in betreff des Liegegeldes?*
554. *Gehören die Zuschlagsbeträge zur Frachtrate, wie Kaplaken, Primagen etc., wenn nichts besonderes bedungen wurde, dem Kapitän oder der Rheederei?*
555. *Welchen Wert haben die Schiffsklassifikationsregister?*
556. *Welche besonderen Bestimmungen bestehen für Deckladungen?*
557. *Was versteht man unter Charter-Party?*
558. *Was versteht man unter Lump-sum-Charter und was unter Chartering auf Frachtrate?*

68. Geschäftsvorfall.

29. Januar.

Kontokorrent-Order.

Leyrer & Co., Dresden, übersenden mit Brief vom 28./1. eine Tratte:
M. 15000.— p. 15./3. auf Anton Falk,
mit dem Ersuchen, dieselbe mit Accept zu versehen und an den Remittenten (in Oschatz wohnhaft) zu übersenden.

Die Order wird ausgeführt.

69. Geschäftsvorfall.

29. Januar.

Warenverkauf per Accept.

An Franz Kellermann, hier, werden die aus Amsterdam bezogenen 129 Ballen Sumatra-Tabak gewogen Netto 10 159 kg. à 2.85 p. kg, gegen dessen 3-Monat-Accept der Tratte von Richter & Co. verkauft.

Fragen (betreffend den Handelskauf [§§ 373—382 des Handelsgesetzbuches vom 10./5. 1897]).

559. Was geschieht, wenn der Käufer einer Ware mit der Übernahme derselben im Vorzuge ist?

560. Zu welchem Zeitpunkte muss der Selbsthilfeverkauf stattfinden?

561. Welche Rechtsfolgen hat der unberechtigte Selbsthilfeverkauf?

562. Kann der zum Selbsthilfeverkauf genötigte Kontrahent hierfür auch Provision berechnen?

563. Welchen Rechtsnachteil hat die Verzögerung einer Leistung, für welche festgesetzt war, dass sie zu einer bestimmten Zeit oder innerhalb einer festbestimmten Frist bewirkt werden müsse, für den Säumigen, und welche Rechte erlangt dadurch der andere Teil?

564. Wie ist der Schadenersatz wegen Nichterfüllung zu berechnen, wenn die Ware einen Börsen- oder Marktpreis hat?

565. Welche Untersuchungen hat der Käufer einer Ware bei Übernahme derselben, mit Rücksicht auf die Ordnungsmässigkeit der Lieferung, vorzunehmen, und was hat er zu veranlassen, falls er dabei Mängel entdeckt?

566. Was geschieht, wenn er später Mängel entdeckt, die er bei Übernahme der Ware nicht wahrnehmen konnte?

567. Welche Obliegenheiten hat in diesem Falle der Käufer, wenn ihm die Ware von einem anderen Orte übersendet wurde?

70. Geschäftsvorfall.

29. Januar.

Beispiel eines direkten Importes (Bahia-Kakao).

(Fortsetzung des 14. Geschäftsvorfalles.)

Otto Zimmermann, Leipzig, sendet Speditionsnota über eben eingelangte 150 Sack Bahia-Kakao.

In Hamburg gezahlte Seefracht, ferner Fracht bis Leipzig und Spesen lt. Rechnung von Otto Zimmermann, Hamburg	M.	491.85
Spesen lt. Spesennota des genannten Spediteurs in Leipzig	„	18.25
Transport-Versicherung	„	16.65
Zoll auf 8763,9 kg, p. 100 kg 35.—	„	3067.35
Rollgeld auf 8902.5 kg, p. 100 kg 35 Pf.	„	31.16
per kontant	M.	3625.26

Import-Kalkulation

von **150 Sack Bahia-Kakao** direkt bezogen von Bahia über Hamburg.

150 Sack Bahia-Kakao gez. Kp. 171/320 von C. F. Keller & Co., Bahia lt. Faktura vom 20./10. 90:

9000 kg à M. 69.— p. 50 kg cif. Hamburg . .	M.	12420.—
abzüglich: in Hamburg zahlbare Seefracht .	„	337.50
	M.	12082.50
In Hamburg gezahlte Seefracht, ferner Fracht bis Leipzig und Spesen von Otto Zimmermann, Hamburg	M.	491.85
Spesen bei Empfang lt. Nota des Spediteurs .	„	18.25
Transport-Versicherung	„	16.65
Zoll auf 8763,9 kg. . . p. 100 kg 35.— =	„	3067.35
Rollgeld auf 8902,5 kg. . p. 100 kg —.35 =	„	31.16
Kleine Spesen	„	1.40
Ermitteltes Nettogewicht 17352,5 Pfd. =	M.	15709.16

Es kosten sohin 100 Pfd. **M. 90.55.**

Die Ware verbleibt auf Wunsch von Richter & Co. vorläufig im Lagerhause der Speditionsfirma Otto Zimmermann und wird nach Massgabe der Verkäufe dort entnommen.

Fragen (betreffend die Lagergeschäfte [§§ 416—424 des Handelsgesetzbuches vom 10./5. 1897]).

568. *Wer ist als Lagerhalter im Sinne des Handelsgesetzbuches anzusehen?*
569. *Welche Rechte und welche Pflichten hat der Lagerhalter in Ansehung der Empfangnahme, Aufbewahrung und Versicherung des Gutes?*
570. *Welche besonderen Pflichten hat der Lagerhalter in dem Falle, als an dem Gute Veränderungen eintraten, die eine Entwertung befürchten lassen?*
571. *Hat der Einlagerer Anspruch auf die Besichtigung des Gutes und auf die Entnahme von Proben?*
572. *Hat er das Recht, selbst Massnahmen zur Erhaltung des Gutes zu treffen?*
573. *Ist der Lagerhalter befugt, im Falle der Lagerung wertvoller Sachen zur Vermischung derselben mit anderen Einlagerungsobjekten gleicher Art und Güte?*
574. *Auf welche Gebühren und Kostenersatzleistungen hat der Lagerhalter Anspruch, und wann sind diese Gebühren zu entrichten?*
575. *Hat der Lagerhalter für seine Kosten ein Pfandrecht an dem eingelagerten Gute?*
576. *Ist der Lagerhalter berechtigt, die Rücknahme des Gutes nach Ablauf der Lagerzeit zu verlangen? Ist er berechtigt, die Rücknahme vor Ablauf dieser Zeit zu verlangen?*
577. *Welche Wirkung hat die Übergabe eines von dem Lagerhalter ausgestellten Lagerscheines seitens des Einlagernden an einem Dritten?*

71. Geschäftsvorfall.

30. Januar.

Warenverkauf per kontant.

Von den im Lagerhause des Otto Zimmermann liegenden 150 Säcken Bahia-Kakao werden
Kp. 171/180 10 Säcke à M. 110.— per 100 Pfund (Kassa Netto) an den Konsum-Verein Leutzsch, eingetragene Genossenschaft mit beschr. Haftung, und
Kp. 181/220 40 Säcke à M. 107.50 per 100 Pfund (abz. $1^1/_2$ % Skonto) an die Schokoladenfabrik des Wilhelm Fichte, hier, durch den Lokalagenten Herbert Müller per kontant verkauft.

Die Zufuhren besorgt Otto Zimmermann.

Fragen (betreffend das Gesetz über die Errichtung und Erhaltung der Erwerbs- und Wirtschaftsgenossenschaften.

578. *Welche Art von Gesellschaften bezeichnet man mit dem Ausdrucke „Eingetragene Genossenschaft“?*
579. *In welcher Weise werden solche Genossenschaften errichtet?*
580. *In welcher Weise muss eine solche Genossenschaft firmieren?*
581. *Welche Hauptpunkte muss das Statut enthalten?*
582. *Welchen Zweck haben Vorschuss- und Kreditvereine, Rohstoffvereine, Absatz- bezw. Magazinsgenossenschaften, Produktivgenossenschaften und Konsumvereine?*
583. *Gelten Genossenschaften als Kaufleute im Sinne des Handelsgesetzbuches?*
584. *Warum heisst man diese Genossenschaften Erwerbs- oder Wirtschaftsgenossenschaften?*
585. *Was geschieht mit dem erzielten Jahresgewinn?*
586. *Nach welchen Bestimmungen regelt sich das Rechtsverhältnis der Genossenschaft und der Genossen?*
587. *Durch wen wird die Genossenschaft gerichtlich und aussergerichtlich vertreten?*
588. *Welche Obliegenheiten hat der Aufsichtsrat einer Genossenschaft?*
589. *Was setzt das Gesetz in betreff der Revision der Genossenschaft fest?*
590. *Was setzt das Gesetz in betreff der Bildung und Revision der Genossenschaftsverbände fest?*
591. *Welche besonderen Bestimmungen erteilt das Gesetz rücksichtlich der Genossenschaften mit unbeschränkter Haftung; rücksichtlich der Genossenschaften mit unbeschränkter Nachschusspflicht und rücksichtlich der Genossenschaften mit beschränkter Haftung?*

72. Geschäftsvorfall.

31. Januar.

Ludwig Richter entnimmt M. 300.— bar und Ernst Francke M. 400.— bar zum Privatgebrauche (s. Gesellschaftsvertrag Seite 47).

73. Geschäftsvorfall.

31. Januar.

Zahlung der Kurtagen.

Der Makler Anton Haller erhebt die Maklergebühr für die im Monat Januar abgeschlossenen Geschäfte.

74. Geschäftsvorfall.

31. Januar.

Verrechnung mit dem Detailgeschäft.

Das Detailgeschäft liefert als Erlös für die Periode vom 16. Januar bis heute M. 2955.60 bar ab.

75. Geschäftsvorfall.

31. Januar.

Gehaltezahlung.

Gehaltezahlung wie im Vormonate (siehe Seite 43).

Monatsabschluss der Geschäftsbücher.

II. Teil.

Nachschlagematerial.

I.

Wissenswerte Daten über den Postverkehr.

A. Postverkehr innerhalb Deutschlands
(Reichs-Postgebiet einschliesslich Bayern und Württemberg)
und mit Österreich-Ungarn.

I. Taxen und Bestimmungen in Bezug auf die Versendung.

Auf der Aussenseite von Postsendungen jeder Art (Briefen, Postkarten, Paketen etc.) darf der Absender ausser den auf die Beförderung bezüglichen Angaben noch seinen Namen und Stand bezw. seine Firma sowie seine Wohnung angeben.

Die Freimarken sollen in die obere rechte Ecke der Vorderseite des geschlossenen Briefes geklebt werden.

Tarif für Briefsendungen.

Deutschland (Reichs-Postgebiet, Bayern und Württemberg, auch nach **Österreich-Ungarn.**)

Briefe, sowie Kartenbriefe bis 15 g 10 Pf. (unfrankiert 20 Pf.), über 15 bis 250 g (Höchstgewicht) 20 Pf. (unfrankiert 30 Pf.).

Drucksachen bis 50 g 3 Pf., über 50 bis 100 g 5 Pf., über 100 bis 250 g 10 Pf.

Warenproben bis 250 g 10 Pf., über 250 bis 350 g 20 Pf.

Warenproben. Warenproben dürfen unter nachfolgenden Bedingungen mittelst Fahrpost zur Versendung gelangen:

Verpackt müssen die Proben in der Weise sein, dass der Inhalt als in Warenproben bestehend leicht geprüft werden kann und durch die Oblitterierung der Briefmarke weder die Umhüllung zerdrückt noch der Inhalt beschädigt wird.

Die Verpackung kann unter Kreuzband, in offenen Flügelkouverts, in Kästchen oder Säckchen erfolgen.

Proben von Oelen oder Flüssigkeiten können in Fläschchen von durchsichtigem, aber dickem Glase erfolgen. Die Fläschchen sind in Kästchen oder zylindrischen Pappschachteln zu verpacken.

Bei schwer schmelzenden Fettstoffen, wie Harze, Seifen etc., können Säckchen aus Leinwand oder Pergament verwendet werden.

Die Aufschrift der Warenproben muss den Vermerk „Proben" („Muster") enthalten.

Ausserdem dürfen in der Aufschrift nur noch angegeben sein: der Name bezw. die Firma des Absenders, Fabrik- oder Handelszeichen, Nummern und Preise. Kurze Zusätze, die zur Preisbestimmung nötig erscheinen, wie „frei Bahnhof....", Gewichtsangaben oder Mengenangaben, sind gestattet.

Einschreibesendungen (ausser Porto) 20 Pf.

Rückscheingebühr 20 Pf.

Eilbestellungen. Das Eilbestellgeld beträgt in Deutschland und Österreich-Ungarn im Ortsbestellbezirk 25 Pf. und bei Sendungen nach Orten ohne Postanstalt 60 Pf.

Bahnhofsbriefe. Wünscht ein Empfänger die Briefe eines bestimmten Absenders am Bahnhofe unmittelbar nach Ankunft der Eisenbahnzüge in Empfang zu nehmen, so hat er solches bei der Postanstalt seines Wohnortes zu beantragen und erhält gegen Entrichtung der festgesetzten Gebühr, welche für die tägliche Abholung je eines mit einem bestimmten Eisenbahnzuge beförderten Briefes von einem und demselben Absender an einen Empfänger M. 12.— für den Monat beträgt, ein postamtliches Ausweisschreiben.

Zum Verschlusse sind Briefumschläge zu verwenden, welche mit einem breiten roten Rand und am Kopfe in grossen Buchstaben mit der Bezeichnung „Bahnhofsbrief" versehen sind. Auf der Rückseite der Briefumschläge ist der Absender anzugeben.

Nach Oesterreich-Ungarn gerichtete Briefe im Gewichte von mehr als 50 g sind zweckmässig mit der Aufschrift „Inhalt nicht zollpflichtig" zu versehen.

Sendungen nach dem Sandschak Novibazar unterliegen den Taxen des Weltpostvereins.

Briefe mit Wertangabe.

Briefe mit Wertangabe sind bis zum Gewichte von 250 g zulässig.

Dieselben müssen mit haltbarem, aus einem Stück gefertigten Umschlag versehen und mit mehreren durch dasselbe Petschaft hergestellten Siegelabdrücken dergestalt verschlossen sein, dass eine Verletzung des Inhaltes ohne äusserlich wahrnehmbare Beschädigung des Umschlages oder des Siegelverschlusses nicht möglich ist.

In der Aufschrift ist der Wert in der Reichswährung (in Zahlen oder in Buchstaben) anzugeben; der angegebene Betrag darf den wirklichen Wert der Sendung nicht übersteigen.

Gebühr: a) Porto (ohne Unterschied des Gewichtes) bis 10 geograph. Meilen (1. Zone) 20 Pf.; für weitere Entfernungen (2. bis 6. Zone) 40 Pf. b) Versicherungsgebühr ohne Unterschied der Entfernung für je 300 M. 5 Pf. (mindestens aber 10 Pf.).

Postanweisungen nach Orten Deutschlands.

Postanweisungen sind zulässig bis zum Meistbetrage von 800 Mark.

Gebühr: Bis 5 M. 10 Pf., über 5 bis 100 M. 20 Pf., über 100 bis 200 M. 30 Pf., über 200 bis 400 M. 40 Pf., über 400 bis 600 M. 50 Pf., über 600 bis 800 M. 60 Pf.

Telegraphische Postanweisungen.

Die Überweisung der auf Postanweisungen eingezahlten Beträge kann auf Verlangen des Absenders auch auf telegraphischem Wege erfolgen.

Der Aufgeber hat in diesem Falle zu entrichten:

1. Die Postanweisungsgebühr,
2. die Gebühr für das Telegramm,
3. das Eilbestellgeld (sofern die Anweisung nicht postlagernd gestellt ist).

Postnachnahmesendungen nach Orten Deutschlands.

Postnachnahmesendungen sind bis zum Betrage von 800 M. zulässig (die Sendung kann bestehen aus Briefen, Warenproben oder Paketen).

Gebühr:

1. Das Porto für die Sendung, sowie, falls Wertangabe oder Einschreibung stattgefunden hat, die Versicherungs- bezw. Einschreibegebühr,
2. eine Vorzeigegebühr von 10 Pf.,
3. die Gebühren für die Übersendung des eingezogenen Betrages an den Absender (siehe Postanweisungen nach Orten Deutschlands).

Spätestens 7 Tage nach Eingang am Bestimmungsorte wird eine unhonoriert gebliebene Nachnahmesendung der Postanstalt des Aufgabeortes zurückgesandt.

Postaufträge nach Orten Deutschlands.

Postaufträge sind bis zum Betrage von 800 M. zulässig.

Gebühr: 30 Pf. Porto für den Postauftragsbrief, ferner ist die Postanweisungsgebühr für die Übermittelung des eingezogenen Betrages zu entrichten (siehe Postanweisungen nach Orten Deutschlands).

Der Auftraggeber hat den Postauftrag, der auf einem durch die Post zu beziehenden Formular erteilt werden muss, nebst dessen Anlagen (quittierte Rechnung, quittierten Wechsel, Zinsschein etc.) an die Postanstalt, welche die Einziehung bewirken soll, unter Einschreibung abzusenden. Das Couvert ist mit der Aufschrift „Postauftrag nach (Name der Postanstalt)" zu versehen.

Besonders zu beachtende Momente bei Einziehung von fälligen Wechseln durch die Post:

Verlangt der Auftraggeber die sofortige Rücksendung nach einmaliger vergeblicher Vorzeigung, so ist solches durch den Vermerk „Sofort zurück“ auf der Rückseite des Postauftragsformulars zu bezeichnen.

Es kann aber der Auftraggeber auch verlangen, dass der Postauftrag und dessen Anlage nach einmaliger vergeblicher Vorzeigung nach einem anderen Orte Deutschlands, nicht aber dem Aufgabeorte des Postauftrages, weitergesandt werde.

Dieses Verlangen ist unter genauer Bezeichnung des anderen Empfängers auf der Rückseite des Auftragsformulars auszudrücken, z. B. „Sofort an Rechtsanwalt Dr. Erich Haller, Erfurt“.

Soll die Weitersendung an eine zur Aufnahme von Wechselprotesten befugte Person erfolgen, so genügt der Vermerk „Sofort zum Protest“, ohne dass es der namentlichen Bezeichnung der Person bedarf.

Vermerke wie z. B. „nach 2 Tagen zum Protest“ oder „nach 3 Tagen zurück“ werden unberücksichtigt gelassen.

Postaufträge zur Einholung von Wechselaccepten.

Dem Postauftrage ist der zum Zwecke der Annahme vorzuzeigende Wechsel beizufügen. Das Beilegen von Briefen sowie die Vereinigung mehrerer Postaufträge zu einer Sendung ist unzulässig.

Gebühr: 30 Pf. Porto für den Postauftragsbrief, 30 Pf. Porto für den Einschreibebrief mit dem zurückgehenden Wechsel.

Diejenigen Wechsel, welche bei der ersten Vorzeigung von dem Bezogenen oder seinem Bevollmächtigten nicht mit Accept versehen werden, werden nach 7 Tagen nochmals vorgezeigt und dann unter Einschreibebrief dem Auftraggeber zurückgesandt, sofern nicht letzterer durch Vermerk auf der Rückseite des Postauftragsformulars verlangt hat, dass der Postauftrag nach einmaliger vergeblicher Vorzeigung an ihn zurück oder an eine andere Person weitergesandt oder endlich einer zur Protesterhebung befugten Stelle übergeben werde.

In diesen Fällen wären auf das Postauftragsformular die Vermerke zu setzen: „Sofort zurück“, oder „Sofort an NN“, oder „Sofort zum Protest“.

Postpakete.

a) Pakete ohne Wertangabe.

Zur Verpackung von Gegenständen ohne bezeichneten Wert genügt bei einem Gewicht bis zu 3 kg und bei kurzer Beförderungsdauer eine Hülle von Packpapier mit Verschnürung.

Auf grössere Entfernungen zu versendende oder schwere Gegenstände müssen mindestens in mehrfachen Umschlägen starken Packpapiers verpackt werden.

Zum Verschlusse von Paketen ohne Wertangabe kann Siegellack oder Blei benutzt werden; es genügt aber auch die Herstellung eines haltbaren

Verschlusses mittels Siegelmarken oder guten Klebstoffes oder auch durch gut geknotete Verschnürung.

Die Aufschrift eines Paketes muss in haltbarer Weise unmittelbar auf der Umhüllung oder auf einem der ganzen Fläche nach aufgeklebten Papier angebracht sein.

Der Tarif zerfällt in 6 Zonen (bis 10, 20, 50, 100, 150 und über 150 geographische Meilen).

Für Sperrgut, d. i. für Objekte, die bei der Verladung gegenüber ihrem Gewichte einen unverhältnismässig grossen Raum einnehmen, wie Hutschachteln, Körbe etc., erhöht sich das Porto um die Hälfte.

Die Paketsendungen sind thunlichst zu frankieren; für unfrankierte Pakete wird ein Zuschlagsporto von 10 Pf. berechnet.

Jeder Paketsendung muss eine Paketadresse beigegeben sein.

Den Begleitadressen zu Paketsendungen nach Österreich-Ungarn sind 3 Zollinhaltserklärungen beizufügen.

Dringende Paketsendungen sind nur innerhalb Deutschlands zulässig.

Bei Einlieferung derselben sind zu entrichten:

1. 1 M. Gebühr für die dringende Paketsendung,
2. das Eilbestellgeld,
3. das tarifmässige Porto,
4. (insofern die Einlieferung ausserhalb der Schalterstunden erfolgen sollte) 20 Pf. Einlieferungsgebühr.

b) Pakete mit Wertangabe.

Pakete mit angegebenem Werte sind besonders gut zu verpacken.

Die Befestigung der Verschlüsse hat durch Siegellack mit Abdruck eines ordentlichen Petschafts stattzufinden.

Schwerere Geldsendungen sind in Pakete, Beutel, Kisten oder Fässer zu verpacken.

Sendungen bis zum Gewichte von 2 kg dürfen, sofern der Wert bei Papiergeld 10 000 M., bei barem Gelde 1000 M. übersteigt, in Paketen von starkem, mehrfach umschlagenem und gut verschnürtem Papier zur Post geliefert werden.

Bei schwererem Gewicht und bei grösseren Summen muss die äussere Verpackung aus haltbarem Leinen, aus Wachsleinwand oder Leder bestehen, gut verschnürt und vernäht, sowie die Naht hinlänglich versiegelt sein.

Gebühr: Porto und Portozuschlag wie für Pakete ohne Wertangabe; Versicherungsgebühr: für je 300 M. 5 Pf.

II. Verzollung von vom Auslande eingehenden zollpflichtigen Poststücken.

Die vom Auslande eingehenden zollpflichtigen Postsendungen werden, wenn die zollamtliche Abfertigung nicht schon an der Grenze erfolgt ist, von den Bestimmungspostanstalten den betreffenden Zoll- oder Steuerstellen überwiesen.

Ausser den mit Zoll-Inhaltserklärung eingehenden Zollstücken werden in Deutschland auch Briefe im Gewichte von 50 g und darüber aus Österreich-Ungarn an die Zollbehörde überwiesen, wenn angenommen wird, dass diese Briefe zollpflichtigen Inhalt haben.

Befindet sich der Adressat an dem Orte selbst, wo die Zollabfertigung zu bewirken ist, oder in dessen Nähe, so erhält er von der Post die Begleitadresse zugestellt.

Es ist dann seine Sache, die Sendung bei der Zoll- oder Steuerstelle abzuholen, nachdem er sich durch die Begleitadresse als zur Empfangnahme berechtigt ausgewiesen, der Revision beigewohnt und den Zoll entrichtet hat.

Wohnt der Adressat entfernt von der Steuerstelle, so kann er sich bei der Zollrevision durch einen Postbeamten vertreten lassen (hierfür ist eine Gebühr von 20 Pf. zu entrichten).

B. Postverkehr nach dem Auslande.

Im Verkehre mit dem Auslande ist zu unterscheiden zwischen: Verkehr mit den Ländern, die a) dem Weltpostvereine und b) denen des Vereins-Auslandes, d. h. den Ländern, welche dem Vereine derzeit noch nicht angehören.

Es seien hier — da bereits an früherer Stelle der wesentlichsten Versendungsbedingungen gedacht wurde — nur die Hauptunterschiede vorgeführt.

Geschäftspapiere.

(Im Verkehre innerhalb Deutschlands und mit Österreich-Ungarn werden Geschäftspapiere als Briefe oder Pakete versandt.)

Gegen die für Geschäftspapiere ermässigte Taxe werden befördert: alle Schriftstücke und Urkunden, welche nicht die Eigenschaft einer eigentlichen persönlichen Korrespondenz haben, als: von öffentlichen Beamten aufgenommene Urkunden, Frachtbriefe oder Ladescheine, Rechnungen etc.

Die Sendungen müssen derart verpackt sein, dass der Inhalt leicht geprüft werden kann.

Schiffsbriefe.

Schiffsbriefe sind solche gewöhnliche Briefe, die auf Wunsch des Absenders mit Privatschiffen, welche zur regelmässigen Postbeförderung nicht dienen, befördert werden sollen.

In der Aufschrift hat der Absender den Vermerk „Schiffsbrief“ (über britische Häfen „Private Ship“ zu stellen, sowie den Abgangshafen und erforderlichenfalls das betreffende Schiff anzugeben.

Wert-Kästchen.

In Kästchen mit Wertangabe können Schmucksachen und kostbare Gegenstände zur Versendung gelangen.

Das Gewicht eines Kästchens darf nicht über 1 kg betragen.

Die Kästchen mit Wertangabe müssen von Zollerklärungen begleitet sein; dieselben sind den Kästchen haltbar beizufügen.

Wertkästchensendungen sind nur nach wenigen Ländern zulässig; nach den anderen Ländern werden Wertkästchen als Wertpakete befördert.

Internationale Postanweisungen.

Der Meistbetrag einer Postanweisung ist im Vereinsverkehr 1000 Franken (nach einzelnen überseeischen Staaten bloss 500 Franken).

Die handschriftliche Ausfüllung der Formularien muss mit arabischen Ziffern und mit lateinischen Schriftzeichen bewirkt werden.

Die Einzahlung erfolgt in Reichswährung nach folgender Relation:

100 Franken	=	81 M.	20 Pf.	
100 SK. Kronen	=	112 „	75 „	
10 Pfd. Sterling	=	204 „	50 „	
100 fl. Holl.	=	169 „	50 „	
1 Sol de Plata	=	2 „	5 „	
1 Pfd. Türk. Gold	=	18 „	50 „	
100 Dollars	=	424 „	— „	
1 Peso Gold (Argentin.)	=	4 „	7 „	
1 Peso Gold (Chile)	=	3 „	90 „	
1 Peso Gold (Uruguay)	=	4 „	40 „	

Nach einzelnen Vereinsländern sind auch telegraphische Postanweisungen zulässig.

Tarif für Briefpostsendungen nach den Ländern des Weltpostvereins.

Briefe bis 15 g 20 Pf. (unfrankiert 40 Pf.).

Drucksachen, Warenproben und Geschäftspapiere bis 50 g 5 Pf.

Einschreibsendungen (ausser dem Porto) 20 Pf.

Rückscheingebühr 20 Pf.

Postaufträge im internationalen Postdienste.

Für den Verkehr mit dem Auslande kommt ein besonderes in deutscher und französischer Sprache angefertigtes Formular: Postauftrag (Ordre de recouvrement) zur Anwendung.

Die unter dem Titel „Portoaufträge nach Orten Deutschlands“ angegebenen Normen gelten auch für den Weltpostverkehr.

Erwähnenswert wäre nur noch, wenn bei Wechseln mangels Zahlung Protest erhoben werden soll, der Auftrag mit dem Vermerke „Protêt“ oder „Protêt immédiat“ oder „a protester“ versehen sein muss.

Bei Postaufträgen nach Chile ist der Brief an das Postamt in Valparaiso und bei Postaufträgen auf Orte in Portugal an das Postamt in Lissabon zu senden.

Postfrachtstücke.

„Postfrachtstücke" sind Pakete, welche entweder das für Postpakete zulässige Meistgewicht (3 bezw. 5 kg) überschreiten, oder deren Ausdehnung in irgend einer Richtung grösser ist als 60 cm.

Postfrachtstücke unterliegen besonderen Taxen „Versendungsbestimmungen".

Bei Versendungen von Gegenständen nach überseeischen Ländern empfiehlt sich, wenn dies durchführbar ist, eine Teilung in Postpakete, weil die Beförderungsgebühr und die Nebenkosten für ein „Postfrachtstück" in der Regel viel höher sind, als das Porto für 2 oder mehr Postpakete.

II.

Wissenswerte Daten über den Telegraphenverkehr.

A. Der Telegraphenverkehr innerhalb Deutschlands und nach dem Auslande.

Die zu befördernden Telegramme müssen deutlich und verständlich geschrieben werden.

Sie bestehen aus vier Teilen:

1. aus den in Klammern zu setzenden besonderen Angaben, z. B. *[Rp]*;
2. aus der Aufschrift (Adresse);
3. aus dem Text, und
4. aus der Unterschrift.

Ad I. Für die besonderen Angaben dienen nachfolgende Abkürzungszeichen:

[D] = dringendes Telegramm.

Solche Telegramme werden früher als die gewöhnlichen Telegramme befördert. Es ist daher auch für diese Beförderungsart eine besondere Taxe zu entrichten.

[Rp] = Antwort bezahlt.

Der Aufgeber kann für die Beförderung der Antwort, welche er von dem Empfänger zu erhalten wünscht, bezahlen. Die Gebühr wird für ein gewöhnliches Telegramm von zehn Worten entrichtet.

[RpD] = dringende bezahlte Antwort.

Wird dringende Rückantwort verlangt, so ist hierfür eine höhere Gebühr zu entrichten.

[TC] = zu vergleichendes Telegramm.

Soll in ein Telegramm behufs Vermeidung von Verstümmelung von Seiten der Aufgebe-, sowie der Empfangsstation verglichen werden, so ist hierfür eine spezielle Gebühr zu entrichten.

[PC] = telegraphische Empfangsanzeige.

Wünscht ein Auftraggeber, dass ihm die Zeit, zu welcher dem Empfänger das Telegramm zugestellt wurde, mitgeteilt werde, so setzt er dem Telegramm die Zeichen *[PC]* voran.

[FS] = nachzusendendes Telegramm.

Ist auf dem Telegramm das Zeichen *[FS]* angegeben, so wird zuerst die Zustellung an die gegebene Adresse versucht und dann die Mitteilung an den dort erfragten Bestellungsort weiter telegraphiert.

[PP] = Post bezahlt.

Befindet sich an dem Orte, nach welchem das Telegramm gerichtet ist, keine Telegraphenanstalt, so kann die Weiterbeförderung an den Adressaten per Post oder durch Eilboten erfolgen.

[XP] = Eilbote bezahlt,

wenn für die Zustellung durch Eilboten der Aussteller des Telegramms die Gebühr bezahlt.

[RXP] = Antwort und Eilbote bezahlt.

[PR] = Porto eingeschrieben,

wenn das Telegramm als Einschreibebrief an den Adressaten gelangen soll.

[RO] = offen zu bestellendes bezw. zu übergebendes Telegramm.

[MP] = eigenhändig zu bestellendes Telegramm.

[Tages] = nicht während der Nacht zu bestellen.

Ad II. Aufschrift. Die Aufschrift soll derartig abgefasst sein, dass die Bestimmungs-Telegraphenanstalt genau zu ersehen ist.

Die Aufschrift kann auch in abgekürzter Form geschehen („Telegramm-Adresse"), wenn der Empfänger dies mit der Telegraphenanstalt seines Wohnortes vereinbart und hierfür eine festgesetzte Gebühr von jährlich 30 M. entrichtet. z. B. Auskunftei Berlin anstatt W. Schimmelpfeng, Berlin W., Charlottenstrasse 23; oder: Eisenhorn, Dresden anstatt J. A. Horn & Co., Eisenhandlung, Dresden.

Ad III. Text. Der Text muss so abgefasst sein, dass der Inhalt für den Empfänger zweifellos klar sei. Man spare ja nicht an Worten, wenn daraus etwa die Gefahr eines Missverständnisses entstehen könnte.

Ad IV. Unterschrift. Die Unterschrift kann gekürzt werden, wenn jeder Zweifel, von wem das Telegramm herrührt, ausgeschlossen ist.

Wenn Richter & Comp., Leipzig mit J. A. Horn & Co., Dresden einen stetigen Verkehr unterhalten, so werden Richter & Comp. als Unterschrift lediglich Richter wählen können; wenn aber ein regelmässiger Verkehr nicht besteht, wird es sich wohl geeigneter gestalten, die Unterschrift mehr zu präzisieren. Es kann dies im vorliegenden Falle auch durch Zusammensetzung des Wortes geschehen, wie z. B. Richtercomp.

Die Sprache des Telegramms.

Die Sprache kann eine offene, verabredete oder chiffrierte sein.

Man bezeichnet die Sprache als eine offene, wenn jedermann in der Lage ist, das Telegramm insofern zu verstehen, als dasselbe aus normalen Worten der betreffenden Sprache gebildet ist.

Man bezeichnet die Sprache als eine verabredete, wenn das Telegramm wohl aus Worten gebildet ist, diesen aber absichtlich ein anderer Sinn beigelegt ist.

Eine chiffrierte Sprache ist diejenige, die durch Zusammensetzung von Buchstaben oder Silben gebildet ist, zu deren Dechiffrierung bezw. Entzifferung der Empfänger des Telegrammes eines Schlüssels (Dechiffrierungsschemas) bedarf.

So würde ein Telegramm: „Sendet zwei Fässer Syrup" als ein solches in offener Sprache gelten, dagegen ein Telegramm: „Müller acceptiert schwarz" als ein verabredetes und „Mlkod grfkl rmnrk" als ein Chiffretelegramm.

Verbindung mit Fernsprechstellen (Phonogramme).

Will eine Partei im Interesse der rascheren Beförderung der Nachricht die Fernsprech-Zentralstellen in Anspruch nehmen und soll die Nachricht an jemanden gelangen, der entweder an einem Orte wohnt, nach welchem der Fernsprechverkehr nicht vermittelt ist oder der nicht selbst Teilnehmer des Fernsprechverkehrs ist, so kann insofern eine Kombination von Fernsprech- und Telegraphenverkehr stattfinden, dass die Nachricht seitens der Fernsprech-Zentrale zur Weiterbeförderung aufgenommen, sodann der dem Adressaten nächstliegenden Fernsprechstelle übermittelt und von dieser durch einen Eilboten oder mittelst des Telegraphen weiter befördert wird.

Wortzählung.

Die Länge eines Taxwortes in offener Sprache ist auf 15 Buchstaben oder auf 5 Ziffern festgesetzt.

Der Ueberschuss, immer bis zu 15 Buchstaben, zählt für ein weiteres Wort.

Als Mindestbetrag für ein gewöhnliches Telegramm werden erhoben: im Verkehr Deutschlands mit Grossbritannien und Irland 80 Pf., im übrigen Verkehr — mit Ausnahme des Stadt-Verkehres — 90 Pf.

Namen der Bestimmungsanstalt und des Bestimmungslandes werden in der Aufschrift (Adresse) ohne Rücksicht auf die Zahl der Buchstaben als je ein Wort gezählt. Mehrere durch Bindestriche zu einem Ausdrucke verbundene oder durch Apostroph getrennte Wörter werden stets einzeln gezählt.

So bildet z. B.:

Newyork sowohl als Adresse als im Kontexte des Telegrammes 1 Wort. Würde dagegen diese Stadt New-York geschrieben sein, so würde dies bei der Adresse als 1 Wort, im Kontexte des Telegrammes aber als 2 Wörter gezählt werden. — Frankfurtmain in jedem Falle 1 Wort. Frankfurt am Main als Aufschrift 1 Wort, im Kontexte 3 Wörter.

Delkredere 1 Wort; del'credere 2 Wörter.

Dem Sprachgebrauche zuwiderlaufende Zusammenziehungen sind unzulässig; wie z. B. „gegen Dreiprozent Anleihe", „Tratte Achttagsicht".

Die in Klammern zu setzenden besonderen Angaben, von den eingangs die Rede war, gelten als 1 Wort.

Bei Zahlen werden je 5 Ziffern für 1 Wort gezählt; dasselbe gilt bezüglich der Zählung von Buchstabengruppen der chiffrierten Telegramme.

Der chiffrierten Depeschen bedient man sich ganz besonders zu Mitteilungen von Börsenkursen und erspart durch geschickte Konstellation der Ziffern oft zahlreiche Wörter.

So depeschieren beispielsweise Frege & Co., Leipzig an Curt Hagen, Halle die Kurse der Leipziger Börse in folgender Reihenfolge:

1. 3 % Sächs. Rente (90,45),
2. Aussig Teplitzer (333,50),
3. Bustiehrader Lit. B (318—),
4. Leipziger Hypotheken-Aktien (148,50),
5. Deutsche Bank (209,50).

Da die Reihenfolge dem Empfänger der Depeschen ebenso bekannt ist, wie die höheren Ziffern der Kurse (die Zehner und Hunderte) so depeschieren Frege & Co. lediglich:

04 535 08 008 50 950.

Entzifferung.

1. Papier: 3% Sächsische Rente:

Da stets 3 Ziffern für jedes Papier gewählt werden, sind die Ziffern 045 für die 3 % Sächsische Rente sohin 9045.

Weiteres sind 350 die Ziffern für das 2. Papier (Aussig-Teplitzer) 333,50; 800 für das 3. Papier (Bustiehrader Lit. B) 318,00; 850 für das 4. (Leipziger Hypothekenbank Aktien) 148,50 und endlich 950 für das 5. (Deutsche Bank) 209,50.

Es beträgt daher die Taxe für die Mitteilung der Kurse von 5 Wertpapieren blos soviel, als die Taxe von 3 Worten ausmacht.

Da nun aber die Mindesttaxe 50 Pf. beträgt und für die Adresse, die Angabe des Bestellungsortes und die Unterschrift nur drei Worte nötig sind, so können für die einfache Gebühr die Kurse von 11 Wertpapieren mitgeteilt werden.

Gebühren.

Für ein gewöhnliches Telegramm sind im inneren deutschen Verkehr sowohl als auch im Verkehre nach Oesterreich-Ungarn mindestens 50 Pf. zu entrichten (im Stadtverkehre 30 Pf.); nach Grossbritannien und Irland mindestens 80 Pf.

Die Worttaxe beträgt:

Nach Oesterreich-Ungarn	5 Pf.	pro Wort.
„ Belgien, der Schweiz, Niederlande und Dänemark .	10 „	„ „
„ allen andern europäischen Ländern	20 „	„ „

B. Der Kabelverkehr.

Den Verkehr nach der Levante, nach Asien, Afrika, Australien und Südamerika vermittelt die Eastern Telegraph Co. im Verein mit den mit ihr assoziierten folgenden Gesellschaften:

African Direct Telegraph Co. Ltd. Sitz der Gesellschaft London.

Die Linien dieser Gesellschaft bilden eine Kette für den direkten Verkehr zwischen Europa und der Westküste von Afrika, bekannt als die „via Madeira"-Route. Von St. Vincent (Kap Verdische Inseln) ausgehend auf Sao Thiago, eine andere Insel derselben Gruppe, von wo aus Linien an die englischen Stationen von Bathurst, Sierra Leone, Accra, Lagos, Brass Bonny, Kamerun und an den portugiesischen, französischen und spanischen westafrikanischen Niederlassungen landen, sowie von dort nach Süd-Afrika weiterführen.

Amazon Telegraph Co.
Brazilian Submarine Telegraph Co.
Western & Brazilian Telegraph Co.
London-Platino Brazilian Telegraph Co.
Sitz der Gesellschaften in London.

Sektionen:

Duplex-Linien:
- Lissabon (Carcarvellos) — Madeira
- Madeira — St. Vincent
- St. Vincent — Pernambuco.

Diese Linien kommen in Verbindung mit denen der African Direct Telegraph Co. in St. Vincent und der Western & Brazilian Telegraph Co. in Pernambuco.

Die Sektionen der African Direct Telegraph Co. und der Western & Brazilian Telegraph Co., welche sich an die Brazilian Submarine anschliessen, sind:

Duplex-Linien:
- Para — Maranham
- Maranham — Ceara
- Ceara — Pernambuco
- Pernambuco — Bahia
- Bahia — Rio Janeiro
- Rio Janeiro — Santos
- Santos — Santa Catharina
- Santa Catharina — Rio Grande
- Rio Grande — Montevideo.

Von Para verlängern sich die Amazonen Telegraph-Linien, den Amazonenstrom entlang nach Manaos, unterwegs alle hauptsächlichsten Handelsplätze berührend.

Alle Kabelstationen der brasilianischen Küste haben Verträge mit den Linien vom brasilianischen Gouvernement, welches die Depeschen von und nach den nächstgelegenen Kabelstationen übermittelt.

Von Montevideo ist die Verbindung unterhalten mit Buenos-Ayres durch vier Kabel und zwar zwei von der River Plata Telegraph Co. und zwei von der Compania-Telegraphica del Plata.

Uruguay ist durch die Linien der London-Platino Brazilian Telegraph Co. mit den übrigen Kabeln verbunden.

Die Kabelverbindungen zwischen den hervorragendsten europäischen Hafenplätzen untereinander und den nordamerikanischen Linien sind hergestellt durch die:

Cie. Française des Cables télégraphiques
Anglo-American Telegr. Co.
Commercial Cable Co.
Direct United States Cable Co.
Great Northern & Indo European Telegr. Co.
Halifax & Bermuda Telegr. Co.
Western Union Telegr. Co.
West-India & Panama Telegr. Co.,

von welchen einzelne aneinander Anschluss haben.

Die Cie. Française des Cables télégraphiques, eine Aktiengesellschaft mit 46½ Millionen Francs Kapital und von seiten der französischen Regierung mit jährlich 800 000 Francs subventioniert, übernimmt die Beförderung von Kabeltelegrammen von und nach Nord-, Zentral- und Südamerika sowie nach Westindien auf eigenen Kabellinien.

III.

Wissenswerte Daten über den geschäftlichen Verkehr mit der Reichsbank.

A. Der Wechsel-Ankauf und -Verkauf.

I. Wechsel auf Reichsbankplätze.

1. Allgemeines.

Entsprechend den Bestimmungen des Bankgesetzes ist die Reichsbank befugt:

Wechsel (nicht Anweisungen, Checks, Mandate oder billets à ordre), welche eine Verfallzeit von höchstens 3 Monaten haben, und aus welchen in der Regel drei, mindestens aber zwei als zahlungsfähig bekannte Verpflichtete haften, zu kaufen (in Diskont zu nehmen) oder zu verkaufen (in Reeskont zu geben).

Unacceptische direkte Tratten werden zur Besorgung der Accepteinholung übernommen, und es können dieselben auf Wunsch der Partei nach erfolgter Acceptation in Diskont genommen werden, dagegen werden solche, ehe sie acceptiert sind, von der Diskontierung zurückgewiesen.

Im Diskontverkehre mit der Reichsbank wird unterschieden zwischen:

a) Platz-Wechsel (zahlbar am Sitze der ankaufenden Bank oder einer ihr untergeordneten Bankanstalt).

b) Versand-Wechsel (zahlbar an einem anderen deutschen Bankplatze).

c) Wechsel auf das Ausland (ausserhalb Deutschlands zahlbare Wechsel).

2. Diskontierungsnormen der Reichsbank.

Die bei der Reichsbank zur Diskontierung einzureichenden Wechsel sind an die Bankanstalt des Zahlungsortes zu girieren.

Bei Wechseln mit offenem (Blanko-) Giro muss jedenfalls das Indossament an den Verkäufer und dasjenige des letzteren an die Bank ausgefüllt sein.

Wechsel, welche am Sitz der ankaufenden Bankanstalt zahlbar sind, sowie Domizilwechsel müssen vor dem Ankaufe mit dem Annahmevermerk versehen sein.

Einzureichende Wechsel müssen mit den Fälligkeitstagen überschrieben sein und werden mittelst einer Rechnung eingereicht.

Für diese Rechnungen bestehen zweierlei unterschiedliche Formularien, und zwar solche für Platzwechsel und solche für Versandwechsel.

In der Zeit vom 1. Oktober bis 31. Dezember eines Jahres sind jene Wechsel, welche noch im alten Jahre verfallen und diejenigen, welche im neuen Jahre fällig werden, mittelst getrennter Rechnungen einzureichen.

Auf der Rechnung sind die Wechsel, nach Bankanstalten geordnet, nach Betrag, Verfalltag, Bezogenen und Zahlungsort einzeln zu verzeichnen und die in Abzug kommenden Zinsen auszurechnen.

Bei der Zinsenberechnung wird jeder Monat zu 30 Tagen angenommen, indessen wird der Monat Februar bei solchen Wechseln, welche am letzten Februar fällig sind, nur zu 28 bezw. 29 Tagen gerechnet.

Der Tag des Ankaufes wird nicht mit gezählt.

Mithin werden berechnet bei Wechseln, welche

am 15. Febr.	diskontiert	werden	u.	beispielsweise	per	5. März	lauten:	20	Tage
„ 15. „	„	„	„	„	„	28. Febr.	„	13	„
„ 15. „	„	„	„	„	„	29. „	„	14	„
„ 28. „	„	„	„	„	„	5. „	„	7	„

Das Zinsenminimum: An Zinsen sind mindestens zu berechnen:

a) bei Wechseln, welche am Ankaufsorte zahlbar sind: **4 Tage.**

b) bei Wechseln, welche an einem anderen Orte (Bankplatze) als am Ankaufsorte zahlbar sind, und die in Stücken von 10 000 M. oder mehr eingereicht werden: **5 Tage.**

Dieselbe Tageanzahl bei Diskontlisten im Mindestbetrage von 20 000 M., wenn die einzelnen Stücke nicht auf kleinere Beträge als 5000 M. lauten.

c) für alle sonstigen, also nicht am Ankaufsorte zahlbaren kleineren Wechsel: **10 Tage.**

Für jeden einzelnen Wechsel im Betrage von 100 M. und weniger werden jedoch mindestens **30 Pfennig,** für jeden Wechsel über mehr als 100 M. mindestens **50 Pfennig** erhoben.

Beispiele:

a) M. 416,— per 15./8. auf Leipzig; diskontiert am 5./6. in Leipzig.
Tage 70; Zinsfuss $4\frac{1}{2}$%.
Für 80 Tage: 1 Kapitalprozent = M. 4,16
„ 10 „ den 8. Teil = „ 0,52
M. 3,64

b) M. 416,— per 8./6. auf Leipzig; diskontiert am 5./6. in Leipzig.
Tage: Minimaltagzahl **4**; Zinsfuss $4\frac{1}{2}$%.
Für 80 Tage: 1 Kapitalprozent = M. 4,16
„ 4 „ $\frac{1}{20}$ hiervon = M. 0,21.

Es hat jedoch der Diskont bei Wechseln über 100 M. mindestens 50 Pf. zu betragen; daher: **50 Pf.**

c) M. 90,— per 8./6. auf Leipzig; diskontiert am 5./6. in Leipzig.
Tage: Minimaltagezahl **4**; Zinsfuss $4\frac{1}{2}\%$.
Für 80 Tage: 1 Kapitalprozent = 90 Pf.
„ 4 „ $^1/_{20}$ hiervon = 4 Pf.

Es hat jedoch der Diskont bei Wechseln im Betrage von 100 M. und weniger mindestens 30 Pf. zu betragen; sohin **30 Pf.**

d) M. 90,— per 8./6. auf Aachen; diskontiert am 5./6. in Leipzig.
Tage: Minimaltagezahl **10**; Zinsfuss $4\frac{1}{2}\%$.
Für 80 Tage: 1 Kapitalprozent = 90 Pf.
„ 10 „ $^1/_8$ hiervon = 12 „

Es hat jedoch der Diskont bei Wechseln im Betrage von weniger als 100 M. im Minimum 30 Pf. zu betragen; sohin **30 Pf.**

e) M. 12,500,— per 8./6. auf Breslau; diskontiert am 5./6. in Leipzig.
Bei Wechseln, welche an einem anderen Platze als dem Ankaufsorte zahlbar sind und die in Stücken von M. 10,000 und mehr eingereicht werden, berechnet die Reichsbank den Minimalsatz von **5 Tagen.**
Zinsfuss $4\frac{1}{2}\%$.
Für 80 Tage: 1 Kapitalprozent, d. i. M. 125,—
„ 5 „ daher **M. 7,80.**

Falls in der Rechnung Zinszahlen (Zinsnummern) anstatt der Zinsbeträge jedes einzelnen Wechsels angegeben sind, so sind als Minimum einzusetzen:

Für 30 Pf.		Für 50 Pf.	
bis 3%	36,00 No.	bis 3%	60,00 No.
„ $3\frac{1}{2}\%$	30,85 „	„ $3\frac{1}{2}\%$	51,43 „
„ 4%	27,00 „	„ 4%	45,00 „
„ $4\frac{1}{2}\%$	24,00 „	„ $4\frac{1}{2}\%$	40,00 „
„ 5%	21,60 „	„ 5%	36,00 „
„ $5\frac{1}{2}\%$	19,64 „	„ $5\frac{1}{2}\%$	32,73 „
„ 6%	18,00 „	„ 6%	30,00 „
„ $6\frac{1}{2}\%$	16,62 „	„ $6\frac{1}{2}\%$	27,70 „

Beispiel:

Diskont in Leipzig am 5./5.:

M.	95,50	per 8./5.	Tage 4	No.	24
„	65,—	„ 9./5.	„ 4	„	24
„	400,—	„ 11./6.	„ 36	„	144
M.	560,50	Leipzig		No.	192
„	2,40	$4\frac{1}{2}$ Diskont			
M.	**558,10**	per **heute.**			

Beispiel:

L. Richter, Leipzig, übergiebt der Reichsbank-Hauptstelle Leipzig 4 Versandwechsel zur Diskontierung:

Formular für Versandwechsel-Diskont (auf rosa Papier).

(Für Platzwechsel werden die gleichartig rastrierten Formularien benutzt, dieselben sind aber auf weissem Papier dargestellt.)

Leipzig, den *1. Juli* 19*01*

RECHNUNG

über an die Reichsbank-*Hauptstelle* in *Leipzig* verkaufte Wechsel.

No.	Bezogener	Zahlungsort	Verfalltag	Zinstage	Zinsen à $4\frac{1}{2}$% in Zinszahlen	Wechselbetrag
731	*F. C. Müller*	*Magdeburg*	*7. Juli*	*10*	*24*	*M. 50.—*
2627	*Börner & Co.*	*Inowrazlaw*	*8. „*	*10*	*40*	*„ 300.—*
8	*A. F. Bayer*	*Essen*	*13. „*	*12*	*84*	*„ 700.—*
9	*Krüger & Co.*	*Reichenbach*	*20. „*	*19*	*181*	*„ 950.—*
					329	*M. 2000.—*
					ab Zinsen	*„ 4.15*
					Betrag empfangen	*M. 1995.85*

erhoben durch:

L. Richter.

---

3. Untersuchung der Wechsel auf ihre Eignung als Bankdiskontmaterial.

Nachdem die Bank bei Übernahme von Wechseln zum Diskont die Übereinstimmung der Wechsel in Betrag, Fälligkeit und Bezogenen mit dem Einreichungslisten (Diskontrechnungen) festgestellt hat, untersucht sie die Appoints auf ihre Rechtsgiltigkeit und ordnungsmässige Beschaffenheit.

Zu diesem Behufe erstreckt sich die Revision auf:

a) die allgemeine Beschaffenheit des Wechsels,
b) den Ort und die Zeit der Ausstellung,
c) den Verfalltag,
d) die Bezeichnung als „Wechsel“,
e) die Order (dem Remittenten),
f) die Wechselsumme,
g) die Unterschrift des Ausstellers,

h) den Namen des Bezogenen bezw. des Domiziliaten,
i) den Zahlungsort bezw. das Domizil,
k) das Accept, } wenn vorhanden
l) die Notadressen, } wenn vorhanden
m) den Wechselstempel,
n) die Indossamente bezw. die Unterschriften der Giranten.

In betreff der allgemeinen Beschaffenheit der Wechsel ist zu beachten:

Zerrissene Wechsel sind als in ihrer Form zerstört, mithin vernichtet zu erachten.

Es ist daher gleichgültig, ob die auseinandergerissenen Teile wieder zusammengeklebt oder in sonstiger Weise mit einander verbunden sind.

Solche Wechsel werden von allen Bankanstalten zurückgewiesen.

Wechsel, welche in einem wesentlichen Punkte Rasuren oder Korrekturen enthalten, werden ebenfalls refusiert.

Liegt eine unwesentliche Korrektur vor oder enthält der Wechsel einen Schreibfehler, z. B. „Vier Monte a dato“ statt „Vier Monate a dato“, so steht wohl dem Ankaufe nichts entgegen, der Diskontant muss aber der Bank auf einem Zettel eine Erklärung geben, dass er für alle möglicherweise entstehenden Differenzen oder für jeden Nachteil, der der Bank infolge der unkorrekten Darstellung des Wechsels erwachsen könnte, aufzukommen sich verpflichtet.

In betreff des Ortes und der Zeit der Ausstellung.

Ort und Datum der Ausstellung müssen genau angegeben sein.

Diese Bestimmungen sind hochwichtig; sie sind allein massgebend für die Feststellung der Provenienz des Wechsels, der Anwendung der Gesetzesstrenge; sie sind massgebend für die Festsetzung der Art und Höhe der Stempelabgabe. Durch die genaue Feststellung des Datums der Ausstellung ist auch die Wechselverjährungsfrist präzisiert.

Die Datierung, ausgestellt an einer Messe oder einem Markte, z. B. zur „Leipziger Ostermesse 1900“ oder zum „Breslauer Wollmarkte 1900“, enthält keine genügend deutliche Bezeichnung der Ausstellungszeit.

Die Datierung durch Angabe zweier Ziffern raubt dem Wechsel die Bankfähigkeit; so darf es nicht heissen: „Leipzig, 6./8. Mai 1900“; dagegen wird die Datierung nach altem und neuem Stil nicht als Doppeldatierung angesehen, so ist z. B. die Bezeichnung „Athen, 5./17. Juli 1899“ oder „Odessa, 28./10. Oktober 1900“ gültig; im zweitgenannten Beispiele bedeutet sie nach Julianischem Kalender als am 28. September und nach Gregorianischem Kalender als am 10. Oktober ausgestellt.

Ferner wird die Verkäuflichkeit eines Wechsels zerstört durch folgende Momente:

1. Wenn der lithographierte Ausstellungsort durchstrichen und durch eine andere Ortsangabe ersetzt wird; z. B. „~~Leipzig,~~ Oschatz den 6. April 1900“;

2. wenn widersprechende Angaben zwischen Zeit der Ausstellung und dem **Verfalltage gemacht** sind, z. B.

„Leipzig, 5. Oktober 1899. Am 5. April 1899 zahlen Sie etc."

In betreff des Verfalltages.

Die Verfallzeit muss in dem Wechsel vollständig deutlich angegeben sein.

Verschiedenartigkeit in der Angabe des Verfalltages.

a) Tagwechsel. Es sind Wechsel mit bestimmt bezeichnetem Tage, wie: „Am 6. Mai 1900 zahlen Sie . . ."

Die Jahreszahl des Wechsels kann anstatt durch eine Ziffer auch durch Bezugnahme auf das Jahr der Ausstellung zum Ausdrucke gelangen, z. B. „Am . . . d. J." (dieses Jahres), oder „Am . . . l. J." (laufenden Jahres), oder „Am . . . k. J." (künftigen Jahres), oder „Am . . . d. n. J." (des nächsten Jahres), oder „Am . . . c." (currentis; des laufenden Jahres), „Am . . . curr.", „Am . . . corr.", oder „Am . . . a. c." (anni currentis; des laufenden Jahres), oder „Am . . . a. f." (anni futuri; des künftigen Jahres).

Wechsel, bei denen die Jahreszahl der Fälligkeit nicht deutlich angegeben ist, z. B. „Leipzig, 4. Oktober 1899. Am 15. Februar zahlen Sie . . .", sind nicht bankfähig.

In gleicher Weise kann bei Tagwechseln angegeben sein: „Anfang", „Mitte" oder „Ende" eines Monats (bezw. Primo, Medio oder Ultimo).

b) Dato-Wechsel. Die Fälligkeit kann auch durch eine Zeit angegeben werden, welche vom Tage der Ausstellung ab zu berechnen ist, z. B. „Drei Wochen a dato", „Acht Tage nach heute", „Drei Monate nach dato".

Bezeichnungen wie „Bis zum . . . zahlen Sie" oder „In einer Woche zahlen Sie" sind unstatthaft.

c) Mess- und Marktwechsel. Mess- und Marktwechsel werden zu der durch die Gesetze des Mess- und Marktortes bestimmten Zahlungszeit und in Ermangelung einer solchen Festsetzung an dem Tage vor dem gesetzlichen Schlusse der Messe oder des Marktes fällig.

Dauert die Messe oder der Markt nur einen Tag, so tritt die Verfallzeit des Wechsels an diesem Tage ein.

d) Wechsel auf Sicht oder eine bestimmte Zeit nach Sicht.

1. Reine Sichtwechsel, das sind Wechsel, welche sofort bei Vorzeigung fällig werden.

Folgende Bezeichnungsarten sind zulässig: „Auf Sicht", „Bei Sicht", „Nach Sicht", „Bei Vorzeichung" oder „a vista", „à vue", „à présentation", „on demand", „at sight", „on presentation". Nicht begebbar sind Wechsel, bei denen der Zahlungstag nicht feststeht, wie z. B. „Auf Verlangen", „Nach Belieben", oder „à volonté zahlen Sie . . ." Nicht empfehlenswert sind die Bezeichnungen „Auf Wiedersicht" oder „Bei Wiedersicht", denen man übrigens zumeist beim Sola-Wechsel begegnet.

2. Bei acceptierten Sichtwechseln muss das Accept datiert sein.

In betreff der Bezeichnung als Wechsel.

Das Wort „Wechsel" muss im Kontexte der Urkunde enthalten sein. Es genügt nicht, wenn unter oder über die Urkunde das Wort „Wechsel" gesetzt ist oder wenn angegeben ist: „Nach Wechselrecht".

Gleichzeitig mit der Bezeichnung der Urkunde als Wechsel kann auch angegeben sein, dass derselbe ein Prima- (oder Sekunda- bezw. Tertia-)Wechsel ist, oder es kann die Urkunde auch als „Wechselbrief", „Wechselurkunde", „Wechselverschreibung" bezeichnet sein.

Unzulässig dagegen sind die Bezeichnungen „Prima", „Tratte" oder „Urkunde".

In betreff der Order.

Auf der Wechselurkunde muss die Ordre angegeben sein. Ein Wechsel kann auch an „Eigene Order" (Order des Ausstellers) gestellt sein. Ein eigener (trockener) Wechsel darf naturgemäss niemals an eigene Order lauten.

Ist die Weiterbegebbarkeit durch die Bezeichnung „Nicht an Order" untersagt, so verliert dadurch der Wechsel vom Standpunkt der diskontierenden Bank seine Kauffähigkeit.

In betreff der Wechselsumme.

Die Bank kauft nur solche Wechsel, welche — wenn sie in deutscher Sprache ausgestellt sind — auf „Mark" oder „Reichsmark" lauten. Es darf jedoch das Wort Mark auch durch den Buchstaben „M" ersetzt werden.

Wenn Wechsel in einer der romanischen Sprachen ausgestellt sind, kann an Stelle obiger Bezeichnung auch stehen „Marcs" oder „Marks".

Dagegen ist die Bezeichnung „Marken" oder „Reichsmarken" unstatthaft.

Die im Auslande auf Deutschland in ausländischer Währung ausgestellten Wechsel müssen auf Grund eines im Wechsel selbst (Kontext oder Giro) angegebenen Kurses umgerechnet und in Reichswährung zahlbar sein.

In betreff des Namens bezw. der Firma des Bezogenen.

Der Name der Person oder der Firma, welche die Zahlung leisten soll (auf welche der Wechsel gezogen ist), soll aus dem Kontexte desselben deutlich hervorgehen.

Es ist auch unter Umständen zulässig, dass ein Wechsel auf mehrere (verschiedene) Personen gezogen wird, z. B.:

Herren Karl Lindner und Franz Köhler in Leipzig-Lindenau.

Dagegen wäre es unstatthaft zu schreiben:

Herren Karl Lindner und Franz Köhler in Leipzig und in Oschatz.

Wechsel, deren Bezogene nicht existieren (Kellerwechsel), werden naturgemäss refüsiert.

In betreff des Zahlungsortes.

Der Zahlungsort muss in einer Weise angegeben sein, dass darüber, wo die Zahlung zu erfolgen hat, kein Zweifel bestehen kann. So sind die Worte

„hier“, „dahier“ oder „hierselbst“ nicht als genügende Angabe des Zahlungsortes zu erachten. Als Zahlungsort kann stets nur ein Ort genannt sein. Es wäre daher eine Ortsbezeichnung wie

Herrn Franz Köhler in Leipzig und Wurzen

unstatthaft.

Die Reichsbankhauptstelle in Leipzig refüsiert Wechsel mit dem Zahlungsorte in Grosszschocher, Leutzsch, Möckern, Oetzsch, Probstheida, Schönefeld und Stötteritz.

Dagegen kauft sie Wechsel mit der zusammengesetzten Ortsbezeichnung: Leipzig-Anger-Crottendorf, Leipzig-Connewitz, Leipzig-Eutritzsch, Leipzig-Gohlis, Leipzig-Lindenau, Leipzig-Lössnig, Leipzig-Neureudnitz, Leipzig-Neusellerhausen, Leipzig-Neustadt, Leipzig-Plagwitz, Leipzig-Reudnitz, Leipzig-Schleussig, Leipzig-Thonberg, Leipzig-Volkmarsdorf.

Der Domizilvermerk wird entweder vom Aussteller bei Darstellung des Wechsels oder mit seiner Genehmigung vom Acceptanten gemacht.

Im letzteren Falle muss der Vermerk gemacht werden, ehe der Wechsel dem darin genannten Remittenten ausgehändigt wird.

Bei Wechseln, welche beim Aussteller zahlbar gemacht sind, wird behufs Vermeidung der Gefahr, die durch den Ankauf von Kellerwechseln entsteht, der Bezogene seitens der Bank davon verständigt, dass sie den Wechsel käuflich erworben hat.

In betreff der Acceptation.

Die Übereinstimmung des Acceptes mit dem Kontext des Wechsels wird geprüft und wenn sich hierbei Korrekturen, Abweichungen oder sonstige Unregelmässigkeiten („beschränktes Accept“) herausstellen, wird der Wechsel zurückgewiesen.

In betreff der Indossamente.

Bei Wechseln mit offenem (blanco-)Giro muss jedenfalls das Indossement an den Verkäufer und dasjenige des letzteren an die Bank ausgefüllt sein.

Sämtliche Wechsel sind vom Verkäufer (Einlieferer) an die Bankanstalt des Zahlungsortes zu girieren.

Das etwaige Ansuchen, die Protesterhebung M/A oder M/Z zu unterlassen, muss, wenn es von der Reichsbank berücksichtigt werden soll, beim Giro des Verkäufers befindlich sein; es darf auch durch die Buchstaben ‚o. P.“ (ohne Protest) oder „o. K.“ (ohne Kosten) ausgedrückt werden.

Wechsel mit beschränktem Giro des Verkäufers, z. B. mit dem Zusatze „ohne Obligo“, „ohne Regress“, „ohne Garantie“ oder dergl. kauft die Bank nicht an.

In betreff des Wechselstempels.

Die Versteuerung aller in Deutschland ausgestellten oder zahlbaren Wechsel, welche von der Reichsbank diskontiert oder zur Einziehung übernommen werden sollen, muss nach den Vorschriften des Wechselstempelgesetzes v. 10./6. 1869 bezw. 4./6. 1879 erfolgen.

Von der Stempelabgabe befreit sind:

1. die vom Auslande auf das Ausland gezogenen, im Auslande zahlbaren Wechsel;

2. die vom Inlande auf das Ausland gezogenen, nur im Auslande und zwar auf Sicht oder spätestens innerhalb 10 Tagen nach dem Tage der Ausstellung zahlbaren Wechsel, sofern sie vom Aussteller direkt in das Ausland remittiert werden.

Die Stempelabgabe beträgt:

von einer Summe von	200 M.	und weniger	0,10 M.
„ „ „ über	200 „	bis 400 M.	0,20 „
„ „ „ „	400 „	„ 600 „	0,30 „
„ „ „ „	600 „	„ 800 „	0,40 „
„ „ „ „	800 „	„ 1000 „	0,50 „

und von jeden ferneren 1000 M. der Summe 0,50 M. mehr, dergestalt, dass jedes angefangene Tausend für voll gerechnet wird.

Wird derselbe Wechsel in mehreren Exemplaren ausgefertigt (Prima, Sekunda, Tertia u. s. w.), so ist unter diesen dasjenige zu versteuern, welches zum Umlauf bestimmt ist.

Die Stempelabgabe wird entrichtet:

durch Ausstellung des Wechsels auf einem mit dem erforderlichen Stempel versehenen Blankett oder durch Verwendung der erforderlichen Stempelmarke auf dem Wechsel.

Die den erforderlichen Steuerbetrag darstellenden Marken sind auf der Rückseite der Urkunde und zwar, wenn die Rückseite noch unbeschrieben ist, unmittelbar an einem *Rande* derselben, andernfalls unmittelbar *unter dem letzten Indossament* aufzukleben.

In jeder einzelnen der aufgeklebten Marken muss das Datum der Verwendung und zwar Tag und Jahr mit arabischen *Ziffern*, der Monat mit *Buchstaben* dargestellt sein.

Das Wechselstempelgesetz findet auch Anwendung auf die an Order lautenden Zahlungsversprechen (billets à Ordre) und die von Kaufleuten oder auf Kaufleute ausgestellten Anweisungen (Assignationen) jeder Art, auf Geldauszahlungen, Akkreditive und Zahlungsaufträge.

Befreit von der Stempelabgabe sind:

1. die statt der Barzahlung dienenden, auf Sicht zahlbaren Platzanweisungen und Checks (d. i. Anweisungen auf das Guthaben des Ausstellers bei dem die Zahlungen desselben besorgenden Bankhause oder Geldinstitute), wenn sie ohne Accept bleiben.

Anderenfalls muss die Besteuerung erfolgen, ehe der Acceptant die Platzanweisung aus den Händen giebt.

2. Akkreditive, durch welche lediglich einer bestimmten Person ein nur im Maximalbetrage begrenzter oder unbeschränkter, nach Belieben zu benutzender Kredit zur Verfügung gestellt wird.

3. auf den Inhaber lautende, auf Sicht zahlbare Anweisungen, welche der Aussteller auf sich selbst ausstellt.

Behufs Umrechnung der in einer anderen als der Reichswährung ausgedrückten Summen zum Zwecke der Berechnung der Wechselstempelsteuer ist folgende Relation festgesetzt:

1	österr. Gulden Silber oder Papier	=	M. 1,70
1	„ „ Gold	=	„ 2,—
1	Pfund Sterling	=	„ 20,40
1	Frank, Lire, finnische Markka, rum. Leu oder span. Peseta	=	„ —,80
1	russ. neuer Goldrubel	=	„ 3.20
1	„ Silberrubel	=	„ 2,25
100	schwed., norweg. oder dän. Kronen	=	„ 112,50
1	amerikan. Dollar	=	„ 4,25.

II. Wechsel auf das Ausland (Devisen).

1. Ankauf von ausländischen Wechseln.

Die zum Ankauf von Wechseln berechtigten Bankanstalten kaufen auch Wechsel auf das Ausland (Devisen) und zwar auf: Belgien, England, Frankreich, Holland, Italien, Dänemark, Skandinavien und auf die Schweiz unter den im Nachfolgenden behandelten Bedingungen.

a) Wechsel auf Belgien.

1. Antwerpen und Brüssel (Hauptplätze).

2. Brügge (Bruges), Gent (Gand), Löwen (Louvain), Lüttich (Liège), Mecheln (Malines) und Verviers (Nebenplätze).

In der Regel werden nur Abschnitte zu 1000 bis 30 000 fcs. käuflich erworben.

Bei Wechseln auf Nebenplätzen, welche hier sub 2 angeführt sind, zieht die Bank $^1/_8$ vom Kurswerte ab.

Lauten belgische Wechsel auf holländ. fl.-Währung, so wird der fixe Umrechnungskurs 400 fcs. = 189 Gulden gewählt.

Da nach belgischer Usanze Wechsel unter 1000 fcs. nicht zum Accepte vorgelegt werden, so wird seitens der Bank derjenige, welcher langsichtige unacceptierte Tratten zum Verkaufe anbietet, befragt, ob er auf Einholung des Acceptes Wert legt, weil diese im Gegenfall unterbleibt.

Wechselstempel.

Wechsel, welche in Belgien ausgestellt sind, müssen auf belgischem Stempelpapier (papier timbré) niedergeschrieben sein.

Der belgische Wechselstempel beträgt:

bis inkl. 200 fcs.	. . . .	fcs. 0,10
„ „ 500 „	. . . .	„ 0,25
„ „ 1000 „	. . . .	„ 0,50
„ „ 2000 „	. . . .	„ 1.—

und von jedem weiteren Tausend 50 cts. mehr.

Ausserhalb Belgiens ausgestellte Wechsel müssen, ehe irgend eine wechselmässige Erklärung auf das Appoint in Belgien gesetzt wird, dort ordnungsgemäss gestempelt werden.

Die Stempelung kann durch Visierung seitens der Stempelbehörde (viser pour timbre), oder durch Verwendung von Marken (timbres adhésifs) erfolgen. Die Entwertung des Stempels erfolgt durch Überschreiben und Datieren.

b) Wechsel auf England.

1. London.
2. Birmingham, Bolton, Bradford, Bristol, Glasgow, Hull, Leeds, Liverpool und Manchester.

Ausser Wechseln (bills of exchange, drafts, promissory-notes) auf diese Plätze werden auch post-bills der Bank von England oder deren Zweigniederlassungen, sowie Checks englischer Bankhäuser angekauft.

1. Ankauf von Checks.

Checks sowie die obengenannten sonstigen Wechselpapiere auf London in Beträgen von 100 bis 3000 Pfd. St. werden zum letztnotierten Kurse für kurze Wechsel auf London zuzüglich 6 Tage Zinsvergütung, zu einem um 1 % niedrigeren Zinsfusse als der Diskont der Bank von England, angekauft.

Checks auf Nebenplätze werden mit einem Abzuge von 1/8 % vom Kurswerte ohne Zinsvergütung gekauft.

2. Ankauf von Wechseln.

Wechsel auf sub 2 angeführten Nebenplätzen werden mit einem Abzuge von 1/8 % vom Kurswerte angekauft.

Appoints, welche 3000 Pfd. St. übersteigen, werden mit einem Abzuge von 1/2 ‰ käuflich erworben.

Bei dokumentierten Wechseln (bei welchen der Betrag lediglich gegen Auslieferung der angeführten Konnossamente gezahlt werden soll) ist vom Verkäufer eine besondere Gebühr von 1 ‰ zu entrichten.

Wechselstempel.

Die in England auf England ausgestellten Wechsel müssen mit dem englischen Trockenstempel versehen sein.

> Eine Ausnahme machen die von englischen Bankhäusern ausgestellten Wechsel, welche mit jenem Stempel nicht versehen zu sein brauchen, weil die Banken nach besonderem Übereinkommen mit der Regierung jährlich in einer bestimmten Pauschalsumme die Wechselstempelsteuer entrichten.

Für auf Verlangen (on demand) zahlbare Wechsel und Checks ist ohne Rücksicht auf die Höhe derselben per Abschnitt 1 penny zu entrichten.

Für alle anderen Wechsel beträgt der Stempel

bis zu	5	Pfd.	Sterling	1	penny
„ „	10	„	„	2	pence
„ „	25	„	„	3	„

bis zu	50 Pfd. Sterling	6	pence
„ „	75 „ „	9	„
„ „	100 „ „	1	shilling

für weitere 100 Pfd. und für jeden Bruchteil 1 shilling.

c) Wechsel auf Frankreich.

1. Paris.
2. Verschiedenartige französische Bankplätze.

Es werden seitens der Reichsbank blos französische Wechsel (traites, lettres de change, billets de change) angekauft.

Wechsel auf Paris werden zu dem an der Berliner Börse notierten Kurse, Wechsel auf Banknebenplätze unter Abzug von $^1/_8$ % vom Kurswerte käuflich erworben.

Wechselstempel.

Wechsel auf Frankreich müssen gestempelt werden, ehe die Acceptation oder ein französisches Giro darauf gesetzt ist.

Der Stempelpflicht kann auf zweifache Weise nachgekommen werden.
α) Durch Verwendung des entsprechenden Betrages in Wechselstempelmarken.
β) Durch Abstempelung bei einem französischen Stempelamte.

Der Tarif enthält folgende Skala:

	Frcs.	100 und darunter	5 cents
über	„	100 bis 200	10 „
„	„	200 „ 300	15 „
„	„	300 „ 400	20 „

und so fort für jede ferneren 100 Frcs. oder einen Teil derselben 5 cts. mehr.

d) Wechsel auf Holland.

1. Amsterdam und Rotterdam.
2. verschiedene niederländische Bankplätze.

Wechsel auf Amsterdam und Rotterdam werden zum Berliner Kurse, solche auf Bankplätze unter Abzug von $^1/_8$ % angekauft.

> Nach dem holländischen Handelsgesetzbuche müssen acceptierte Wechsel das Wort „angenommen“ tragen; (es genügt also nicht blos die Unterschrift des Bezogenen auf der Vorderseite des Wechsels); in der Praxis sind holländische Geschäftswechsel aber auch mit dem Datum der Acceptierung versehen.

Wechselstempel (Gesetz vom 11./7. 1882).

„Auf Sicht“. Bei Vorzeigung oder 8 Tage nach dem Tag der Ausstellung fällig werdende Wechsel unterliegen einer fixen Stempelabgabe von 5 Cents pro Abschnitt. Alle anderen Wechsel unterliegen einer Gebühr von 5 Cents pro 100 Holl. fl.

Duplikate oder Kopien sind stempelfrei, wenn das Original ordnungsgemäss gestempelt ist. Auf dem Duplikat bezw. auf der Kopie muss der Vermerk stehen: „Het zegelrecht is op den prima wissel behoorlijkt voldaan". (Der Stempel ist auf der Prima ordnungsgemäss entrichtet.)

Ist eine solche Notiz, die vom Aussteller unterschrieben sein muss, gemacht und unwahr, so hat derselbe 1000 Holl. fl. Strafe zu bezahlen.

Die Entrichtung der Gebühr erfolgt durch Stempelmarken, welche aufgeklebt und überschrieben werden.

e) Wechsel auf Italien.

1. Florenz, Genua, Livorno, Mailand, Neapel, Rom, Turin, Venedig.
2. Verschiedene italienische Bankplätze.

Wechsel auf die unter 1. angeführten Plätze werden auf Grund der Berliner Börsenotiz angekauft.

Wechsel auf die unter 2. angeführten Plätze werden dagegen unter Abzug von 1/4 % käuflich erworben.

Nach dem neuen italienischen Handelsgesetze müssen sämtliche Wechselbeteiligte (Berechtigte und Verpflichtete) mit dem Vor- und Zunamen (nome e cognome) bezw. mit der genauen Firma bezeichnet sein.

Wechselstempel.

Für Wechsel von höchstens sechsmonatlicher Laufzeit

	Stempel	Aufschlag	Quittungsstempel	Gesamtbetrag
von Lira 1 bis Lira 100	0,10	—	0,05	0,15
„ „ 100,01 „ „ 200	0,20	0,04	0,10	0,34
„ „ 200,01 „ „ 300	0,30	0,06	0,10	0,46
„ „ 300,01 „ „ 600	0,60	0,12	0,10	0,82
„ „ 600,01 „ „ 1000	1,—	0,20	0,10	1,30
„ „ 1000,01 „ „ 2000	2,—	0,40	0,10	2,50
„ „ 2000,01 „ „ 3000	3,—	0,60	0,10	3,70
„ „ 3000,01 „ „ 4000	4,—	0,80	0,10	4,90
„ „ 4000,01 „ „ 5000	5,—	1,—	0,10	6,10

und für jede weiteren 1000 Lira um je 1,70 Lira mehr.

f) Wechsel auf Dänemark.

Wechsel auf Kopenhagen werden zum Berliner Börsenkurse des Vortages angekauft.

Bei Wechseln unter 1000 Kronen tritt ein Abzug von 1/4 % vom Kurswerte ein.

Wechselstempel.

Längstens 8 Tage nach Sicht oder nicht später als 14 Tage dato zahlbare Wechsel . . . . — Kr. 20 Öre,
alle übrigen Wechsel bis 1000 Kr. . . . . — „ 20 „

über 1 000 bis 2 000 Kr.	— Kr.	35 Öre,
„ 2 000 „ 4 000 „	— „	70 „
„ 4 000 „ 6 000 „	1 „	— „
„ 6 000 „ 8 000 „	1 „	35 „
„ 8 000 „ 10 000 „	1 „	70 „
„ 10 000 „ 12 000 „	2 „	— „
„ 12 000 „ 14 000 „	2 „	35 „

u. s. w.

Kopieen sind stempelfrei; Duplikate sind wie das erste Original stempelpflichtig.

g) Wechsel auf skandinavische Plätze.

Wechsel auf Stockholm, Christiania und Gotheburg kauft die Reichsbank zum Berliner Börsenkurse.

Wechsel auf Christiania unterliegen keiner Stempelpflicht.

In Norwegen sind Wechsel lt. Gesetz vom 9./8. 1839 stempelfrei.

Wechselstempel (von Schweden).

Inländische Wechsel. Checks, Anweisungen und a vista Wechsel, die auf Banken oder Bankiers gezogen sind, sowie Banksolawechsel („Postremisswexel") sind stempelfrei.

Alle genannten Papiere, insofern sie nicht auf Bankfirmen lauten, sind in folgender Weise zu versteuern.

Beträge über 100 Kr.	bis inkl. 300 Kr.	mit 0,20 Kr.
„ „ 300 „	„ „ 500 „	„ 0,30 „
„ „ 500 „	„ „ 1000 „	„ 0,50 „
„ „ 1000 „	„ „ 2000 „	„ 1,— „
„ „ 2000 „	„ „ 3000 „	„ 1,50 „
„ „ 3000 „	„ „ 4000 „	„ 2,— „

(Für jede weiteren 1000 Kr. oder einen Teil davon 0,50 Öre mehr.)

Ausländische Wechsel. Checks, Anweisungen und a vista Wechsel, die auf Banken oder Bankiers gezogen sind, sind stempelfrei.

Alle anderen Wechsel, die in Schweden auf das Ausland oder vom Auslande auf Schweden gezogen sind, müssen nach folgendem Tarife gestempelt sein:

Beträge (bis inkl. 1000 Kr. oder 55 Pfd. Sterl., oder 1125 Reichsmark, oder 1390 fcs.)	0,50 Kr.
bis zum doppelten der genannten Höhe	1,— „
„ „ dreifachen der erstgenannten Höhe	1,50 „
„ „ vierfachen „ „ „	2,— „

u. s. w.

Checks, Anweisungen und Wechsel, die im Auslande auf das Ausland gezogen sind, brauchen nicht gestempelt zu werden.

Von mehreren Exemplaren eines Wechsels ist nur eines zu stempeln.

h) Wechsel auf die Schweiz.

Der Ankauf der Wechsel auf schweizerische Konkordatsplätze erfolgt seitens der süddeutschen Bankanstalten zum Frankfurter Kurse, seitens der übrigen Bankanstalten zum Berliner Kurse.

Schweizer Wechsel, welche die Reichsbank ankauft, sind an die Reichsbankhauptstelle in Frankfurt a. M. zu girieren.

Solche Wechsel müssen beim Ankaufe noch 10 Tage zu laufen haben.

Der Wechselstempel ist in den verschiedenen Kantonen der Schweiz verschiedenartig; in einzelnen Kantonen besteht eine Stempelpflicht überhaupt nicht.

2. Verkauf von ausländischen Wechseln.

Anträge seitens derjenigen, welche ausländische Wechsel von der Bank käuflich erwerben wollen, werden von den Bankanstalten entgegengenommen und nach Berlin dirigiert.

Der Käufer hat für die Überlassung der gewünschten Papiere ½ ‰ Gebühr vom Rechnungsbetrage (mindestens aber 50 Pf. für jeden überlassenen Posten von Wechseln auf dasselbe Land) zu zahlen.

Falls die gewünschten fremden Wechsel sich nicht im Portefeuille der Bank befinden sollten, werden sie auf Wunsch des Auftraggebers an der Berliner Börse angekauft.

B. Die Acceptbesorgung seitens der Reichsbank.

Die Reichsbank legt die ihr von ihrem Girokunden zur Besorgung des Accepts übergebenen Wechsel dem Bezogenen in der landesgesetzlich bestimmten Tageszeit in dessen Kontor oder Geschäftslokal und in Ermangelung eines solchen in dessen Wohnung zur Annahme vor.

Als Gebühr hat der Girokunde für jeden Wechsel dem Auftrage 50 Pf. bar oder in deutschen Postfreimarken beizulegen.

Treffen die Kassendiener der Bank den Trassaten nicht an, so hinterlassen sie einen Zettel mit der Aufforderung, in der bezeichneten Angelegenheit zur Bank zu kommen.

Wird dieser Aufforderung nicht innerhalb 24 Stunden Folge geleistet, so wird seitens der Bank Protest erhoben.

Wechsel, welche beim Giro des Verkäufers mit dem Gesuch um Protestunterlassung („sans frais") versehen sind, werden in der Regel mangels Annahme nicht protestiert.

Die einem Wechselgiro hinzugefügte Bemerkung: „Sans compte de retour" ist mit der Aufforderung, vom Proteste M/A abzusehen, nicht gleichbedeutend.

C. Der An- und Verkauf von Edelmetall.

Bei der Reichsbank in Berlin, sowie bei sämtlichen selbständigen Bankanstalten werden von bekannten Personen und Handlungshäusern käuflich übernommen:

Imperials (alte $^{11}/_{12}$ fein)	zum Preise von M.	1275,768	pro Pfd.
„ (neue $^{9}/_{10}$ fein) u. Halb-Imperials	„ „ „ „	1252,5216	„ „
Sovereigns	„ „ „ „	1275,768	„ „
Eagles	„ „ „ „	1252,80	„ „
Holländ. 10 fl.-Stücke u. Doppel-Willems	„ „ „ „	1252,6608	„ „
20 Francs-Stücke (französ., belg., italien., serb. u. monakoischer Prägung, ferner rumän. Leï-Stücke u. österr. 8 fl.-Stücke	„ „ „ „	1252,104	„ „
Dän. u. schwed. 10 u. 20 Kronen-Stücke	„ „ „ „	1252,104	„ „
Argentin. Gold-Pesos	„ „ „ „	1252,104	„ „
Egypt. 100 Piaster-Stücke, neue, nach dem Ges. vom 14./11. 1885 geprägte	„ „ „ „	1217,8608	„ „
Japanesische Goldmünzen (Yens)	„ „ „ „	1252,6608	„ „
Chilenische Kondors aus den Jahren 1851 bis 1891/92	„ „ „ „	1251,5472	„ „

Das Bruttogewicht wird bei Übernahme auf 3 Decimalstellen festgestellt.

(Griechische 20 Drachmenstücke werden bloss zum Einschmelzen übernommen.)

Ausserdem kauft die Reichshauptbank in Berlin und in gleicher Weise die Bankhauptstellen in Hamburg und Leipzig:

Österreich. Dukaten	zum Preise von M.	1370,772	pro Rauhkilogramm
Türkische Lire	„ „ „ „	1273,68	„ „

Bei Festsetzung dieser Preise wurde das Rauhkilogramm der betreffenden Sorte zu einer bestimmten Feinheit angenommen. Will man wissen, zu welcher Feinheit beispielsweise das Rauhkilogramm Sovereign angenommen wurde, wenn für dasselbe pro Pfund 1275,768 M. bezahlt wird, so hat man blos den Betrag pro Rauhpfund zu verdoppeln, um den Betrag zu erhalten, den die Bank für ein Rauhkilogramm bezahlt und diesen Betrag durch 2784 M. (2790 M., weniger Prägegebühr 6 M.) zu dividieren. 2551,536 M. : 2784 = 0,9165 M. = 916$^1/_2$ Tausendstel.

Goldstaub wird für Rechnung des Einlieferers eingeschmolzen und nach dem Schmelzergebnis zu den für Goldbarren geltenden Sätzen angekauft.

Gold in Barren wird blos von jenen Bankanstalten erworben, an deren Sitz sich eine Münzstätte oder staatliche Probieranstalt befindet, überdies aber auch in Bremen, Köln, Metz, Mülhausen, Strassburg.

Münzstätten befinden sich in Berlin, München, Dresden (jetzt Muldener Hütte bei Freiberg), Hamburg, Karlsruhe und Stuttgart.

Die Barren müssen mindestens 2$^1/_2$ kg wiegen und dürfen keinen geringeren Feinheitsgrad besitzen als $^{900}/_{1000}$.

Die Bank bezahlt das Pfund Feingold mit **1392 Mark.**

Der Ankauf von Silber ist bis auf weiteres sistiert.

D. Das Lombardgeschäft.

Die Reichsbank belehnt Gold und Silber, Wechsel, Wertpapiere und Waren.

Darlehen werden in Berlin, bei allen Zweiganstalten der Reichsbank an Jedermann erteilt, der sich als Inhaber der zu verpfändenden Objekte auszuweisen im stande ist.

Darlehen werden nicht erteilt: an Ehefrauen, welche die schriftliche Einwilligung des Ehemannes beizubringen nicht im stande sind, an aktive Subaltern-Offiziere, welche nicht die Einwilligung ihres Kommandeurs beibringen, ebenso nicht an Ausländer, wenn dieselben nicht am Orte der betreffenden Bankanstalt ein festes Domizil haben.

Der Lombardzinsfuss ist für Darlehen gegen Verpfändung von Gold und Silber dem Wechselzinsfuss gleich; für Darlehen auf Wertpapiere, Wechsel und Waren um 1% höher.

Die Zinsen sind bei Rückzahlung des Darlehens, spätestens aber alle 3 Monate und möglichst vor dem Schlusse des Kalenderviertels zu entrichten.

Die Zinsen werden nach Kalendertagen berechnet.

Wertpapiere werden je nach ihrer Sekurität mit $^3/_4$ oder $^1/_2$ des Kurswertes belehnt. Um sich darüber zu informieren, kann derjenige, welcher Wertpapiere durch die Reichsbank belehnen lassen will, dortselbst ein Verzeichnis der bei der Reichsbank beleihbaren Wertpapiere ausgefolgt erhalten.

Gold und Silber werden nach ihrem inneren Wert mit einem Abschlag von 5 vom Hundert beliehen.

Wechsel, inländische wie ausländische, werden mit einem Abschlag von mindestens 5 vom Hundert ihres Kurs(Nenn-)wertes beliehen. (Sichtwechsel werden nicht belehnt.)

Waren. Geeignet zur Beleihung im Lombard bei der Bank sind nur Kaufmannswaren von zweifellos guter Beschaffenheit, die sich am Orte selbst befinden und dem Verderben nicht leicht ausgesetzt sind; als Getreide, Mais, Ölsat, Flachs, Hanf, rohe und gebleichte Leinwand, baumwollenes Garn, Borsten, Leder, Häute, inl. Tabak in Blättern und Rollen, Eisen, Zinn, Blei, Pottasche, Materialwaren (welche keinem raschen Verderb unterworfen sind), Kaffee, Zucker und Holz, Rüböl und Spiritus.

Beleihungsgrenze:

Spiritus, Rüböl und Rohzucker werden mit höchstens $^2/_3$ des ermittelten Wertes beliehen; alle übrigen Waren nur mit 50%.

Die Anträge auf Warenbeleihung müssen stets schriftlich eingereicht und ihnen beigefügt werden:

1. ein Verzeichnis der zu verpfändenden Gegenstände mit Angabe der Zahl bezw. des Masses, Gewichtes, Preises sowie des Lagerortes.

2. die etwa vorhandenen Wage- oder Messatteste, Niederlagscheine und

3. die Feuerversicherungs-Police.

E. Das Effektengeschäft.

I. Der An- und Verkauf von Wertpapieren.

Allgemeines über Wertpapiere.

Man unterscheidet drei Hauptkategorien von Wertpapieren:

a) solche mit festem Zinsertrage (Schuldverschreibungen oder Obligationen) [Anlagepapiere],

b) solche mit veränderlichem Ertrage (Aktien) [Unternehmungs- bezw. Spekulationspapiere] und

c) solche mit in Form von Prämien verteiltem Ertrage (Prämienlose) [Spielpapiere].

Unter den Wertpapieren mit festem Zinsertrage stehen in erster Linie die Schuldverschreibungen von Staaten, Städten, Provinzen, Kreisen, Korporationen, Landschaften, Hypothekenbanken und industriellen Unternehmungen.

1. Staatspapiere und Öffentliche Anleihen.

Im allgemeinen Sinne bezeichnet man bisweilen mit „Staatspapiere" auch Obligationen von Provinzen und Kreisen; im engeren Sinne jedoch werden mit dem Ausdrucke Staatspapiere lediglich die Schuldverschreibungen des Staates bezeichnet, während die von Städten mit „Stadtobligationen", die von Kreisen mit „Kreisobligationen" zu definieren sind.

Man teilt die Staatspapiere in zwei Hauptarten ein:

1. In Papiere der fundierten Schuld und
2. „ „ „ schwebenden Schuld (Schatzscheine, Tresorscheine, Bons).

Unter Umständen kann sich der Staat auch durch andere unverzinsliche Anleihen, durch Ausgabe von „Noten", die nötigen Mittel verschaffen.

Kann der Staat dann diese Noten nicht im Sinne des im Texte derselben enthaltenen Versprechens gegen kurantes Metallgeld einlösen, hebt er die Bezahlung seiner Noten auf, so bezeichnet man dies mit Einführung des „Zwangskurses" für die Staatsnoten.

Es ist nur eine ganz naturgemässe Erscheinung, dass in einem solchen Falle das Ausland die Noten eines solchen Staates unter dem Metallwerte des dort gültigen Metallgeldes handelt.

Eine interessante Erscheinung tritt aber dann ein, wenn, wie dies z. B. in Österreich-Ungarn bis 1892 der Fall war, auch der Metallwert des Kurantgeldes ins Sinken kommt. In solchem Falle sind den anderen Staaten lediglich die allgemeinen Verhältnisse des in Notlage geratenen Staates massgebend.

Auch die Papiere der fundierten Schuld erscheinen wieder in zwei Formen:

1. Als Anleihen, bei denen der Staat eine bestimmte Verpflichtung in betreff der Tilgung und Rückzahlung eingegangen ist und

2. in Renten-Anleihen, bei denen der Staat dem Gläubiger lediglich die regelmässige Auszahlung einer Rente zusichert.

Die Renten-Anleihen kommen in zwei Formen im Verkehre vor.

Die erste Form besteht darin, dass das Nominale (der Nennwert) des Papiers angegeben ist und ein Prozentfuss die Höhe der auszuzahlenden Zinsen festsetzt; die zweite Form aber besteht darin, dass lediglich die Höhe der jährlich auszuzahlenden Zinsen auf dem Staatspapiere ersichtlich ist.

So lauten z. B. auf einen festen Nominalbetrag die Deutschen Reichs-Anleihen, die Kgl. Sächsischen Renten-Anleihen, die österr. und die ungarischen Staatsrenten, während auf den Zinsen-(Renten-)betrag die italienischen und älteren französischen Rententitel lauten.

Im Hinblicke auf Staatspapiere kann man als Regel annehmen, dass der Schuldner — der Staat — gleichgültig, ob die Tilgung bezw. Rückzahlung auf dem Papier selbst vorgesehen ist oder ob beim Eingehen der Schuld hierüber nichts festgesetzt wurde, berechtigt ist, das ganze Kapital der Anleihe zur Rückzahlung zum Nennwerte zu kündigen, es sei denn, dass ausdrücklich auf den Titres (einzelnen Stücken) die Erklärung aufgenommen erscheint, dass der Staat bis zu einem bestimmten Termine von der Einberufung der Papiere absieht.

Dieser Umstand hat nämlich in neuerer Zeit grosse Bedeutung, wo infolge des Sinkens des allgemeinen Zinsfusses die Staaten häufig sich dadurch ihre Zinsenlast erleichtern, dass sie die höherverzinslichen Anleihen zurückbezahlen und niedrigerverzinsliche neu ausgeben („Konversion“).

Es ist gewiss auf den ersten Blick klar, dass, wenn der Staat bei Ausgabe einer Anleihe von vornherein erklärt, dass er bis zu einem bestimmten Zeitpunkte auf das Recht der Einberufung verzichtet, eine solche Anleihe einen günstigen Ausgabepreis (Emissionskurs) erzielt.

So sind z. B. die 4% Deutschen Reichs-Anleihen im Jahre 1897 zurückberufen und in $3^1/_2$% Schuldverschreibungen konvertiert worden.

Auf den neuen Titres ist die Bestimmung enthalten, dass dieselben vor dem 1. April 1905 nicht zur Bar-Rückzahlung gekündigt werden können.

Ein interessantes Beispiel hierfür bilden auch die $5^1/_4$%igen Silber-Eisenbahn-Staatsschuldverschreibungen der Franz-Josef-Bahn.

Als der österreichische Staat die Franz-Josef-Bahn von der damals bestandenen Aktiengesellschaft käuflich übernahm, erklärte er sich damit einverstanden, die $5^1/_4$% Obligationen dieser Gesellschaft nach Massgabe des darauf angegebenen Tilgungsplanes zurückzuzahlen. Da nun die Tilgung successive bis 1960 erfolgt und somit der österreichische Staat verpflichtet ist, $5^1/_4$% zu bezahlen, werden diese Obligationen heute mit 127% gehandelt.

Die Öffentlichen Anleihen sind im Charakter den Staats-Anleihen ähnlich und werden fast genau so aufgebracht wie letztere.

Die Aufnahme erfolgt nämlich durch eine öffentliche Subskription oder durch freihändigen Verkauf an der Börse.

Zur Kategorie der öffentlichen Anleihen gehören die Schuldverschreibungen von Provinzen, Kreisen oder Städten.

Zu den inländischen Staatspapieren gehören auch die Obligationen derjenigen Eisenbahnen, die früher in Privat- oder Aktienbesitz sich befanden und nun in die Verwaltung des Staates übergegangen sind.

Ebenso sind lt. Gesetz v. 2./3. 1850 sowohl in betreff der Zinsen, als auch rücksichtlich der Rückzahlung des Kapitales die Preussischen 4% Rentenbriefe vom Staate unbedingt garantiert.

Diesen sind durch Erlass des Finanzministers die Hannoverschen, Schleswig-Holsteinschen und Pommerschen 4% Rentenbriefe im Sekuritätswerte gleichgestellt.

2. Aktien (Wertpapiere mit veränderlichem Ertrage).

Wesentlich verschieden von den festverzinslichen Obligationen ist die Aktie.

Während die Obligation ein Schuldverhältnis zwischen dem Aussteller und dem Inhaber bedingt, giebt die Aktie das Recht des Anteils an einem Unternehmen.

Da der Aktionär Anteil an dem Vermögen der Gesellschaft hat, behält er auch das Recht, auf die Verwaltung der Gesellschaft Einfluss zu nehmen. Dies geschieht in der Generalversammlung.

Je nach der Art, wie die Aktie übertragbar (verkäuflich) ist, unterscheidet man zwischen Inhaberaktien und Namenaktien. Die am häufigsten vorkommende Form ist erstere.

Aber auch in der Qualität der Aktien bestehen Unterschiede.

Die zuerst ausgegebenen und zur Aufbringung des Stammkapitals nötigen Aktien heissen „Stammaktien"; die dann aber zur Vergrösserung des Betriebsfonds zur Ausgabe gelangenden Aktien heissen „junge Aktien".

Benötigt eine minder gut situierte Gesellschaft neues Kapital, so nimmt sie von der Emission gleichberechtigter junger Aktien Umgang und giebt sogenannte Vorzugs-Aktien (Prioritäts-Aktien) aus.

3. Prämien-Anleihen (Lose).

Werden für eine Anleihe Zinsen nicht vergütet und die für die Verzinsung derselben bestimmten Summen in ungleichartiger Weise distribuiert, so bezeichnet man eine solche Anleihe als Prämien-Anleihe.

Zu diesen Anleihen zählen z. B.

die Ansb. Gunzenh. 7 fl.-Lose,
die Augsburger 7 fl.-Lose,
die Braunschweiger 20 Thaler-Lose.

Der Kurs der Prämien-Anleihen (Lose) ist — von wenigen Ausnahmen abgesehen — stets im Steigen begriffen. Fürs erste wachsen die kleinsten Treffer, bei den meisten Anleihen im Betrage nach und nach an, d. h. derjenige, auf dessen Anleihe der kleinste Treffer fällt, verliert nicht soviel und dann nimmt die Zahl der im Umlaufe befindlichen Lose ab, so dass die Gewinnstchance dadurch grösser wird.

Besorgung des Ein- und Verkaufes von Wertpapieren seitens der Reichsbank.

Die deutsche Reichsbank unterhält keinen eigenen Wertpapierbestand, sie betreibt das Geschäft des Ankaufes und Verkaufes von Wertpapieren nur auftragsweise.

Solche Anträge zum Ankaufe und Verkaufe werden von der Börsenabteilung des Kontors der Reichshauptbank in Berlin sowie von allen übrigen Bankanstalten entgegengenommen.

Aufträge auf Ankauf von Wertpapieren werden erst dann zur Ausführung gebracht, wenn der Ankaufsbetrag bar eingezahlt oder die erforderliche Geldsumme sicher gestellt ist.

Verkaufsaufträge werden nur zur Ausführung gebracht, wenn die Wertpapiere deponiert und in Ordnung befunden wurden.

Auf lombardfähige Wertpapiere, welche der Bank zum Verkaufe übergeben werden, giebt dieselbe Vorschüsse in der Höhe von 50—75 % des Kurswertes.

Gebühren.

A. Spezielle Gebühren, welche die Reichsbank für ihre Thätigkeit in Rechnung bringt.

Die Kommissionsgebühren der Bank für Wertpapier-An- bez. Verkauf betragen 1½ ‰ vom Nennwerte (mindestens aber 50 Pf. per Effektengattung).

B. Allgemeine, durch das Gesetz bestimmte Gebühren.

1. **Umsatzstempel** (Entrichtung durch Bekleben der Schlussnoten mit Reichsstempeln).

Siehe „Wissenswerte Daten betreffend den Schlussschein-, sowie den Effekten-(Fix-)Stempel, Seite

2. **Effektenstempel** (sogen. Fixstempel).

[Abgabe, welche für jedes Stück nur einmal zu entrichten ist.]

Siehe „Wissenswerte Daten betreffend den Schlussschein-, sowie den Effekten-(Fix-)Stempel, Seite

II. Diskontierung und Ankauf von verlosten und gekündigten Wertpapieren,

sowie von Steuervergütungs-Anerkenntnissen und Ausfuhrzuschussscheinen.

Schuldverschreibungen des Reiches, eines deutschen Staates oder inländischer kommunalen Korporationen, welche nach spätestens drei Monaten mit ihrem Nennwerte fällig sind, werden seitens der Reichsbank in Diskont genommen.

Die Diskontierung derartiger Wertpapiere unterliegt der Stempelabgabe nach Tarif Post 4 zum Reichsstempelgesetze vom 27./4. 1894.

Steuervergütungs-Anerkenntnisse (sog. Restitutions-Anweisungen) sowie Zucker-Ausfuhrzuschussscheine werden ebenfalls von den Bankanstalten für Rechnung des Reichsbank-Direktoriums unter Berechnung der Zinsen angekauft.

Beim Ankaufe werden mindestens 5 Tage Zinsen berechnet; für jedes einzelne Steuervergütungs-Anerkenntnis, bezw. für jeden Ausfuhrzuschussschein im Betrage von 100 M. und weniger werden jedoch mindestens 30, für jeden grösseren Abschnitt 50 Pf. an Zinsen berechnet.

F. Der Giro- und Checkverkehr der Reichsbank.

Die Giroeinrichtung der Reichsbank ist für alle Klassen der Bevölkerung gleichmässig durchgeführt.

Es werden also ebensogut Privatpersonen, wie Behörden, Anstalten und Kaufleuten Konti eröffnet.

Der Giroverkehr der Reichsbank wird eingeteilt:

a) in den freien Giroverkehr — dieser findet als uneingeschränkter Verkehr nur bei der Reichshauptbank, den Reichsbankhauptstellen und den Reichsbankstellen statt —,

b) in den beschränkten Giroverkehr — dieser findet bei den Banknebenstellen statt.

Wird einer Partei ein Konto eröffnet, so erhält dieselbe ein Konto-Gegenbuch, sowie die für den Giroverkehr nötigen Drucksorten.

Bare Einlagen, sowie bei der Reichsbank zahlbare Checks und Wechsel, endlich auch der Erlös von Diskontwechseln oder erteilte Lombard-Darlehen werden dem Girokonto sofort gutgeschrieben.

Beispiel: L. Richter, Leipzig übergiebt der Reichsbank-Hauptstelle in Leipzig Bargeld zur Gutschrift auf das Girokonto und lässt sich zugleich auch den Erlös von Diskontwechseln gutbringen.

Formular zur Einzahlung eines Geldbetrages für eigene Rechnung.

(Für Firmen, welche ein Girokonto bei der Reichsbank besitzen.)

Zur Gutschrift auf das Girokonto von

L. Richter

erfolgen anbei:

1.	in bar	a) in Gold	M. *1700.—*		
		b) „ Silber	„ *155.—*		
		c) „ Papiergeld	„ *2000.—*		
		d) „	„	M.	*3855.—*
2.	in Verrechnungen	a) in Diskontierungen	M. *11 956.55*		
		b) „ Lombarddarlehen	„		
		c) „ Domizilwechseln	„		
		d) „ Zinsscheinen	„		
		e) „	„	„	*11 956.55*
3.	in Platzübertragungen		M.		
			„		
			„		
			„	„	
			zusammen	M.	*15 811.55*

Leipzig, den *15./7. 1900*

Die der Reichsbank zur Einziehung übergebenen Wechsel, Anweisungen, Rechnungen und sonstigen Papiere werden im Haben des Konto-Gegenbuchs sofort vor die Linie gestellt; die endgültige Gutschrift erfolgt erst nach Eingang.

Unbezahlt gebliebene Papiere erhält der Konto-Inhaber zurück; auf die Protestierung der Wechsel lässt sich die Bank nicht ein.

Siehe auch „Das Einziehungsgeschäft“.

Über sein Guthaben kann der Konto-Inhaber in beliebigen Teilbeträgen jederzeit mittels Check verfügen.

Beispiel: L. Richter, Leipzig überweist aus seinem Guthaben mittels eines roten Checkes Beträge an Geschäftsfreunde, die gleichfalls Girokonti bei der Reichsbank besitzen.

Giro-Übertragungen nach auswärts.

(Formular für Giro-Konten-Inhaber.)

Giro-Übertragungen nach auswärts.

(Rotes Papier.)

	Betrag		dem Konto an	in
M	*10000*	—	*Hermann Weigelt*	*Berlin*
„	*3000*	*50*	*Walter Krause*	*Aachen*
„	*3250*	—	*Kurt Eberhard*	*Braunschweig*
„	*2000*	—	*Francke & Co.*	*Celle*
„	*1749*	*50*	*Pönnike & Sohn*	*Duisburg*
Summa: *M*	*20 000*	—	Mit Bustaben: *Mark Zwanzigtausend Rw.*	

Die Reichsbank wolle die in dem vorstehenden Verzeichnisse aufgeführten Beträge den Giro-Konten der bezeichneten Personen überweisen und dafür auf Grund des beifolgenden roten Checks No. *11056* belasten das Giro-Konto:

Leipzig, den *1. Juli 1901.*

L. Richter.

Zur Zahlbarstellung von Accepten bei der Bank bedarf es der Ausstellung von Checks nicht.

Beispiel: L. Richter, Leipzig stellt bei der Reichsbank-Hauptstelle in Leipzig sein Accept; Order Franke & Co. zahlbar.

Formular für bei der Reichsbank zahlbar gestellte Wechsel
(Domizilwechsel) [Lichtgelbes Papier.]
Formular für Firmen, welche ein Girokonto bei der Reichsbank besitzen.

Verzeichnis

der auf *L. Richter* gezogenen bei der Reichsbank-*Hauptstelle* in *Leipzig* zahlbar gestellten Wechsel.

Lfde. Nr.	Betrag		Fällig am		Aussteller	Ordre
1492	*M. 2950*	—	*Sept.*	*15.*	*Franke & Co.*	*Eigene*
	M. 2950	—	Sa. geschrieben M.: *Zweitausendneunhundertfünfzig.*			

Die Reichsbank-*Hauptstelle* wolle $\frac{\text{meine}}{\text{unsere}}$ endstehend bezeichneten Accepte einlösen und die bezahlten Beträge von $\frac{\text{meinem}}{\text{unserem}}$ Giro-Konto abschreiben.

Leipzig, den *14 ten Sept. 1900.*

L. Richter.

*) Das vorstehend eingezeichnete, von der Reichsbank-*Hauptstelle* in *Leipzig* zu Lasten $\frac{\text{meiner}}{\text{unserer}}$ Giro-Kontos eingelöste *1* Stück Wechsel im Betrage von *2950* M. *—* Pf. empfangen zu haben, bescheinige

Leipzig, den *16./9. 1900.*

L. Richter.

*) Bei Empfangnahme des von seiten der Reichsbank eingelösten Wechsels.

Bare Abhebungen werden durch weisse Checks bewerkstelligt, welche auf eine bestimmte Person mit dem Zusatz: „oder Überbringer" lauten.

Soll dagegen der Check nur zur Verrechnung mit der Reichsbank oder einem Konto-Inhaber benutzt werden, so muss er gekreuzt, d. h. auf der

Vorderseite mit dem quer über den Text geschriebenen oder gedruckten Vermerke versehen werden: „Nur zur Verrechnung."

In diesem Falle wird der Betrag von seiten der Bank nicht bar ausbezahlt.

Zu Übertragungen auf Konten an demselben oder an einem andern Bankplatz sind die roten Check-Formulare bestimmt. Sie müssen auf den Namen ausgestellt werden und sind nicht übertragbar.

Die Check-Formulare werden jedem Konto-Inhaber nach Bedarf in Heften zu mindestens 50 Stück gegen Quittung ausgefolgt.

Um auch solche Personen oder Firmen, welche nicht gewillt sind, sich ein Girokonto bei der Reichsbank eröffnen zu lassen, an den Vortheilen des Giroverkehrs teilnehmen zu lassen, ist die Einrichtung getroffen, dass auch von Personen, welche kein Girokonto besitzen, bare Einzahlungen zu Gunsten von Kontobesitzern bei allen Bankanstalten entgegengenommen werden.

Der Einzahler erhält zu diesem Zwecke bei der Bankanstalt kostenfrei einen Lieferzettel, den er entsprechend auszufüllen hat.

(Beispiel und Formular siehe Seite 127.)

Die Gebühr für die Überweisung beträgt 10 Pf. für jede 1000 Mark oder einen überschiessenden Teil derselben, mindestens aber 30 Pf. für jeden zu überweisenden Einzelbetrag.

Auch für Personen, die dem Giroverkehre nicht angehören, können Einzahlungen bewerkstelligt werden.

Beispiel: Burger & Sohn, Leipzig (die dem Giroverkehr der Reichsbank nicht angehören) zahlen für Jemanden, der gleichfalls dem Giroverkehre nicht angehört, einen Barbetrag ein.

(Formular siehe Seite 128.)

Um endlich die Zahlungsausgleichungen noch mehr zu erleichtern, wurden seitens der Reichsbank an den bedeutendsten Handelsplätzen des Deutschen Reiches Abrechnungsstellen (Clearing-Häuser) errichtet.

Solche Stellen bestehen derzeit in Berlin, Bremen, Breslau, Dresden, Elberfeld, Frankfurt a. M., Hamburg, Köln, Leipzig und Stuttgart.

Die Reichsbank wie die Mitglieder der Abrechnungsstelle der betr. Stadt entsenden werktäglich zur bestimmten Zeit einen legitimierten Vertreter zur Abrechnungsstelle, auch wenn sie keine Papiere einzuliefern haben.

Nach beendeter Ein- und Rücklieferung summiert jeder Vertreter die Debet- und Kreditkolonnen seines Abrechnungsblattes und ermittelt durch Saldieren des letzten, was sein Haus im ganzen schuldet bezw. zu fordern hat.

Mitglieder der Abrechnungsstelle der Reichsbank zu Leipzig: Allgemeine Deutsche Kreditanstalt; Becker & Co.; Bruhm & Schmidt; Credit- und Spar-Bank; Frege & Co.; Hammer & Schmidt; Knauth, Nachod & Kühne; Leipziger Bank; Meyer & Co.; H. C. Plaut; Privatbank zu Gotha, Filiale Leipzig; Filiale der Sächsischen Bank zu Dresden; J. G. Salefsky; Vetter & Co.

Beispiel: Otto Lenhart, Leipzig (welcher kein Konto bei der Reichsbank besitzt) erlegt einen Betrag zur Gutschrift auf das Konto eines Girokonto-Inhabers.

Formular für Personen (Geschäftshäuser Firmen) welche kein Girokonto bei der Reichsbank besitzen.

b) Bei Einzahlung eines **Nicht-Girokonto-Inhabers** an den **Inhaber eines Giro-Kontos.**

Anbei erfolgen zur Gutschrift auf das **Girokonto** von:

	M.	Pf.	Provision: M.	Provision: Pf.
C. H. Donner in *Hamburg* Girokonto bei der Reichsbank in	*3000*	—	—	*30*
.... in .... Girokonto bei der Reichsbank in				
zusammen:	*3000*	—	—	*30*

und zwar

M. *2000,—* in Papiergeld,
„ *990,—* „ Gold,
„ *10,—* „ Silber
M. *3000,—* wie oben.

Leipzig, den *15./7. 1900.*

(Unterschrift und Wohnung bezw. Wohnort des Einzahlers)

Otto Lenhart
Katharinenstr. 11.

Anbei erfolgen zur Gutschrift auf das **Girokonto** von:

	M.	Pf.
C. H. Donner in *Hamburg* Girokonto bei der Reichsbank in	*3000*	—
.... in .... Girokonto bei der Reichsbank in		
zusammen:	*3000*	—

Mark: *Dreitausend*
(in Buchstaben)

Leipzig, den *15. Juli 1900.*

(Unterschrift des Einzahlers)

Otto Lenhart, Katharinenstr. 11.

Betrag empfangen.

Leipzig, den *15. Juli 1900.*

(Deutscher Adler.) **Reichsbankhauptstelle**
Klemens. Schröder.

Zur Beachtung: Die Angabe einer dritten Person, für deren Rechnung die Einzahlung stattfindet, wird nicht berücksichtigt. Es bleibt Sache des Einzahlenden, den Empfänger des Geldes über den Zweck der Zahlung selbst zu unterrichten.

Formular für Personen (Geschäftshäuser, Firmen) welche kein Giro-Konto bei der Reichsbank besitzen.

a) Bei Einzahlung von seiten eines **Nicht-Girokonto-Inhabers** zur Wiederauszahlung an einen **Nicht-Girokonto-Inhaber.**

Um Wiederauszahlung beifolgender:	Provision	
No. *163* M. *350* an *Leonhard Schober* in *Stuttgart*	—	*30*
" " — " — "		
" " — " — "		
wird gebeten.		

LEIPZIG, den *15 ten Juli 1900.*

Burger & Sohn.
Pfaffendorferstrasse 19.

Empfangs-Bescheinigung.

(Deutscher Adler)

Reichsbank.

(Deutscher Adler)

Von Herr*en* *Burger & Sohn* haben wir heute

Mark *350.—*

buchstäblich *Dreihundertfünfzig Mark Rw.*

gezahlt erhalten, um diese Summe durch die Reichsbank*haupstelle* in *Stuttgart* an *Herrn Leonhard Schober* wieder auszahlen zu lassen, sobald d*er*selbe sich zur Empfangnahme des Geldes bei ihr melden w*i*rd. Die Quittung über die erfolgte Auszahlung wird dem Einzahler nicht ausgeliefert, verbleibt vielmehr im Besitze der Bank.

(Es wird vorbedungen, dass die Einlösung nach Wahl der Zahlstelle in Metallgeld oder Banknoten, jedoch nicht vor Eingang des Avises erfolgen darf.)

Eine Zession der Bescheinigung ist unstatthaft.

Leipzig, den *15 ten Juli 1900.*

Eingetragen Kassa-Fol. *119.*

Reichsbankhauptstelle.

Klement. *Schröder.*

Eingetragen Kassa-Kto. *645.*

G. Das Depositengeschäft.

I. Die Aufbewahrung verschlossener Depots.

Die Reichsbank übernimmt an allen Bankstellen, soweit im Tresor Raum vorhanden ist, verschlossene Depositen zur Aufbewahruug.

Die Deponierung muss von seiten des Besitzers selbst erfolgen; er hat einen bezüglichen Einlieferungszettel auszufüllen.

Das Lagergeld beträgt je nach dem Umfange des Deposites 10 bis 30 Mark pro Jahr.

II. Die Aufbewahrung und Verwaltung offener Depots.

Die Aufbewahrung und Verwaltung von Wertpapieren (sog. „offene Depots“) übernimmt ausschliesslich die Reichs-Hauptbank in Berlin in einer besonders zu diesem Zwecke geschaffenen Abteilung, dem Kontor der Reichsbank für Wertpapiere.

Sie übernimmt die Papiere mit der Verpflichtung, 1. die zu denselben gehörigen Zins- und Gewinnanteilscheine an den Fälligkeitstagen einzuziehen, 2. die in der Allg. Verlosungstabelle des Deutschen Reichsanzeiger während der Aufbewahrungsdauer erscheinenden Verlosungslisten nachsehen zu lassen, die Einlösung verloster Stücke zu besorgen und auch sonstige zur Wahrung der Interessen des Deponenten notwendigen Massnahmen zu treffen.

Für die mit dieser Leistung verbundene Mühewaltung ist eine Gebühr von $^1/_2$% (und bei im Auslande ausgestellten Papieren von $^3/_4$%, mindestens aber 2 M. und bei Losen 3 M. per Depotschein) zu entrichten. Das Jahr wird von dem 1. des Monates, in welchem die Niederlegung stattfindet, bis zum 1. des entsprechenden Monates im nächsten Jahr gerechnet.

III. Die Annahme von Depositengeldern.

Die Reichsbank übernimmt gegen Quittungsbücher Geldeinlagen, verzinst dieselben jedoch nicht.

Das darüber erteilte Quittungsbuch ist nicht übertragbar.

Die erste Einlage muss mindestens 150 Mark betragen.

Alle, auch die späteren Einlagen, müssen durch 10 teilbar sein.

Die Rückzahlung der Einlagen erfolgt auf Wunsch jederzeit.

Sie kann sich auf einen Teil des Guthabens beschränken, derselbe darf aber nicht unter 50 Mark betragen.

H. Das Geldüberweisungsgeschäft.

Bei allen Bankanstalten werden Geldsummen zur Auszahlung an Dritte, welche sich am Sitze einer anderen Bankanstalt befinden, gegen Quittung übernommen.

Der Einzahler hat zu diesem Behufe ein Formular, welches die nötigen Angaben enthält, auszufüllen und zu vollziehen.

Telegraphische Geldüberweisungen führt die Reichsbank nicht aus.

Auf Wunsch der Parteien geben die Bankanstalten auch Anweisungen auf in anderen Städten befindliche Bankanstalten behufs Durchführung der Geldüberweisung aus.

Es zahlt die Partei auf einem Platze den Betrag ein und erhält dagegen eine Anweisung auf den anderen Platz auf den Namen bezw. die Order dessen gestellt, dem die Partei den Betrag überweisen will.

Diese Bankanweisung sendet die Partei sodann in eingeschriebenem Briefe dem als Gläubiger auf der Anweisung Genannten, der sodann auf seinem Platze bei der Bankanstalt den Geldbetrag erhebt.

Die Gebühr beträgt $^1/_5$ ‰; mindestens aber 50 Pf. per Anweisung.

Endlich giebt die Reichsbank auch einfache und Zirkular-Akkreditive aus.

Ein solches Akkreditiv lautet:

„Dem Herrn ...... wird hierdurch ein bei der Reichsbankhauptstelle in .... und bei der Reichsbankstelle in ...... bis zum ... ten .... d. J. nach Belieben zu benutzender Kredit bis zum Gesamtbetrage von

Mark ....

buchstäblich Mark ═══════════

zur Verfügung gestellt.

....

Als Sicherstellung hierfür hat die Partei Bargeld oder lombardfähige Papiere bei der Bankstelle zu deponieren.

Die Gebühr für die Ausstellung des Akkreditivs beträgt $^1/_2$‰ vom Betrage, auf welchen dasselbe lautet.

J. Das Einziehungsgeschäft.

Wechsel, Anweisungen, Checks auf inländische Bankhäuser, welche einer Abrechnungsstelle nicht angehören und Papiere aller Art, welche auf Markwährung lauten und an einem Bankplatz zahlbar sind, nimmt jede Reichsbankanstalt zur Einziehung an und berechnet hierfür eine Gebühr von 1 vom Tausend (mindestens 50 Pf.), sowie das selbst auszulegende Porto.

Die zur Einziehung übergebenen Wechsel dürfen keine längere als eine 14tägige Laufzeit haben.

Sie sind mit Giro an die Bankanstalt des Zahlungsortes und dem Zusatz „zum Inkasso" und, wenn sie weniger als 5 Tage zu laufen, haben mit der Erklärung: ohne Verbindlichkeit zur rechtzeitigen Präsentation bezw. Protesterhebung zu versehen.

Von den Kassendienern der Reichshauptbank werden bei der Wechseleinziehung in Berlin auch Checks auf der Reichsbank in Zahlung genommen.

Die Checks müssen gekreuzt und mit dem Vermerk: „Nur zur Verrechnung" und dem Zusatze: „Auf Wechsel über Mark: .... pro ...." versehen sein.

Der Diener händigt dem Wechselschuldner eine Bestätigung über den empfangenen Check aus, wogegen der Betreffende sodann bei der Reichsbank den Originalwechsel erheben kann.

Beispiel: L. Richter, Leipzig übergiebt der Bankhauptstelle in Leipzig einen Wechsel auf Dresden zur Einziehung.

(Formular siehe nächste Seite.)

Formular für der Reichsbank zur Einziehung (zum Inkasso) zu übergebende Versandwechsel und Checks.

(Rosafarbiges Papier.)

Der Reichsbank-*Hauptstelle* hierselbst überweise *ich* zur gefälligen Einziehung *und Auszahlung*

per ——

$\frac{\text{mit}}{\text{(ohne)}}$ Kosten M. *450*, — per *15* ten *Juli 1900*

auf *Wilhelm Krause, Dresden*

Leipzig, den *5* ten *Juli 1900.*

L. Richter.

No. *179*

Von de*m* Herr*n* *L. Richter*
sind zur Einziehung eingeliefert worden:

	ℳ	₰	
	450	—	*auf Wilhelm Krause, Dresden*

LEIPZIG, den *5* ten *Juli 1900.*

Reichsbankhauptstelle.

Klement. *Schröder.*

	ℳ	₰
Den Betrag der eingegangenen	*450*	—
nach Abzug der Gebühren von	—	*50*
	449	*50*

von der Reichsbankhauptstelle erhalten.

LEIPZIG, den *18* ten *Juli 1900.*

(Unterschrift) ***L. Richter.***

*) Die Mangels Zahlung zurückgekommenen ℳ .... gegen Vergütung der Gebühren von ℳ .... von der Reichsbankhauptstelle hierselbst zurückerhalten.

LEIPZIG, den .... ten 190

(Unterschrift) ....

*) Wird nur in dem Falle ausgefüllt, als der Wechsel nicht bezahlt worden ist.

Beispiel: L. Richter, Leipzig übergiebt der Bankhauptstelle in Leipzig Platzwechsel zur Einziehung und Gutschrift auf Girokonto.

Formular für der Reichsbank zur Einziehung (zum Inkasso) zu übergebende Platz-Wechsel und Checks.
(Formular für Girokonten-Inhaber.)

Verzeichnis

der der Reichsbank am *24*ten *Juli* 19*00* zum Inkasso und zur Gutschrift auf das Giro-Konto *L. Richter* überreichten Papiere per *25*ten *Juli* 19*00*

1. Die einzukassierenden Wechsel, Anweisungen, Checks, Rechnungen und sonstigen Papiere müssen am Einlieferungsorte in Mark zahlbar sein und an dem dem Verfall- resp. Einziehungstage unmittelbar vorhergehenden Werktage vormittags eingeliefert werden.
2. Bei jedem Papier ist, soweit erforderlich, das Geschäftslokal event. die Wohnung des Zahlungspflichtigen genau zu bezeichnen.
3. Die Verzeichnisse sind vom Einlieferer zu summieren.
4. Fehlt eines der vorstehend unter 1 bis 3 aufgestellten Erfordernisse, so werden die Papiere dem Einlieferer unerledigt zurückgegeben.
5. Die nachteiligen Folgen jeder irrtümlichen Angabe in den Verzeichnungen, z. B. hinsichtlich der Summe, trägt allein der Einlieferer, da die Bank sich auf eine Prüfung der Papiere selbst nicht einlässt.

Lfde. No.	Name der Zahlungsadresse	Einzuziehender Betrag M.	Pf.	Lfde. No.	Name der Zahlungsadresse	Einzuziehender Betrag M.	Pf.
1	*Franz Kellner*	*615*	—	9			
2	*Anton Herwegh*	*1412*	*50*	10			
3	*Lienhardt & Co.*	*865*	*85*	11			
4	*Diskonto- u. Kredit-Bank*	*2956*	*50*	12			
5				13			
6				14			
7				15			
8				16			
	Spalte I	*5849*	*85*		Spalte II	—	—
					dazu dto. I	*5849*	*85*
					Total	*5849*	*85*

IV.

Wissenswerte Daten über die Versendung von Waren durch die Eisenbahnen.

A. Der Frachtbrief.

I. Allgemeines über Frachtbriefe.

Jede Sendung muss von einem, von einer deutschen Eisenbahnverwaltung gestempelten Frachtbriefe begleitet sein.

Frachtbriefe.

Je nachdem die Beförderung als Eilgut (Schnellzugsgut) oder Frachtgut (gewöhnliche Fracht) erfolgen soll, ist ein weisser bezw. ein am oberen und unteren Rande karminrot gestreifter Frachtbrief zu verwenden.

Für Sendungen nach dem Auslande sind **internationale Frachtbriefe** zu verwenden und zwar

1. mit **deutschem** Vordruck,
nach Österreich-Ungarn, Luxemburg, der deutschen Schweiz und Rumänien;

2. mit deutsch-französischem Vordruck,
nach Belgien, Frankreich, Spanien, Niederlande und der französischen Schweiz;

3. mit deutsch-französ.-italienischem Vordruck,
nach Italien;

4. mit deutsch-russischem Vordruck,
nach Russland (internationaler Frachtbrief für den Frachtverkehr selbst; 1 Frachtbrief mit dem Aufdruck „Zolldokument" für die Zollmanipulation) [im Verkehre mit Alexandrowsk, Grapno, Mlawa und Wirballen genügen 2 deutsche Frachtbriefe].

Sogenannte **Verbandsfrachtbriefe** stehen in Verwendung für Sendungen nach folgenden Ländern:

1. deutsch-skandinavischer Frachtbrief,
   a) dänischer Frachtbrief nach Dänemark,
   b) schwedischer Frachtbrief nach Schweden-Norwegen;

2. deutsch-serbischer Frachtbrief,
Serbien;

3. deutsch-bulgarisch-türkischer Frachtbrief,
Bulgarien, Türkei;

4. Deutsch-Levante-Frachtbrief,
nach den Binnenstationen der orientalischen und bulgarischen Bahnen bei der Wahl des vereinigten Land- und Seeweges (Hamburg-Orienthäfen per deutscher Levante-Linie). 2 Levante-Frachtbriefe auf bläulichem Papier.

Nach den Hafenplätzen Alexandrien, Piräus, Syra, Smyrna, Salonik, Dedeagatsch, Konstantinopel, Burgas, Varna, Galatz, Braila, Odessa etc. 2 Levante-Frachtbriefe auf weissem Papier.

II. Die Ausfüllung der Frachtbriefformulare.

a) Die Adresse.

Der Frachtbrief hat an eine bestimmte Person oder Firma zu lauten.

Unbestimmte Adressen, wie: „an Order", „an den Vorzeiger des Frachtbriefduplikates" oder „an die Expedition der Empfangsstation" sind unstatthaft und es werden solche Frachtbriefe von der Übergabsstation unbedingt zurückgewiesen.

Bei Sendungen nach Russland ist die Angabe der Strassen und Hausnummer unbedingt erforderlich, da Sendungen, auf deren Frachtbrief diese Daten fehlen, die Grenze nicht passieren dürfen.

b) Die Abgabestation.

Als Ort für die Ablieferung der Sendung gilt die vom Versender bezeichnete Bestimmungsstation.

Frachtbriefe, welche blos den Wohnort des Empfängers enthalten, nicht aber die Angabe der Eisenbahnstation, bis zu welcher die Beförderung verlangt wird, werden zurückgewiesen.

Die Bestimmung, dass der Versender die Eisenbahn anzugeben habe, an welcher die Bestimmungsstation liegt, gilt lediglich für die Benutzung von internationalen Frachtbriefformularien; bei Benutzung von deutschen Frachtbriefen ist die Angabe nur nötig, wenn dieselbe die Station näher bezeichnen soll, oder wenn der Versender unter mehreren Bahnen, welche nach dem betreffenden Bestimmungsorte gehen, die Auswahl trifft.

c) Der Transportweg.

Die Angabe des Beförderungsweges ist bei gewöhnlichen Frachtgutsendungen nicht statthaft, da die Eisenbahn berechtigt und anderseits auch gehalten ist, den kürzesten, den Tarifen entsprechenden Beförderungsweg auszuwählen.

Bei eilgutmässig zu befördernden Gütern, sowie bei Sendungen, welche einer zoll- oder steueramtlichen Abfertigung unterliegen, kann der Versender angeben, welchen Weg das Gut zu nehmen habe, um auf einer bestimmten Station zur zoll- oder steueramtlichen Abfertigung übergeben zu werden.

Beispiel betreffend die Ausfertigung des Frachtbriefes mit Rücksicht auf die sub a—e vorgeführten Punkte.

An .... *Herrn Kurt Haller* ....

.... *in Firma Haller & Co., Eisenhandlung* ....

in .... *Leipzig, Grimmaische Strasse 15* ....

Station .... ***Leipzig, Dresdener Bahnhof*** ....

der .... *Bahnlagernd* .... Eisenbahn

Etwa beantragter Transportweg } ....

---

d) Signatur der Versandgüter und Anzahl derselben.

Die Signatur der Versandgüter erfolgt zumeist durch Buchstaben in Kombination mit Zahlen, z. B. L. M. 14 911; seltener wird das Objekt mit der ganzen Adresse des Empfängers beschrieben oder überklebt.

Die Eisenbahn kann aber auch verlangen, dass alle Stückgüter mit der Bezeichnung der Bestimmungsstation versehen sind; im Gegenfalle ist sie berechtigt, gegen Erhebung einer Gebühr von 5 Pf. per Kollo, diese Bezeichnung durch ihr Personal vornehmen zu lassen.

e) Art der Verpackung.

Diese Rubrik hat nähere Angaben darüber zu enthalten, in welcher Art die Versandware verpackt wird.

So kann die Bezeichnung lauten: Ballen, Säcke, Fässer, Kisten, Körbe oder Karnister; dagegen ist die allgemeine Bezeichnung „Kollo“ oder „Kolli“ unzulässig.

Die Güter selbst können entweder unverpackt, teilweise verpackt oder vollständig verpackt der Versandstation zugeliefert werden.

Wird ein Gut mit Mängeln in der Verpackung oder unverpackt der Versandstation zugeliefert, so hat der Versender den Mangel der Verpackung durch Ausfertigung eines Reverses, auf welchem im Frachtbriefe Bezug genommen sein muss, anzuerkennen.

Der bezügliche Vermerk im Reverse könnte etwa lauten: „Mangelhaft verpackt laut Revers vom heutigen Tage“ oder „Unverpackt; Revers vom . . . . .“

Formular eines Reverses, welchen der Versender einer nicht verpackten oder mangelhaft verpackten Bahnsendung auszustellen hat.

Firma der Eisenbahn-
Verwaltung.

....

Erklärung.

Die Güter-Abfertigungsstelle der preussischen Staatsbahn zu ......Halle...... hat auf ....mein.... Ersuchen folgende Güter, welche laut Frachtbrief vom heutigen Tage in nachstehender Weise bezeichnet sind, zur Eisenbahn-Beförderung nach ....Magdeburg.... von ......mir...... angenommen, nämlich:

......L. K. 42, 5 Nähmaschinen......

....

....

..Ich.. erkenne.... hierbei ausdrücklich an, dass diese Güter (unverpackt) in nachbeschriebener mangelhafter Verpackung

......Die Untergestelle unverpackt,......

..die Maschine in Stroh und Leinwand verpackt..

....

....

aufgegeben sind, und dass dieses auf dem Frachtbriefe von ..mir.. anerkannt ist.

..Halle a. S....., den ...15. Juli 1900....

Franz Hermann
Nähmaschinen-Fabrikant.

---

f) Inhalt der Warensendung.

Die Inhaltsangabe im Frachtbriefe soll sich möglichst an die handelsgebräuchlichen bezw. an die in der Güterklassifikation angegebenen Benennungen anschliessen.

Sie ist wenn möglich, mit der im Gesetze vom 20./7. 1879 enthaltenen Bezeichnung für die Statistik des Warenverkehrs in Übereinstimmung zu bringen.

Unzulässige Inhaltsangaben sind: „Kolonialwaren“, „Öle“, „Kaufmannsgut“, „Messgut“, „Chemikalien“.

Zulässige Inhaltsangaben sind: „Drogen“, „Sammelgut“, „Chemische Präparate“, „Kurzwaren“, „Manufakturwaren“.

Auf dem Frachtbriefe muss die Erklärung abgegeben werden, dass die Sendung keine Güter enthält, welche nach der Verkehrsordnung für Eisenbahnen von der Beförderung ausgeschlossen sind.

Bei Holzwaren ist anzugeben, ob dieselben roh, bearbeitet, gefärbt oder ungefärbt sind; bei Eisenwaren, ob dieselben grob oder fein bearbeitet sind.

g) Das Gewicht der Versandwaren.

Die Eisenbahn ist verpflichtet, auf Verlangen des Versenders bei Aufgabe das Gewicht der Güter unentgeltlich festzustellen.

Ist das Gewicht in der Rubrik „Wirkliches Bruttogewicht“ nicht ausgefüllt, so wird angenommen, dass der Versender die Feststellung des Gewichtes durch die Bahn wünscht.

Bei Waggonladungen ist das Gewicht des Waggons von Interesse. Dasselbe ist aussen auf den Waggons angegeben, kann aber auf Verlangen des Versenders speziell festgestellt werden.

Beispiel, betreffend die Ausfüllung der Rubriken d—g des Frachtbrief-Formulars.

Zeichen und Nummer	Anzahl	Art der Verpackung	Inhalt	Wirkliches Brutto-Gewicht Kilogramm	Abgerundetes zur Berechnung zu ziehendes Gewicht Kilogramm
L. R.	*1*	*Ladung*	*Sammelgut*		
2416					
Die Sendung enthält keine Güter, welche nach § 50 der					
Verkehrsordnung von der Beförderung ausgeschlossen sind.					
		Spezifikation umstehend.			

Auf der Rückseite des Frachtbriefes:

Spezifikation:

1.	*3 Kisten Beschläge aus rohem Eisenblech*	*1625 kg*
2.	*25 Packete Nägel*	*150 „*
3.	*5 lose Maschinenteile*	*3080 „*
4.	*125 gusseiserne Ofenthüren*	*365 „*
	158 Stück	*5220 kg*

*Position 1 u. 2 zur Weiterbeförderung an die Herren **Wallner & Co.**, Magdeburg.*
*„ 3 „ 4 „ „ „ **F. Köllner**, Halle.*

Ohne Verbindlichkeit für die Eisenbahn.

---

h) Sonstige zulässige Erklärungen.

In dieser Kolonne sind die dem Frachtbrief beigegebenen Dokumente zu spezifizieren; z. B.: „Mit Begleitschein I No. 116", „Zur Verzollung bei dem Nebenzollamte Bodenbach".

Besondere Klauseln über die Verladungs- und Beförderungsweise, wie z. B. „Tonnen aufrecht zu stellen" oder „Gut und sorgfältig auszuladen" oder „Gut vor Sonne zu schützen", ziehen für die Eisenbahnverwaltungen keine Verbindlichkeiten nach sich.

Der Absender einer ins Ausland gehenden Ware ist verpflichtet, dem Frachtbriefe diejenigen Begleitpapiere beizugeben, welche zur Erfüllung der etwa bestehenden Zoll-, Steuer- oder Polizeivorschriften vor der Ablieferung an den Empfänger erforderlich sind.

Die Annahme des Frachtbriefes ohne die erforderlichen Begleitpapiere kann sohin verweigert werden.

i) Die Deklaration des Interesses an der rechtzeitigen Lieferung.

Die Lieferfristen betragen:

a) für Eilgut:
   1. Expeditionsfrist . . . . 1 Tag
   2. Transportfrist für je (auch nur angefangene) 300 km . . 1 Tag

b) für Frachtgut:
   1. Expeditionsfrist . . . . 2 Tage
   2. Transportfrist bei einer Entfernung bis zu 100 km . . 1 Tag
      „ „ grösseren Entfernungen für je (auch nur angefangene) weitere 200 km . . 1 Tag

Die Lieferzeit beginnt mit der auf die Abstempelung des Frachtbriefes folgenden Mitternacht und gilt als eingehalten, wenn das Gut dem Empfänger nach Massgabe der angegebenen Tage bahnamtlich zugestellt oder avisiert wurde.

Ist der auf die Auslieferung des Gutes folgende Tag ein Sonn- oder Festtag, so beginnt bei Frachtgut die Lieferfrist 24 Stunden später.

Hat eine Deklaration des Interesses an der Lieferung stattgefunden, so tritt im Falle der verspäteten Lieferung seitens der Bahnverwaltung die Schadenersatzpflicht ein.

1. Ist das Interesse an der Lieferung **nicht** versichert, so wird bei verspäteter Lieferung vergütet:

a) ohne Nachweis des Schadens:

bei einer Verspätung von	12—24 Stunden	$^1/_{10}$;
„ „ „ „	2 Tagen	$^2/_{10}$;
„ „ „ „	3 „	$^3/_{10}$;
„ „ „ „	4 „	$^4/_{10}$;
„ längerer Dauer als 4 Tage		$^5/_{10}$

der Fracht.

b) beim Nachweis eines thatsächlich erlittenen Schadens ein Betrag bis zur Höhe der Fracht.

2. Hat eine Deklaration des Interesses an der Lieferung stattgefunden, so wird vergütet:

a) ohne Nachweis des Schadens:

bei einer Verspätung von	12—24 Stunden	$^2/_{10}$;
„ „ „ „	2 Tagen	$^4/_{10}$;
„ „ „ „	3 „	$^6/_{10}$;
„ „ „ „	4 „	$^8/_{10}$;

von längerer Dauer die ganze Fracht; höchstens jedoch die Summe des deklarierten Interesses.

b) beim Nachweise eines thatsächlich erlittenen Schadens der Betrag des Schadens, aber auch hier bloss im Maximum der versicherten Summe.

Die Reklamationen sind schriftlich, und zwar bei Staatsbahnen bei den betreffenden Betriebsämtern, bei Privatbahnen bei den Direktionen bezw. Generaldirektionen anzubringen.

Die Deklaration des Interesses an der rechtzeitigen Lieferung ist im Frachtbriefe in Buchstaben einzusetzen.

Als Gebühr werden 5‰ für je angefangene 200 km Entfernung vom deklarierten Betrage berechnet.

Z. B. Interesse-Deklaration:

a) 200 Mark 230 km Entfernung:
5‰ von M. 200 = M. 1.— × 2 = M. 2.— als Gebühr;

b) 360 Mark 410 km Entfernung:
5‰ von M. 360 = M. 1.80 × 3 = M. 5.40 als Gebühr.

k) Nachnahme.

a) Barvorschuss.

Barvorschüsse können nach Ermessen des abfertigenden Beamten bis zur Höhe des Wertes des Gutes sofort gezahlt werden.

b) Nachnahme.

Der Absender ist berechtigt, das Gut bis zur Höhe seines Wertes mit Nachnahme zu belasten; dies gilt jedoch mit Rücksicht auf jene Güter, welche dem Frankaturzwange unterliegen, nicht.

Für die Belastung einer Sendung mit Nachnahme ist eine Provision zu bezahlen; dieselbe beträgt bei Summen bis 100 Mark 1%, bei Summen von über 100 Mark wird für die ersten 100 Mark eine Provision von 1%, für den Mehrbetrag eine solche von ½% berechnet.

Von seiten der Eisenbahn nachgenommene Frachtgelder und Gebühren, wie Wäge-, Signier-, Lade- und Krangeld, Zollabfertigungsgebühren und Rollgelder, sind frei von der Provisionspflicht.

l) Frankaturvermerk des Absenders.

Die Bezahlung der Bahnfracht geschieht auf zweierlei Weise; entweder zahlt der Versender die Fracht bei Übergabe (Anlieferung) des Gutes auf der Versandstation oder die Fracht wird nach Beendigung des Transportes beim Empfänger auf der Empfangsstation eingehoben.

Bei Gütern, welche rasch verderben, wie frisches Obst, frische Fische, lebende Pflanzen etc., muss auf Verlangen die Fracht auf der Versandstation entrichtet werden.

Für den Fall, dass auf der Versandstation die gesamte Fracht nicht bestimmt werden kann, ist die Bahn berechtigt, den ungefähren Betrag zu verlangen.

Unter „Frei" wird verstanden, dass das Gut frei von irgend einer Gebühr zu bleiben habe, dass also die Fracht einschliesslich des Zuschlages für die Interessendeklaration, der Nachnahmeprovision und aller Nebenkosten bezahlt worden sei.

Der Versender kann aber auch lediglich von der Zollgebühr oder lediglich von der Gebühr der Zustellung das Gut frei machen, dann muss dies aber ausschliesslich angegeben sein, wie: „Frei Zoll" oder „Frei Haus" etc. Es geht auch an, bloss für eine Teilstrecke das Gut „frei" zu stellen. Würden z. B. für 520 kg Frachtgut von Leipzig bis Hamburg M. 26.— zu bezahlen sein, so könnte das Gut auch bloss bis Stendal freigestellt werden, und es hätte der Übernehmer in Hamburg bloss die Fracht von Stendal-Wittenberge bis Hamburg zu bezahlen.

m) Frachtbrief-Duplikat (Aufnahmeschein).

Wünscht der Versender ein Frachtbrief-Duplikat oder einen Aufnahmeschein, so ist der betreffende Vordruck auf dem Frachtbriefe (links unten) mit „Ja" auszufüllen.

Der als Duplikat seitens des Versenders dargestellte Frachtbrief muss der Bahnverwaltung gleichzeitig mit dem Original-Frachtbrief vorgelegt werden.

Bei Aufgabe von Sendungen mit internationalen Frachtbriefen muss das Frachtbrief-Duplikat in jedem Falle angefertigt und der Versandstation vorgelegt werden; es ist übrigens schon das Frachtbriefformular mit Rücksicht auf die Ausstellung eines Duplikats entsprechend eingerichtet.

n) Die Unterschrift.

Der Frachtbrief muss die Unterschrift des Absenders tragen; dieselbe muss den Namen oder die Firma des Versenders zum Ausdruck bringen.

Die Unterschrift kann auch durch gedruckte oder gestempelte Zeichnung (Faksimile) ersetzt werden.

Die Frachtbriefunterzeichnung „für“ (oder „pr.“, „per“ oder „pro“) N. N. wird nicht als genügend anerkannt.

Beispiel, betreffend die Rubriken g—n des Frachtbrief-formulars:

Sonstige zulässige Erklärungen: Steueramtl. Behandlung; Verzeichnis der Begleit-Papiere und Bleiverschlüsse 2c.	*1 Begleitschein I 165*
Deklarirtes Interesse an der Lieferung	in Buchstaben: *Fünfzig Mark*
Nachnahme: Baar-Vorschuß	
Nachnahme: nach Eingang	*Zwei Mark fünfzig Pfennig*
Nachnahme: Einzelnachweis obiger Nachnahme	*Verpackung* ℳ 2 Pf. — ; *Zufuhr* ℳ — Pf. 50 ; ℳ 2 Pf. 50
Frankatur-Vermerk des Absenders *frei, ausschliesslich Nachn.-Provision*	*Leipzig*, den *15ten Juli* 19*00*
Wird Duplikat (Aufnahmeschein) beantragt? *ja*	Unterschrift des Absenders **Anton Köhler.** — Duplikat-(Aufnahmeschein-)Stempel

Vermerke auf der Rückseite des Frachtbriefes.

Spezifikationen können, insofern auf der Vorderseite des Frachtbriefes nicht genügender Raum vorhanden ist, auf der Rückseite erfolgen.

Weiters kann die Rückseite des Frachtbriefes zu nachrichtlichen Vermerken benutzt werden, z. B. „Von Sendung des N. N.“, „Zur Verfügung des N. N.“, „Zur Weiterbeförderung an N. N.“, „Versichert bei der . . . . . Gesellschaft“ mit dem ausdrücklichen Zusatze: „ohne Verbindlichkeit für die Eisenbahn“.

Auch ist die Aufdrückung eines die Versicherung bei einer Versicherungsgesellschaft dokumentierenden Stempels auf die rechte Hälfte der Rückseite des Frachtbriefes gestattet.

B. Die Beilagen zu Frachtbriefen.

Zu den Beilagen, welche den Frachtbriefen beigegeben werden müssen, zählen:

a) Zoll- und Steuerdeklarationen,
b) Statistische Anmeldescheine,
c) Identitäts-Nachweise,
d) Reverse,
e) Fakturen und
f) Ursprungs-Atteste.

ad a) Zoll und Steuerdeklarationen.

Das gesamte deutsche Reich bildet ein einheitliches Zollgebiet. Ausgenommen sind:

1. die Freihafengebiete Hamburg, Kuxhaven, Bremerhaven und Geestemünde,
2. die Insel Helgoland,
3. der badische Ort Albführen und
4. einige badische Gemeinden und Höfe.

Es ist daher bei Beförderung von Gütern innerhalb der Reichsgrenzen die Beigabe von Zoll(Steuer)papieren nicht erforderlich, dagegen ist dies unerlässlich, wenn Waren von Deutschland in das Zollausland zur Versendung gelangen und zwar je nach besonderer Vorschrift, einfach oder in mehrfacher Ausfertigung und nach den für das betr. Land besonders vorgeschriebenen Mustern.

Näheres hierüber im Abschnitte: „Wissenswerte Daten über den handelstechnischen Vorgang beim Exporte nach den hervorragendsten Handelsstaaten“.

Die Deklarationen müssen mit Tinte und möglichst mit lateinischen Buchstaben geschrieben sein. Man soll dabei mit der grössten Genauigkeit vorgehen, da die Zollbehörden bei zu niedrig deklarierten Waren diese zuzüglich eines unbedeutenden Aufschlages selbst übernehmen und gegen solche Massnahmen angestrengte Prozesse wenig Aussicht auf Erfolg haben.

ad b) Statistische Anmeldescheine.

Nach dem Gesetze vom 20./7. 1879 sind alle Waren, welche über die Grenzen des deutschen Zollgebietes ein-, aus- oder durchgeführt werden, (einschliesslich der Versendungen aus dem Zollgebiete durch das Ausland nach dem Zollgebiete) den mit den Anschreibungen für die Verkehrsstatistik beauftragten Amtsstellen (Zollämtern) nach Gattung, Menge, Herkunfts- und Bestimmungsland anzumelden.

(Ausgenommen sind: Erzeugnisse des Ackerbaues und der Viehzucht, gebrauchte Kleidungsstücke, gebrauchte Hausgeräte, Reisegeräte, Wagen, leere Emballagen, Musterkasten und Postsendungen zollfreier Waren im Gewichte von 250 g oder weniger).

Die Anmeldungsformularien sind in der Farbe verschieden. Es werden verwendet:

für die Einfuhr weisse,
„ „ Ausfuhr grüne,
„ „ Durchfuhr durch das deutsche Zollgebiet gelbe und
„ den Inlandsverkehr mit Berührung des Zollauslandes rote Formularien.

Bei den Formularien für die Einfuhr ist das Land der Herkunft (dasjenige Land, aus dessen Gebiet die Versendung erfolgt ist), bei der Ausfuhr das Land der Bestimmung (dasjenige Land, wohin die Versendung gerichtet ist) anzugeben.

Für jeden Anmeldeschein ist eine Gebühr (statistische Gebühr) zu entrichten, welche in Form von Reichsstempelmarken in verschiedenen Wertbeträgen auf dem Anmeldeschein aufgedruckt ist.

Diese Gebühr beträgt:

a) für ganz oder teilweise verpackte Waren . . . . 5 Pf.
b) „ unverpackte Waren pro 1000 kg . . . . 5 „
c) „ Wagenladungen von Kohlen oder Koks pro 1000 kg . . . 10 „

Für Bruchteile der Mengeneinheit kommt die volle Gebühr in Ansatz.

Formular eines statist. Anmeldescheines:

Statistik des Warenverkehrs.

Anmeldeschein für die Ausfuhr.

Zahl und **Art** der Kolli, Wagen Schiffe etc. Zeichen und Nummer der Kolli	Land der **Bestimmung** der Waren.	Nummer des statist. warenverzeichnisses.	Gattung der Waren	Menge der Waren		
				Netto-Gewicht kg	Brutto-Gewicht kg	Anderweitiger Masstab
L. K. 14 *1 Kiste*	*Belgien*	*859*	*Porzellanartige Waren*		*40*	

Leipzig, den *15* ten *Juli 1900.*

Franz Hermann

Unterschrift (Firma des Ausstellers [Absenders]).

Raum zum Aufkleben der Stempelmarken für die statistische Gebühr.

Anmerkungen:

1. Als Land der Bestimmung ist dasjenige Land anzugeben, nach dessen Gebiet die Versendung der Ware als schliesslich dorthin bestimmt gerichtet ist; dabei bleiben die Länder, durch welche die Ware auf dem Transporte, sei es auch mit Umladung oder Umspedition, durchgeführt werden soll, ausser Betracht.

In der Regel ist demnach als Land der Bestimmung das Land, in dessen Eigenhandel die Ware übergeht, zu deklarieren.

Allgemeine Bezeichnungen wie: Amerika, Nordamerika, Südamerika oder ähnliche sind unzulässig.

2. Die Spalte und Nummer des statistischen Warenverzeichnisses wird von der Anmeldestelle ausgefüllt, insofern der Aussteller des Anmeldescheines dazu nicht im stande sein sollte.

Ist der Absender der für das Ausland bestimmten Ware ein Spediteur, so ist von ihm ausser dem Anmeldescheine eine mit demselben wörtlich übereinstimmende Erklärung beizubringen.

C. Eisenbahntarifvorschriften.

I. Allgemeines über Eisenbahntarifwesen.

Im Wesentlichen unterscheidet man drei Tarifsysteme:

1. Das Wertklassensystem.
2. Das Gewichts- und Wagenraumsystem.
3. Das gemischte System, das ist die Verschmelzung des Wagenraum- und des Wertklassifikationssystems.

II. Das Eisenbahntarifwesen in Deutschland.

a) Gütertarife.

Die gegenwärtige Tarifgestaltung auf den deutschen Eisenbahnen ist im wesentlichen als gemischtes System, also als eine Verschmelzung des Klassifikationssystems mit dem Wagenraumsystem zu bezeichnen.

Seit dem Jahre 1877 ist auf sämtlichen Bahnen ein einheitliches Gütertarifsystem eingeführt, welches aus je einer Klasse für Eilstückgut, einer Klasse für Stückgut, zwei allgemeine Wagenladungsklassen für Güter aller Art und vier Spezial-Tarifen für bestimmt bezeichnete Güter besteht.

Mit dem Betriebs-Reglement für die Eisenbahnen Deutschlands nebst allgemeinen Zusatzbestimmungen bilden die allgemeinen Tarifvorschriften nebst Güterklassifikation, sowie dem beigefügten Tarif für Nebengebühren den allen deutschen Bahnen gemeinsamen Teil I des Gütertarifes jeder Bahnverwaltung.

III. Gesetzliche Bestimmungen, betr. das Tarifwesen.

Die Vorschriften, betr. das Tarifwesen finden sich in der Reichsgesetzgebung und haben für das ganze Reich Geltung; ferner in der Gesetzgebung der einzelnen Bundesstaaten.

Aus der Reichsgesetzgebung sind anzuführen die Artikel 45—47 der Reichsverfassung.

In Artikel 45 wird auf die Schaffung des Partikulartarifes für geringwertige Massengüter, so wie auf Einführung eines auf allen deutschen Eisenbahnen übereinstimmenden Betriebs-Reglements hingewirkt. Die beiden anderen Artikel enthalten Bestimmungen in militärischen und Notstandsangelegenheiten.

Aus der Gesetzgebung der Einzelstaaten seien hervorgehoben: die preussischen Gesetze v. 3./11. 1838, §§ 26—35 und vom 1./6. 1882; das sächsische Konzessionsgesetz v. 3./5. 1835 und das bayrische Eisenbahngesetz v. 20./6. 1855.

IV. Grundsätze für die Frachtberechnung.

Die Fracht wird nach Kilogrammen und zwar von 10 zu 10 kg steigend mit einem Mindestgewicht von 20 kg berechnet.

a) Eilgut.

Die Eilgutsätze betragen das Doppelte des gewöhnlichen Frachtsatzes; als Mindestbetrag per Frachtbriefsendung werden 50 Pf. eingehoben.

Eilgut in Wagenladungen wird zu den doppelten Sätzen der allgemeinen Wagenladungsklassen A1 und B befördert.

b) Schnellzugsgut.

Die Frachtberechnung erfolgt durch Verdoppelung des wirklichen Gewichtes (mindestens 20 kg) und Anwendung der Eilgutsätze.

Mindestbetrag pr. Frachtbrief 1 M.

c) Frachtgut.

1. Stückgut.

Als Mindestbetrag pr. Frachtbrief 30 Pf. Eine Reihe von Artikeln wird zur 2. (ermässigten) Stückgutklasse befördert, so z. B. Getreide, Futtermittel, Salze etc.

2. Wagenladungen.

Zu den Sätzen der Wagenladungsklasse werden solche Güter befördert, welche vom Absender als Ladungsgüter zugeliefert werden, bezw. deren Verfrachtung sich als Ladungsgut billiger stellt wie als Stückgut.

Die Güter werden in vier Hauptklassen eingeteilt.

1. Güter der allgemeinen Wagenladungsklassen A1 (5000 kg) B (10 000 kg). (Diese sind nicht in der Güterklassifikation aufgenommen.)

2. Güter des Spezialtarifes I (10 000 kg)	} mit der Nebenklasse A2.	
3. „ „ „ II (10 000 „)		
4. „ „ „ III (10 000 „)	} mit der Nebenklasse Spezialtarif II (5000 kg).	

Die Sätze der Nebenklassen (5000 kg und mehr) werden so lange in Ansatz gebracht, als sich diejenigen der Hauptklassen (10 000 kg) billiger stellen.

Das Zusammenladen von Gütern der verschiedenen Tarifklassen ist zulässig; es wird bei getrennter Gewichtsangabe das Gewicht jedes einzelnen Artikels, bei summarischer Gewichtsangabe das Gewicht nach dem höchst tarifierenden Artikel der Frachtberechnung zu Grunde gelegt. Z. B. würde die Fracht von Zittau nach Berlin (Görlitzer Bahnhof) sich berechnen für eine Sendung, bestehend aus

Teerpappe	4 730 kg =	5000 kg	(A 2 = M. 1,33)	= 1,33 × 5000 = „ 66,50
Dachteer	10 269 „	= 10 270 „	(Sp.-T. III = M. 0,65)	= 0,65 × 10 270 = M. 66,80
	14 999 kg			**M. 133,30**

bei getrennter Gewichtsangabe der beiden verladenen Artikel Teerpappe und Dachteer

14 999 kg = 15 000 kg

Spezialtarif II (höchst tarifierender Artikel Teerpappe)

15 000 × 0,96 = **M. 144.—**

Durch Beachtung der Bestimmung, dass die Gewichtsangaben getrennt erfolgen sollen, wird sohin eine Ersparnis von **M. 10,70** erzielt.

d) Ausfuhrgut.

Zur Hebung der Ausfuhr werden die nach ausserdeutschen Ländern, bezw. nach deutschen Kolonieen verfrachteten Güter als Rückgut zu den Sätzen der allgemeinen Wagenladungsklasse A 1 befördert. (Siehe auch: Wissenswerte Daten über den Export nach überseeischen Ländern mit Umspedition in deutschen Hafenplätzen.)

So beträgt z. B. der Frachtsatz für gewöhnliches Stückgut von Leipzig nach Hamburg für 100 kg M. 6,03, für sogenanntes Ausfuhrgut dagegen M. 3,75.

Wird bei Beförderung die Anwendung dieses Ausnahmetarifes verlangt, so ist das Gut mit dem Verschiffungshafen und der Signierung „Ausfuhrgut“ zu versehen; die Frachtbriefe haben in sichtbarer Weise unter der Linie „Station“ den Vermerk:

„Zur Ausfuhr über See nach ausserdeutschen Ländern“

oder „Zur Ausfuhr über See nach deutschen Kolonieen“

zu tragen.

Auf Eilgutsendungen und gebrauchte Emballagen findet der Ausnahmetarif keine Anwendung.

e) Sperrige Güter.

Für sperrige Güter, d. h. solche Güter, welche im Verhältnis zu ihrem Gewicht einen aussergewöhnlich grossen Laderaum in Anspruch nehmen, wird das $1^1/_2$fache Gewicht derselben (mindestens aber 30 kg) in Anrechnuug gebracht.

f) Gebrauchte Emballagen.

Leer zurückgehende Holzfässer, Kisten, Körbe, Säcke werden als Frachtgut zum halben wirklichen Gewichte berechnet (mindestens 20 kg).

V.

Wissenswerte Daten aus der Zollgesetzgebung des Reiches.

Zoll.

Zoll heisst jene indirekte Steuer, welche für die Ein- bezw. Ausfuhr der im Zolltarife genannten Waren zu gunsten des Staatsschatzes eingehoben wird.

Gesetze und Vorschriften, welche in bezug auf das Zollwesen in Anwendung kommen.

1. Das Vereinszollgesetz vom 1./7. 1869,
2. der Zollvereinigungsvertrag vom 8./7. 1867, Art. 5,
3. Gesetz betreffend die Sicherung der Zollvereinsgrenze in den vom Zollgebiet ausgeschlossenen Hamburgischen (und Bremischen) Gebietsteilen vom 1./7. 1869 bezw. 28./6. 1879,
4. Zollkartell mit Österreich-Ungarn vom 6./12. 1891,
5. Zolltarifgesetz vom 15./7. 1879 mit dem zur Zeit gültigen Zolltarif,
6. Bestimmungen betreffend Ursprungszeugnisse für die aus meistbegünstigten Ländern eingehenden Waren,
7. Handels- und Zollvertrag zwischen dem Deutschen Reiche und Österreich-Ungarn vom 6./12. 1891,
8. Handels- und Zollvertrag zwischen dem Deutschen Reiche und der Schweiz vom 10./12. 1891.

Das Zollgebiet.

Die Grenzlinie, welche das Staatsgebiet vom Auslande scheidet, am Meere dagegen das Gestade des Festlandes und der zu dem Staatsgebiete gehörenden Inseln*) ist die Zolllinie.

---

*) Hierin liegt eine Abweichung von dem völkerrechtlichen Prinzip, wonach das Staatsgebiet das Meer auf Kanonenschussweite von der Küste umfasst.

Die innerhalb der Zolllinie liegenden Staaten bilden das Zollgebiet. Dasselbe wird eingeteilt in:

a) Das Grenzgebiet,

b) das innere Zollgebiet.

Vom Zollgebiete ausgeschlossen sind:

a) einzelne Teile von Baden,

b) in Preussen das Freihafengebiet von Geestemünde nebst angrenzenden Petroleumlagerplätzen und Helgoland,

c) in Hamburg des Freihafengebiet mit der Insel Neuwerk und ein kleines Terrain bei Kuxhaven,

d) in Bremen ein kleines Gebiet an der Stadt und das Freihafengebiet von Bremerhaven nebst angrenzenden Petroleumlagerplätzen.

(Siehe auch B. Die Beilagen zu Frachtbriefen; ad a, Seite 143.)

Zollstrassen.

Die Einfuhr und Ausfuhr der Waren darf nur auf denjenigen Land- oder Wasserstrassen geschehen, auf denen der Eingang oder Austritt über die Zolllinie ausdrücklich gestattet ist; diese Strassen werden Zollstrassen genannt und sind durch aufgerichtete Tafeln bezeichnet.

Alle anderen über die Zolllinie führenden, mit dieser Bezeichnung nicht versehenen Land- und Wasserstrassen und Wege sind Nebenwege.

Als Zollstrassen sind auch die die Zolllinie durchschneidenden Eisenbahnen erklärt.

Übertritt der Zolllinie auf den Zollstrassen.

Die einem unbedingten Einfuhr-, Durchfuhr- oder Ausfuhrverbote unterliegenden Gegenstände dürfen selbst auf Zollstrassen nicht über die Zolllinie gebracht werden.

Wer zollpflichtige Waren oder solche Gegenstände mit sich führt, welche zwar zollfrei, aber dergestalt verpackt sind, dass ihre Beschaffenheit nicht sogleich erkannt werden kann, darf über die Zolllinie zu Wasser oder zu Lande in der Regel nur während der Tageszeit und nur auf einer Zollstrasse eintreten.

Als verpackte Waren, welche in der Regel nur während der Tageszeit und nur auf einer Zollstrasse über die Zolllinie eintreten können, sind, ausser den mit einer besonderen Umhüllung für den Transport oder die Aufbewahrung versehenen, alle solche Gegenstände anzusehen, welche in verdeckten Fahrzeugen oder in unverdeckten dergestalt verladen sind, dass der Inhalt des Vehikels nicht mit Sicherheit erkannt werden kann.

Zollanstalten.

Die Ämter, bei denen die Zollamtshandlungen (d. h. die Ein-, Aus- und Durchfuhrbehandlung und die Anweisungen) zu geschehen haben, sind nach dem Umfang ihrer Befugnisse eingeteilt:

a) in Hauptzollämter (oder Hauptsteuerämter) I. u. II. Klasse,

b) in Nebenzollämter I. u. II. Klasse.

Bei den Hauptzollämtern ist jede Zollentrichtung und jede durch die Zollgesetze vorgeschriebene Abfertigung ohne Einschränkung sowohl bei der Einfuhr, als bei der Ausfuhr und Durchfuhr zulässig.

Bei Nebenzollämtern I. Klasse können nur Gegenstände, von welchen die Abgaben nicht über 60 M. für 100 kg betragen oder welche nach der Stückzahl zu verzollen sind, eingehen.

Zur Abfertigung von auf Eisenbahnen eingehenden Waren sind Nebenzollämter I. Klasse ohne Einschränkung befugt.

Über Nebenzollämter II. Klasse können Waren, welche nicht höher, als mit 30 M. für 100 kg belegt sind, in Mengen eingeführt werden, von welchen die Zollabgaben für eine Warenpartie 75 M. nicht übersteigt.

Verzollung bei Grenzzollämtern („Anweisungsverfahren").

Grenzzollämter an Eisenbahnen haben Waren, welche eine zeitraubende oder schwierige Untersuchung erfordern (wie z. B. Mineralöle, Garne, chemische Produkte u. ähnl.), sofern deren Bestimmungsort auch der Sitz eines Innenlandeszollamtes ist, in der Regel an dieses zur weiteren Amtshandlung anzuweisen.

Einteilung der Waren mit Rücksicht auf deren Bestimmung.

Die Waren werden mit Rücksicht auf ihre Bestimmung eingeteilt in:

a) Eingangsgüter,
b) Durchfuhrgüter und
c) Ausfuhrgüter.

Eingangsgüter sind jene über die Zolllinie in das Zollgebiet eingehenden (importierten) Gegenstände, welche bestimmt sind, im Zollgebiete benutzt und verbraucht (konsumiert) zu werden, weshalb sie auch Konsum-(Import-) Waren genannt werden.

Durchfuhrgüter sind jene Gegenstände, welche über die Zolllinie mit der Bestimmung eingehen, das Zollgebiet zu durchziehen (transitieren), um wieder in das Ausland ausgeführt zu werden.

Ausfuhrgüter sind Erzeugnisse des Deutschen Reiches oder in demselben vorschriftsmässig verzollte Waren, die aus dem Zollgebiete exportiert werden, weshalb sie auch Exportwaren heissen.

Zollpflichtigkeit der Waren.

In der Einfuhr ist jede Ware zollpflichtig, soweit sie nicht ausdrücklich im Tarife als zollfrei erklärt ist.

Für die Warendurchfuhr ist ein Zoll nicht zu entrichten.

Ein Ausgangszoll existiert zur Zeit nicht. (Ges. v. 7./7. 1873.)

Das Zolltarifgesetz v. 15./7. 1879
(mit Berücksichtigung der späteren Änderungen).

Bei der Einfuhr von Waren werden Zölle auf Grund des Zolltarifes erhoben.

Die Gewichtszölle werden von dem Bruttogewicht erhoben:

a) wenn der Tarif dies ausdrücklich vorschreibt,

b) bei Waren, für welche der Zoll 6 Mark von 100 kg nicht übersteigt.

Im übrigen wird den Gewichtszöllen das Nettogewicht zu Grunde gelegt.

Bei der Ermittelung des Nettogewichtes von Flüssigkeiten wird das Gewicht der unmittelbaren Umschliessungen (Fässer, Flaschen etc.) nicht in Abzug gebracht.

Für die übrigen Warengattungen bestehen hinsichtlich der Tara spezielle Bestimmungen.

Es bleibt der Wahl des Zollpflichtigen überlassen, ob er bei Gegenständen, deren Verzollung nach dem Nettogewichte geschieht, die festgestellten Tarasätze gelten oder das Nettogewicht ermitteln lassen will.

Die festgestellten Tarasätze gelten nur für Umschliessungen, welche die Waren von allen Seiten umgeben. Es wird daher für unvollständige Umschliessungen, z. B. für Fässer ohne Böden von Holz, für Kisten, welche nicht von allen Seiten geschlossen sind, Tara nicht gewährt.

Bei Waren, welche in zwei- oder mehrfacher Umschliessung eingehen, dürfen die äusseren Umschliessungen vor Ermittelung des zollpflichtigen Gewichtes entfernt werden; sofern alsdann nicht Nettoverwiegung eintritt, darf für die nicht zum Nettogewichte gehörenden Umschliessungen nach den festgestellten Sätzen Taravergütung gewährt werden.

Beispiel. Einfuhr von Zigarren und Zigaretten.

1. nur in äusseren Umschliessungen: Tara für Säcke 2%, Matten 4%, Ballen 6%, Körbe 13%, Kisten oder Fässer 16%;

2. nur in inneren Umschliessungen: Kleine Kistchen 24%, Pappkistchen 12%;

3. in äusseren und inneren Umschliessungen:

Innere Umschliessung:	Aeussere Umschliessung:				
	Säcke	Matten	Ballen	Körbe	Kisten
Kleine Kistchen	*26%*	*28%*	*30%*	*37%*	*40%*
Pappkistchen	*14%*	*16%*	*18%*	*25%*	*28%*

Das Feststellen des zollpflichtigen Gewichtes von verschiedenartigen zusammenverpackten Waren.

Mit Rücksicht auf die Feststellung des zollpflichtigen Gewichtes von verschiedenartigen zusammenverpackten Waren muss vor allem hervorgehoben werden, dass bei allen jenen Waren, die einem Zollsatze von **M. 30.—** und weniger für den Meterzentner unterliegen, die inneren Umschliessungen, Kartons, Schachteln aus Pappe oder Holzspan, auch lose Pappen, stets mit zum Nettogewicht gehören, also bei Verzollung nicht abgenommen werden dürfen.

Allgemein — also gleichgültig welchem Zollsatze die Ware unterliegt — gehören Kartons, auf welche die Ware stück- bezw. dutzendweise aufgenäht ist (wie z. B. Knöpfe), Einlegerollen von Pappe oder Holz (wie z. B. bei Zwirn, Seidenbändern), Einlegebretter (bei Stoffen), ebenso alle die Fabrikspackung bildenden Papierumschliessungen zum Nettogewichte.

Sind verschieden tarifierte Waren zusammen verpackt, so muss die Verzollung nach dem zu ermittelnden reinen Nettogewicht erfolgen; ausgenommen sind jene Fälle, in welchen bruttozollpflichtigen Waren andere zollpflichtige in geringen Mengen beigepackt sind.

In diesem Falle wird für erstere das Bruttogewicht, abzüglich des Nettogewichtes der Beipackung zur Verzollung gebracht.

Die wichtigsten Bestimmungen über die Wareneinfuhr.

Die Einfuhrgüter werden entweder gleich bei den betreffenden Grenzzollämtern der Eingangsverzollung unterzogen oder an ein anderes Amt zur Vollziehung der Amtshandlung angewiesen.

Jede über die Zolllinie eintretende Ware muss dem Grenzzollamte angegeben („erklärt", „deklariert") werden.

Die Übergabe der Warenerklärung (Deklaration) bildet die Grundlage für das zollamtliche Verfahren.

Die Warendeklaration ist entweder eine generelle (Ladungsverzeichnis, Manifest) bei Wagenladungsimporten, oder eine spezielle. Im ersteren Falle enthält sie bloss die Angabe des Wagens, den Namen und Wohnort des Warenempfängers, die Zahl der Kolli, deren Verpackungsart, Zeichen und Nummern, sowie eine allgemeine Bezeichnung der Gattung der geladenen Ware; im anderen Falle ist jedoch die Ware nach den Benennungen und den Massstäben des Zolltarifs zu bezeichnen.

Die Warenerklärung giebt entweder der Warenempfänger ab oder der Warenführer (beim Eisenbahntransporte der bevollmächtigte Beamte der Eisenbahn auf Grund der im Frachtbriefe stehenden Daten).

Die generelle Deklaration darf nur vom Warenführer, nicht aber vom Warenempfänger abgegeben werden, weil sie ja bloss eine provisorische Erklärung bildet, die dann von seiten des Warenempfängers in eine definitive Erklärung umzugestalten ist.

Beispiele.

Erstes Beispiel.

Eingang: 100 Säcke Weizen aus Österreich-Ungarn nach Deutschland über das Nebenzollamt I Bodenbach. Verzollung beim Grenzeintritte.

Die Deklaration giebt der Deklarations-Bevollmächtigte der königlich sächsischen Staats-Eisenbahnverwaltung, welche die Stelle des Warenführers repräsentiert, auf Grund der im Frachtbriefe enthaltenen Daten ab.

Deklarationsregister Nr. Abgegeben, den 19..
Begleitzettel-Empfangs-Register Nr. Die Revision übernehmen:*)

Deklaration zum Waren-Eingang.

(Vereinszollgesetz §§ 22ff.)

Ich Unterschriebener, der Deklarations-Bevollmächtigte der königlich sächsischen Staats-Eisenbahn-Verwaltung, melde dem Königlichen *Nebenzoll* Amte I zu *Bodenbach* innen verzeichnete, auf *Eisenbahnwagen* geladene Waren an und hafte für die Wahrheit und Vollständigkeit dieser meiner Angabe.

Bodenbach den *1. Mai 1901.*

Für die Königl. Sächs. Staatseisenbahn-Verwaltung:
Kreibig.

Annahme-Erklärung.

Indem den Empfang des auf Grund dieser Anmeldung ausgefertigten, unter Nr. des Begleitschein-Ausfertigungs-Registers eingetragenen Begleitscheins anerkenne , übernehme zugleich die aus demselben nach §§ 44 und 46 des Vereinszollgesetzes sich ergebenden Verpflichtungen.
verpflichte den darin festgestellten Zollbetrag, wenn der Nachweis der erfolgten Zahlung desselben an das Empfangsamt nicht bis zum Ablauf der für die Uebersendung des Erledigungsscheins festgesetzten Frist erbracht sein wird, auf Anfordern bei dem Begleitschein-Ausfertigungs-Amt einzuzahlen.**)
, den 19..

Erledigung des Begleitscheins.

Die Erledigung des Begleitscheins bescheinigt auf Grund des Erledigungsscheins Nr. Ziffer
, den 19..

*) Nur für den Fall des lokalen Bedürfnisses auszufüllen.
**) Bei Begleitscheinen I werden die Worte „verpflichte bis „einzuzahlen", und bei Begleitscheinen II die Worte „übernehme" bis „Verpflichtungen durchstrichen.

I. Deklaration.									II. Anträge und Bemerkung.	III. Angabe:
Nummern der einzelnen Positionen.	Name u. Wohnort der Empfänger.	Der Kolli: Zeichen und Nummern.	Der Kolli: Zahl und Art der Verpackung.	Gattung und Menge der Waren: Benennung der Waren nach Anleitung des Zolltarifs.	Menge: Brutto-Gewicht*) kg	Brutto-Gewicht*) 1/100	Netto-Gewicht kg	Netto-Gewicht 1/100	des Waren-disponenten (Deklaranten, Begleitschein-Extrahenten, Waarenführers rc. rc.)	a) der Eingangsgrenzstrecke, b) des Herkunftslandes, c) des Bestimmungslandes der Waren; d) ob die Waren dem Veredelungsverkehr angehören.
1.	2.	3.	4.	5.	6.		7.		8.	9.
1	*Ludwig*	*M. R.*	*100*	*Weizen*	*10000*				*zur*	*a) Oesterreich*
	Richter	*7010/7109*	*Säcke*						*Verzollung*	*b) Oesterreich*
	Leipzig									*c) Deutschland*
				Für die Königl. Sächs. Staatseisenbahn-Verwaltung:						
					Kreibig.					

Zweites Beispiel.

Es wird angenommen, die Verzollung finde nicht beim Grenzeintritte, sondern bei einem Hauptzollamte im Innerlandsgebiete statt.

Franz Lange, Wien, sendet an Ludwig Richter, Leipzig:

1 Kiste, enthaltend: Hornknöpfe, Schirmgriffe und Weichselrohre.
Eingangsamt: Bodenbach.

Der Eingangszoll wird nicht in Bodenbach, sondern erst in Leipzig festgestellt und erhoben.

Beim Grenzeintritte in Bodenbach tritt wieder der Warenführer (Deklarationsbevollmächtigter der Kgl. Sächsischen Staats-Eisenbahn-Verwaltung) als Deklarant auf und es wird eine Eingangsdeklaration angefertigt, in der angeführt ist:

„Mit Begleitschein I auf das Hauptzollamt Leipzig“.

Dadurch wird die Ware zur Durchführung der Manipulation und Erhebung des Zolles an das Amt in Leipzig angewiesen.

Die Revision in Bodenbach ist bloss eine allgemeine; hierauf wird die Ware unter amtlichen Verschluss gelegt*) und Begleitschein I ausgefertigt, auf den der Warenführer die Annahmeerklärung zu setzen hat.

Derjenige, auf dessen Verlangen ein Begleitschein I ausgestellt wird (Extrahent des Begleitscheines), übernimmt mit der Unterzeichnung desselben die Verpflichtung, die im Begleitscheine bezeichneten Waren in unveränderter Gestalt und Menge in dem bestimmten Zeitraume und an dem angegebenen Orte zur Revision und weiteren Abfertigung zu stellen, sowie die Verbindlichkeit, für den Betrag des Eingangszolles zu haften.

Vorderseite der Deklaration wie in Beispiel 1.

Deklaration: (Innenseite).

	I Deklaration						II	III
No. der einzelnen Positionen	Name und Wohnort des Empfängers	Der Kolli		Gattung und Menge der Waren			Anträge und Bemerkungen des Deklaranten	Angabe: a) d. Eingangsstrecke b) d. Herkunftslandes c) des Bestimmungslandes
		Zeichen und Nummer	Zahl u. Art der Verpackung	Benennung der Waren nach Anleitung des Zolltarifs	Menge			
					Brutto-Gewicht	Netto-Gewicht		
1	*Ludwig Richter*	*L. R. 1710*	*1 Kiste*	*Knöpfe aus Horn*	*100*	*30*	*Mit Begleitschein I auf das Hauptzollamt Leipzig*	*a) Österr.*
				Schirmgriffe aus Celluloid		*20*		*b) Österr.*
				Weichselrohre		*20*		*c) Deutschland*

*) Die Vorschriften, wie dieser Verschluss anzulegen sei, enthält das Pr. F. M. Reskript vom 7./6. 1830.

Der vom Nebenzollamt I Bodenbach ausgefertigte Begleitschein I lautet:

Deutsches Zollgebiet.

Königreich Sachsen. Direktivbezirk: Königreich Sachsen.

Begleitschein I.

Nr. *635.*

Ausfertigungsamt: Nebenzollamt I **Bodenbach.** Empfangsamt: *Leipzig.*

Transportfrist: Bis zum *15./5. 1901.* Überwiesen auf:

Annahmeerklärung des Begleitschein-Extrahenten:

Ich übernehme diesen Begleitschein mit den sich aus ihm nach §§ 44 und 46 des Vereinszollgesetzes ergebenden Verpflichtungen.

Bodenbach, am *1. Mai* 1901.

Für die Kgl. Sächs. Staats-Eisenbahn-Verwaltung
Kreibig.

Bodenbach, am *1. Mai* 1901.

Königlich Sächsisches Nebenzollamt I Bodenbach.
Haller.

Die Ware gelangt mit Begleitschein I nach Leipzig. Der Adressat Ludwig Richter erhält das Bahnaviso. Nach Bezahlung der Fracht wird ihm der bestätigte Frachtbrief ausgefolgt, mittelst dessen er den Begleitschein erhebt. Er fügt demselben sodann noch etwaige Bemerkungen hinzu, wie z. B.

„Zur Verzollung nach Nettoverwiegung mit der Bemerkung, dass die Kiste nicht durchlochte Weichselrohre, sondern bloss rohe geschnittene Weichselstöcke enthält.

Leipzig, 12. Mai 1901 *Ludwig Richter*".

Hierauf findet im Hauptzollamte, nachdem der Verschluss von der Kiste abgenommen wurde, der Revisionsbefund statt und nach Bezahlung des Zolles erhält die Partei die Ware ausgefolgt.

In gleicher Weise wird bei einer Ware vorgegangen, welche im Zolltarife als „zollfrei" bezeichnet erscheint, wie z. B. „Felle".

Aus dem Zolltarif: Tarifpost 12; Häute und Felle.

12a. Hasen- und Kaninchenfelle: rohe + 393 (Tara: 4% Ballen, 2% Säcke); Kalbfelle: grüne, gesalzene + 394; gekalkte, trockene + 395; Rindshäute: grüne, gesalzene + 396; gekalkte, trockene + 397; Robben- und Seehundsfelle, rohe + 398; Rosshäute: grüne, gesalzene + 399; gekalkte, trockene + 400; Schaffelle, Ziegenfelle: rohe, behaarte + 401 (ohne Taravergütung), rohe, enthaarte; nicht gespalten + 402 (Tara: 4% Ballen, 2% Säcke); rohe Häute und Felle zur Lederbearbeitung: nicht besonders genannt + 403 (Tara 13% Fässer, Kisten; 6% Ballen; 2% Säcke).

No. der einzelnen Sorten	Name und Wohnort des Empfängers	Der Kolli: Zeichen und No.	Der Kolli: Anzahl und Art der Verpackung	Gattung und Menge der Waren – nach der noch nicht geprüften Angabe des Deklaranten: Benennung der Waren nach Anleitung d. Zolltarifs	Menge: Brutto-Gewicht	Menge: Netto-Gewicht	nach stattgehabter amtlicher Ermittelung: Tarifmäss. Benennung der Waren m. Ang. der Tarif-No	Menge: Brutto Gewicht	Menge: Netto-Gewicht	II Anträge u. Bemerkung. des Warendisponenten (Deklaranten, Begleitschein-Extrahenten, Warenführers)	III Angabe a) d. Eingangsstrecke b) d. Herkunftslandes c) des Bestimmungsortes d. Ware d) ob d. Waren dem Veredlungsverkehr angehören
1	2	3	4	5	6	7	8	9	10	11	12
1	*Georg Kaiser & Bruder*	*H. Co. 6487 6499*	*13 Kolli unverpackt*	*Felle*	*4000*					Mit Begleitschein I auf *Leipzig* an *Georg Kaiser & Bruder daselbst*	
				Zur zollfreien Ablassung als rohe Felle. *Leipzig, 15. Mai 1901.* *Georg Kaiser & Bruder.*							

(Spaltenkopf über 1–10: I **Deklaration**, Auszug aus der Deklaration, dem Begleitscheine und dem Niederlagescheine)

12b. Häute und Felle zur Pelzwerkbereitung: nicht von eigentlichen Pelztieren 404; von Pelztieren, auch Vogelbälge 405 (Tara 18 % Fässer, Kisten; 6 % Ballen).

Die Zahlen hinter der Warennummer bedeuten die Nummern des statistischen Warenverzeichnisses, denen, soweit die Artikel bei Entrichtung der statistischen Gebühr als Massengüter behandelt werden (10 000 kg; Gebühr 10 Pf.) ein Kreuz (+) vorgesetzt ist.

Sämtliche unter Tarifpost 12 genannten Waren sind zollfrei.

Drittes Beispiel.

C. A. Lampson & Co. London senden an Georg Kaiser & Bruder Leipzig 13 Kolli Felle im Bruttogewichte von 4000 kg. Die Ware geht mit Begleitschein I zur Verzollung nach Leipzig.

Die Aussenseite des Begleitscheines I ist ähnlich wie im Beispiele 2 nur mit den für diesen Fall passenden Datums ausgefüllt.

Die Deklaration lautet im vorliegenden Falle:

(Siehe obenstehendes Formular.)

Soll nach dem Antrage des Deklarierenden die Erhebung des durch spezielle Revision bereits ermittelten Eingangszolles bei einem anderen Amte erfolgen, so geschieht dies durch Erteilung eines Begleitscheines II.

IV Amtlicher Befund					V Zollberechnung				VI Weiterer Nachweis der Waren	
Der Kolli		Der Waren			Nettogewicht durch Abrechnung der tarifmässigen Tara mit Angabe des Tarasatzes	Tarifsatz	Zollbetrag		Der Hebe- und Kontrolregister	Der Verkehrsnachweisung
Zeichen und No.	Anzahl und Art der Verpackung	Tarifmässige Benennung mit Angabe der Tarifnummer	Menge, durch Verwiegung ermitteltes Gewicht: Brutto-Gewicht	Menge, durch Verwiegung ermitteltes Gewicht: Netto-Gewicht		ℳ	ℳ	₰		
H. & Co. 6487/6499		*Befund wie auf der Deklaration*								
		Revisionsbefund:					*Zollfrei*			
	Wie oben: Rohfelle zur Pelzwerkbereitung						10 Pf. statist. Marke			*I Bl. 4 / 16*
		12 a								

Begleitscheine II werden nur dann ausgestellt, wenn der Eingangszoll von den Waren, für welche der Begleitschein begehrt wird, fünfzehn Mark oder mehr beträgt.

Viertes Beispiel.

Eingang: 100 Säcke Weizen aus Österreich-Ungarn nach Deutschland über das Nebenzollamt I Bodenbach.

Revision und Feststellung des Zollbetrages in Bodenbach; Anweisung mit Begleitschein II nach Leipzig.

Bezahlung des Zollbetrages in Leipzig.

(Siehe umstehendes Formular.)

Wagenladungsgüter.

In betreff der Deklaration von Wagenladungsgütern setzt das Zollgesetz fest, dass unmittelbar nach Ankunft eines Zuges auf dem Bahnhofe des Grenzzollamtes der Bevollmächtigte der Eisenbahnverwaltung dem Amte vollständige Ladungsverzeichnisse über die Frachtgüter zu übergeben hat.

Dem Ladungsverzeichnisse müssen die Frachtbriefe beigelegt sein.

Deutsches Zollgebiet.

Königreich Sachsen. Direktivbezirk: Königreich Sachsen.

Begleitschein II.

Nr. *637.*

Ausfertigungsamt: Nebenzollamt **Bodenbach.** **Empfangsamt:** *Leipzig.*

Gestellung der Waren: *Ja.*

Empfänger der Waren: *Ludwig Richter.*

Nr. der einzelnen Posten.	Der Kolli: Zeichen und Nummern	Der Kolli: Zahl und Art der Verpackung	Der Kolli: Brutto-Gewicht* kg	Brutto-Gewicht* 1/100	Tarifmäßige Benennung der Waren mit Angabe der Tarifnummer und der Nummer des statistischen Warenverzeichnisses.	Zollpflichtige Menge (Nettogewicht): Durch Verwiegung ermittelt kg	1/100	Durch Abrechnung der tarifmäßigen Tara, mit Angabe des Tarasatzes kg	1/100	Zollbetrag ℳ	₰	Angabe a) der Eingangsstrecke, b) des Herkunftslandes der Waren; c) ob die Waren von Niederlagen oder Konten abgemeldet sind.	Weiterer Nachweis der Waren. Der Verkehrsnachweisung Nummer, Blatt / laufende Nr. (Von dem Begleitschein-Erledigungsamte auszufüllen).
1.	2.	3.	4.		5.	6.		7.		8.		9.	10.
1	*M. R.*	*100*	*10000*		*Weizen*							*a) Oesterr.*	
	7010/7109	*Säcke*			*9a/320b*					*350*	—	*b) Oesterr.*	
												c) nein	

Zahlungsfrist: Der Zollbetrag von

Dreihundert fünfzig Mark

muß bei dem Empfangsamte bis zum *fünfzehnten Mai d. J.* unter Vorlage dieses Begleitscheines eingezahlt sein, widrigenfalls die Einziehung des Zollbetrages von dem Extrahenten des Begleitscheines erfolgen wird. Der Beweis der erfolgten Zollentrichtung muß bis zum Ablaufe der für die Uebersendung des Erledigungsscheines festgesetzten Frist geführt werden.

Geleistete Sicherheit: *(Eisenbahnsicherheit.)*

Annahmeerklärung des Begleitschein-Extrahenten: *Ich* übernehme diesen Begleitschein mit den aus ihm sich ergebenden Verpflichtungen.

Bodenbach, am *1. Mai 1901.*

Für die Kgl. Sächs. Staatseisenbahn-Verwaltung:
Kreibig.

Bodenbach, am *1. Mai 1901.*

Königlich Sächsisches Nebenzollamt.

(Stempel.)

Fünftes Beispiel.

Beispiel eines nach § 13 des Eisenbahnzollregulativs angefertigten Ladungs-Verzeichnisses.

Deutsches Zollgebiet.

Königreich Sachsen. | Direktivbezirk: Königreich Sachsen.

Ladungs-Verzeichnis.

(Generelle Deklaration.)

Nr. *200*

Anmeldung.

Der unterzeichnete Bevollmächtigte der *Kgl. Sächs. Staats*-Eisenbahn-Verwaltung meldet hiermit dem *Nebenzoll*-Amte *I* zu *Bodenbach* die umstehend verzeichneten, aus dem Auslande kommenden in *2* Eisenbahn-Wagen verladenen Güter mit dem Antrage an, dieselben mit Ladungsverzeichniß auf das *Hauptzoll*-Amt *Leipzig* abzufertigen.

Zugleich übergiebt derselbe *4* Stück Frachtbriefe und erklärt für die Richtigkeit seiner Angaben hinsichtlich der Zahl und Art der abzufertigenden Kolli zu haften.

Bodenbach, den *1. Mai 1901.*

Für die Kgl. Sächs. Staats-Eisenbahn-Verwaltung:
Kreibig.

Zollamtliche Abfertigung.

Dieses Ladungs-Verzeichniß ist zum Begleitzettel Nr. *123* gehörig.

Bodenbach, den *1. Mai 1901.*

Königl. Sächs. Nebenzoll-Amt *I.*
Haller.

Die Güter sind verladen in:

Wagen Nr. *3645* *K. S. St.-E.*	Wagen Nr.
" " *4365* *K. S. St.-E.*	" "
" "	" "

Verpflichtung des Warenführers.

Der unterzeichnete Bevollmächtigte der *Königlich Sächs. Staats*-Eisenbahn-Verwaltung verpflichtet sich hierdurch, die *zwei* umstehend verzeichneten mit *Vier* Schlössern verschlossenen Wagen, sowie die dazu gehörigen ihm unter amtlichem Verschluß übergebenen Schlüssel bis zum *15. Mai* 18*99* in vorschriftsmäßigem Zustande und mit unverletztem Verschlusse dem *Hauptzoll*-Amte zu *Leipzig* zu gestellen, widrigenfalls aber für die Entrichtung des höchsten tarifmäßigen Eingangszolles von den umstehend nachgewiesenen Gewichtsmengen zu haften.

Bodenbach, den *1. Mai 1901.*

Für die Königl. Sächs. Staats-Eisenbahn-Verwaltung:
Kreibig.

Auf der Rückseite des Formulars befindet sich das eigentliche Verzeichnis, welches die Wagennummern, Anzahl, Zeichen und Nummern der Kolli, allgemeine Benennung der Waren, das Herkunfts- und Bestimmungsland enthält.

Diese Daten sind aus den Frachtbriefen oder Deklarationen entnommen.

Warendurchfuhr.

Die zum unmittelbaren Durchgange auf den Eisenbahnen bestimmten Güter werden mit Begleitzetteln und Ladungsverzeichnissen und unter amtlichem Verschluss zur Durchfuhr abgefertigt.

Wareneingang zur See.

Wo für den Eingang seewärts Ansageposten errichtet sind, haben sich die Schiffsführer bei diesen zu melden und sämtliche über ihre Ladung Ausweis liefernden Papiere abzugeben.

Soll die Ladung bei einem Grenzzollamte zur Entlöschung gelangen, so hat der Schiffsführer dem Amte binnen 24 Stunden nach der Ankunft eine generelle Deklaration zu übergeben, welche alle für die Zollabfertigung nötigen Daten enthält. Eine solche Deklaration heisst Manifest.

Die spezielle Deklaration hat dann binnen einer ortsüblichen Frist der Warenführer oder Warenempfänger einzuliefern.

Niederlagen.

Zur Förderung des Durchfuhrhandels und des inneren Verkehrs bestehen an wichtigen Handelsplätzen, insbes. aber dort, wo sich Hauptzollämter befinden, öffentliche Niederlagen (Packhöfe, Hallen und Lagerhäuser).

Zu diesen gehören auch die an wichtigeren Seeplätzen errichteten Niederlegeanstalten (Freilager).

Die Privatlager stimmen mit den öffentlichen Niederlagen darin überein, dass sie für Waren, auf denen ein Zollanspruch haftet, bestimmt sind; sie unterscheiden sich von den öffentlichen Niederlagen aber dadurch, dass sie Privaträume sind, welche jedoch der Kontrolle und unter Umständen auch dem Mitverschluss der Zollbehörde unterliegen.

Für die Lagerung einzelner Warengattungen in Privattransitlagern bestehen besondere Regulative, wie:

a) Das Regulativ für Privattransitlager von den in No. 9 des Zolltarifes aufgeführten Waren. (Zolltarif No. 9: Getreide und andere Erzeugnisse des Landbaues, wie: Hülsenfrüchte, Baumwollensamen, Malz, Kartoffeln, Kleesaat etc.) vom 13./5. 1880;

b) das Regulativ für Privattransitlager von Bau- und Nutzholz vom 24.5. 1880;

c) das Weinlager-Regulativ vom 5./7. 1888;

d) das Zuckerniederlage-Regulativ vom 28./6. 1888;

e) das Mineralöl-Privatteilungslager-Regulativ vom 26./9. 1888.

Fortlaufendes Konto für Grosshandlungen.

Zur Erleichterung des Vertriebes ausländischer Waren nach dem Auslande können an wohlaccreditierte Grosshandlungsfirmen, welche eine geordnete kaufmännische Buchführung haben und die nötige Sicherheit stellen können, unverzollte fremde Waren unter Eintragung in ein fortlaufendes Konto unter der Bedingung verabfolgt werden, dass die Wiederausfuhr derselben nach dem Auslande nachgewiesen oder die Eingangsverzollung am Jahresschlusse bewerkstelligt wird.

Konto-Regulativ vom 15./12. 1887.

Sechstes Beispiel.

Die Firma Otto Lehmann, Leipzig, besitzt beim Hauptzollamte in Leipzig ein fortlaufendes Konto und deklariert am 31./12. 1900 den Niederlagebestand.

(Formular siehe Seite 162.)

Mess- und Marktverkehr.

Fremden Handel- und Gewerbetreibenden, welche inländische Märkte oder Messen besuchen, wird von ihren unverkauften Waren Erlass des Eingangszolles bei der Wiederausfuhr gewährt.

Die Bedingungen der zollfreien Ablassung sind folgende:

a) Die Aus- und Wiedereinfuhr muss über dasselbe Haupt- oder Nebenzollamt I erfolgen,

b) über die Gegenstände ist eine schriftliche Anmeldung abzugeben,

c) die Gegenstände sind der Revision vorzuführen und zu bezeichnen,

d) die Wiederein- bezw. Wiederausfuhr muss in der bestimmten kurzen Frist erfolgen.

e) der Betrag des Eingangszolles ist zu deponieren.

Das Retourwaren-Verfahren.

Erzeugnisse oder Fabrikate der deutschen Industrie, welche auf Bestellung, zum Kommissionsverkauf oder zur Ansicht nach dem Auslande gesandt worden sind, können, wenn sie wieder in das deutsche Zollgebiet zurückgelangen, vom Eingangszolle freigelassen werden.

Der inländische Ursprung der Waren und ihre Identität wird einer sorgsamen Prüfung auf Grund der Handlungsbücher, des Briefwechsels, der Beschaffenheit der Waren etc. unterworfen.

Konto Blatt ...*16*... Nr. ...*453*...

Bestandsdeklaration.

(Zum § 110 des Vereinszollgesetzes v. 1./7. 1869 und Konten-Regulativ v. 15./12. 1887.)

Die unterzeichnete Handlung ...**Otto Lehmann, Leipzig**... deklarirt bei der Abrechnung des Jahres 190*0*... nachbenannte unabgesetzt gebliebene kontirte ausländische Waaren zur speziellen Revision und neuen Anschreibung für die Kontoperiode

vom ...*1. Januar*... 190*1*... bis ...*31. December*... 190*1*.

Nummer der Warenposten	Bezeichnung der Waren nach der Nummer des Zolltarifs und deren Nettogewicht mit Angabe der Nummer des statistischen Warenverzeichnisses.											
	kg	1/100	kg	1/100	kg	1/100	kg	1/100	kg	1/100	kg	1/100
24	*50* *20 b* *533*											
26	*150* *20 b 1* *529*											
27	*100* *20 b 2* *531*											

...*Leipzig*..., am ...*31. December*... 190*0*.

...**Otto Lehmann.**...

Die Richtigkeit obiger Aufstellung bescheinigen mit folgenden Bemerkungen:

....

Die Abfertigungsbeamten:

Siebentes Beispiel.

Otto Lehmann, Leipzig erhielt von Franz Keller, Wien am 8. Jan. 1901 eine Bestellung auf Ledertaschen, Handkoffer und Lederfutterale. Die Ware wird am 27. Januar fakturiert und abgesandt. Am 4. Februar teilt Franz Keller mit, dass er die 50 kg Futterale, weil sie nicht formentsprechend angefertigt wurden, nicht übernimmt und retourgehen lässt.

Nach längeren Korrespondenzen entschliesst sich Otto Lehmann, dieselben zurückzunehmen und stellt an das Hauptzollamt in Leipzig den Antrag auf zollfreie Ablassung der Retourware.

Zu diesem Behufe fertigt er aus dem Begleitschein I, mit dem ihm die Retourware über Bodenbach zugeht, einen Auszug aus.

(Formular siehe Seite 164.)

Der Veredlungsverkehr.

Gegenstände, welche zur Verarbeitung, zur Vervollkommnung oder zur Reparatur mit der Bestimmung zur Wiederausfuhr eingehen, können vom Eingangszolle befreit werden.

In besonderen Fällen tritt diese Begünstigung auch ein, wenn Gegenstände zu einem der bezeichneten Zwecke nach dem Auslande gehen und m vervollkommneten Zustande zurückkommen.

Achtes Beispiel.

a) Aktiv-Verkehr.

Leopold Schober Wien sendet an Otto Lehmann Leipzig 1 Kiste enthaltend 200 kg Schirmgriffe zur Anbringung von Schnitzereien, Polieren etc. (zur Veredelung).

Man bezeichnet den Verkehr, welcher darin gipfelt, dass eine Firma des Auslandes nach Deutschland Waren sendet, um sie hier vervollkommnen zu lassen mit dem zolltechnischen Fachausdrucke Aktiv-Verkehr.

(Formular siehe Seite 167.)

Neuntes Beispiel.

b) Passiv-Verkehr.

Otto Lehmann in Leipzig sendet an Leopold Grundner, Wien 1 Kiste enthaltend 10 kg (4 Stück) rohe Wachsköpfe (Wachsguss) zur Ausgestaltung zu Friseurbüsten.

Man bezeichnet den Verkehr, welcher darin gipfelt, dass eine Firma in Deutschland Waren nach dem Auslande sendet, die dortselbst vervollkommnet werden, mit dem zolltechnischen Fachausdrucke Passiv-Verkehr.

(Formular siehe Seite 168.)

Auszug

aus

dem *Begleitschein* des *Nebenzoll*amtes *I* zu *Bodenbach* Nr. *665* vom *1. April* 190*1* über die damit an den umstehend genannten Empfänger eingegangenen Waren behufs deren Anmeldung zur *zollfreien Ablassung als Retourware:*

I. Inhalt des Begleitscheines.											II. Anträge u. Bemerkungen des Warendisponenten (Deklaranten, Begleitschein-Extrahenten, Warenführers u. s. w.)	III. Angabe: a) der Eingangsgrenzstrecke, b) des Herkunftslandes, c) des Bestimmungslandes der Waren; d) ob die Waren dem Veredelungsverkehr angehören.
Nr. der einzelnen Posten.	Name und Wohnort des Empfängers.	Der Kolli.		Gattung und Menge der Waren								
				nach der noch nicht geprüften Angabe des Deklaranten			Nach stattgehabter amtlicher Ermittelung					
		Zeichen u. Nummer.	Anzahl und Art der Verpackung.	Benennung der Waren nach Anleitung d. Zolltarifs.	Menge		Tarifmäßige Benennung der Waren mit Angabe der Tarif-Nr.	Menge				
					Brutto-Gewicht	Netto-Gewicht		Brutto-Gewicht	Netto-Gewicht			
1	*Otto Lehmann Leipzig*	*F. K. 177*	*1 Kiste*	*Lederfutterale (feine Lederwaare)* *21d / 552*	*55*						*Zur zollfreien Ablassung als Retourwaare.*	*a) Oesterreich* *b) Oesterreich* *c) Deutschland* *d) nein.*

Hierauf stellt Otto Lehmann den Antrag auf zollfreie Ablassung der Retourwaren, indem er ein Formular, welches er zu diesem Behufe am Hauptzollamt ausgefolgt erhält, in allen Punkten genau ausfüllt.

Haupt *zoll* amt *Leipzig*

.... amt ....

Antrag

der Firma *Otto Lehmann* in *Leipzig*

auf zollfreie Ablassung von Retourwaaren inländischer Abstammung.

Begleitschein I Nr. *665* des *Neben* amtes *I Bodenbach* vom *1. April 1901*

Postadnotationsregister...... Nr....................

Grenzeingangsdeklaration Nr....................

Die folgenden Fragen 1—7 sind von de...... Antragsteller...... binnen *4* Tagen zu beantworten. Erfolgt die Uebergabe der Beantwortung an die Zollstelle binnen dieser Frist nicht, so wird die Ware auf Kosten und Gefahr des Verfügungsberechtigten von Amtswegen auf die Niederlage gegeben werden.

	Beilage Nr.	Antwort:
1) **Welche Waren sind vom Auslande zurückgekommen?** (Anzahl, Benennung und Beschreibung der einzelnen Stücke mit Angabe der etwa vorhandenen Etiketten-Bezeichnungen und Nummern, Fabrikstempel oder sonstigen Erkennungszeichen. Bei größeren Posten verschiedenartiger Waren können auch Buchauszüge, Rechnungsabschriften u. s. w. beigebracht werden, die die erforderlichen Angaben enthalten.)	*1*	*50 Stück Lederfutterale.*

	Beilage Nr.	Antwort:
2) **Aus welcher Veranlassung, wohin und an wen sind die Waaren versendet worden?** (Auf mündliche oder schriftliche Bestellung — zum Kommissionsverkaufe — zur Ansicht — zum vorübergehenden Gebrauche u. s. w.? Falls die Versendung auf schriftliche Bestellung erfolgt ist, ist das Bestellschreiben u. s. w. beizufügen.)	2	*Auf schriftliche Bestellung von Franz Keller, Wien VII, Myrthengasse 9 vom 8. Januar 1901.*
3) **Wann sind sie abgesendet worden?**	3	*Am 27. Januar 1901 laut Fakturen-Kopie.*
4) **Durch welche Handlungsbücher wird die Versendung nachgewiesen?** (Angabe des Geschäftsbuches nach Band und Seitenzahl, Vorlegung eines Auszuges daraus.)	4	*Durch mein Memorial.*
5) **Weshalb sind die Waaren zurückgekommen?**	5	*Weil sie lt. Brief des Bestellers Franz Keller vom 4. Februar 1901 nicht formentsprechend angefertigt waren.*
6) **Welche Nachweise (Geschäftsbriefe, Frachtbriefe, Rechnungen u. s. w.) werden vorgelegt, um die Absendung und Rücksendung glaubhaft zu machen?**	6	*Brief vom 4. Februar 1901. Retournota des Franz Keller, Wien vom 4. Februar 1901 mit dessen handschriftlichen Bemerkungen.*
7) **Von wem und wo ist die Waare hergestellt worden?** (Ist die Waare nicht eigenes Erzeugniß des Antragstellers, so ist die ursprüngliche Rechnung oder beglaubigte Abschrift davon vorzulegen.)	7	*In meiner Fabrik in Leipzig-Reudnitz.*

Die Richtigkeit vorstehender Angaben versicher*t*....

Leipzig, am *6. April* 190*1*.

Otto Lehmann.

Abgegeben am *16. December 1901.* *Veredl.*-Register .... Nr. *46*

Auszug

aus dem Begleitscheine des *Nebenzoll*amtes *I Bodenbach* Nr. *665* vom *2. Dezember 1901* über die von d*er Firma Leopold Schober in Wien* an d*en* Unterzeichnete*n* zur *Anbringung von Schnitzereien und Polieren* und demnächstigen Wiederausfuhr nach *Oesterreich-Ungarn* eingegangenen Waren.

Otto Lehmann.

Hierzu:
eine vom *K. K. Hauptzoll*amte *Wien* bescheinigte Deklaration d*es* obengenannten Versender*s* vom *20. November 1901.*

Inhalt des Begleitscheines und Erklärung des Empfängers

Laufende Nr.	Der Kolli				Der Waren			Angabe der Identitätszeichen	Angabe der Bearbeitung, der die Waren unterliegen sollen	Frist, die für die Wiederausfuhr in Anspruch genommen wird.
	Zahl und Art	Zeichen und Nummer	Brutto-Gewicht kg	Verschlußart und Anzahl der Bleie oder Siegel	tarifmäßige Bezeichnung	Netto-Gewicht kg	Stückzahl			
1	2	3	4	5	6	7	8	9	10	11
1	*1 Kiste*	*O.L. 1*	*100*		*Schirmgriffe*	*50*	*200*	*Siegel des K. K. Hpt.-Zollamtes Wien*	*Anbringen von Schnitzereien und Polieren der Schirmgriffe*	*Frist bis 30./6. 1902*

Abgegeben am ....*1. Mai*............190*1*...

Eingetragen in das Konto-Register ....*1*.... Blatt ....*46*.... Nr. ....*635*....

Deklaration

über

............*innenverzeichnete Waren*............

die d*er*... Unterzeichnete..... zur ......*Reparatur*......

....

an ....*Leopold Grundner in Wien*..........

mit dem Antrage auf demnächstige zollfreie Wiedereinfuhr versende*t*...

......*Leipzig*......, am ......*1. Mai*......190*1*...

Otto Lehmann.

Deklaration des Versenders.

Laufende Nummer.	Der Waren: nähere Bezeichnung	Der Waren: Nettogewicht kg $^1/_1$	Der Waren: Nettogewicht kg $^1/_{100}$	Der Waren: Stückzahl.	Frist, die für die zollfreie Wiedereinfuhr der Waren in Anspruch genommen wird.	Angabe a) des Zweckes der Versendung oder b) der Art der Bearbeitung, die die Waren erfahren sollen.	Angabe der Kolli, in die die Waren verpackt werden sollen, nach: Zahl und Art.	Angabe der Kolli, in die die Waren verpackt werden sollen, nach: Zeichen und Nummer.	Erklärung des Versenders, ob er amtliche Bezeichnung der Waren mit Stempel- oder Siegelaufdruck oder Anlegung v. Plomben wünscht, und etwaige weitere Anträge.
1.	2.	3.	4.	5.	6.	7.	8.	9.	10.
1	*Wachsköpfe*	*10*	—	*4*	*1. Septbr. 1901*	*b) die Köpfe sollen aufgesotten u. modelliert werden.*	*1 Kiste*	*L. G. 1*	*Jeder Kopf soll apart mit einem Erkennungszeichen versehen werden.*

VI.

Wissenswerte Daten über den handelstechnischen Vorgang beim Exporte nach den hervorragendsten Handels-Staaten.

I. Der Exportverkehr nach den Staaten Europas.

Der Exportverkehr nach Belgien.

Handelsverträge.

Mit Deutschland und Österreich-Ungarn vom 6. Dezember 1891, giltig bis 31. Dezember 1903. Für die Einfuhr gilt der Zolltarif vom Jahre 1890, abgeändert durch Gesetz vom 17./4. 1896.

Fracht-Begleitpapiere.

Als Begleitpapiere sind für den Export nach Belgien vorgeschrieben:

1. Ein Frachtbrief mit deutsch-französischem Vordrucke (sogenannter belgisch-französisch-niederländischer Frachtbrief) [internationaler Frachtbrief].

2. Eine Zolldeklaration in französischer Sprache (Transports internationaux) mit genauer Angabe des Wertes bezw. der Menge, des Gewichtes oder Masses.

Ferner muss auf der Deklaration ersichtlich sein, ob das Gut zum Verbrauche in Belgien selbst (consommation) bezw. zur Niederlage (entrepôt) bestimmt ist, oder ob dasselbe Belgien nur transitieren soll.

Die Zahl der Frachtstücke ist zu addieren und die Totalsumme wie die Gewichtsumme in Buchstaben zu wiederholen.

Bei allen Sendungen, welche in Belgien dem Adressaten in der Behausung zugestellt werden sollen (à remettre à domicile), muss der Inhalt der Zolldeklaration im Frachtbriefe wiedergegeben werden.

Ferner ist in den Deklarationen das Ursprungsland und bei Sendungen, welche nach Belgien gehen, auch das Land der schliesslichen Bestimmung anzugeben.

In Belgien kann der Empfänger die Zollabfertigung selbst besorgen, wenn im Frachtbriefe nicht ausdrücklich beantragt ist, dass solches durch die Eisenbahn geschehen solle.

Werden Güter nach Belgien über Aachen unter Zollkontrolle eingeführt, so dürfen die Zollpapiere nur dann auf das Hauptzollamt Aachen lauten, wenn diese Güter auch in Aachen an die „Grosse Belgische Zentralbahn" übergeben oder über Bleyberg nach Belgien ausgeführt werden.

Bei Sendungen nach Charleroy, welche daselbst zur Zollabfertigung kommen sollen, ist im Frachtbriefe als Bestimmungsstation „Charleroy" (Entrepôt) einzutragen.

3. Ein statistischer Anmeldeschein für die Einfuhr (grüner Schein).

Frachtberechnung.

Die Fracht wird nach Kilogrammen berechnet; Sendungen von weniger als 20 kg werden als 20 kg in Anrechnung gebracht.

Das darüber hinausgehende Gewicht wird von 10 zu 10 kg steigend so berechnet, dass je angefangene 10 kg für voll gelten.

Die Zustellung von Frachtstücken ist auf belgischen Stationen, wo Bestellerdienst eingerichtet ist, obligatorisch (Gebühr 30 cts. für 100 kg).

Ist im Frachtbriefe die Vorschrift „Bahnhof restante" angegeben, so wird eine Avisgebühr von 10 cts. berechnet.

Nachnahme und Provision.

Für jeden Vorschuss, sowie für jede Nachnahme von mehr als 5 fcs. wird bei Sendungen aus Deutschland eine Provision von $^1/_2$% berechnet.

Lieferzeit-Versicherung.

Für Versicherung des Interesses an der rechtzeitigen Lieferung wird ein Frachtzuschlag erhoben, welcher für je 10 fcs. der deklarierten Summe (angefangene 10 fcs. für voll gerechnet)

für die ersten 150 km . . .	10 cts.
„ „ folgenden 225 km . .	5 „
„ jede weiteren 375 km .	5 „

beträgt.

Handlungsreisende.

Im Sinne des Handelsvertrages sind deutsche Kaufleute, Fabrikanten und andere Gewerbetreibende, welche sich durch den Besitz einer von den heimischen Behörden ausgefertigten Legitimationskarte darüber ausweisen, dass sie in Deutschland zum Gewerbebetrieb berechtigt sind, befugt, persönlich oder durch in ihren Diensten stehende Reisende auch in Belgien Wareneinkäufe zu machen oder Bestellungen unter Mitführung von Mustern entgegenzunehmen.

Waren mitzuführen ist den Reisenden nicht gestattet.

Für zollpflichtige Gegenstände, welche als Muster von den Handlungsreisenden nach Belgien gebracht werden, wird unter Sicherstellung für die etwa zu entrichtenden Abgaben Zollfreiheit unter der Voraussetzung gewährt, dass die Muster binnen einer im voraus festzusetzenden Frist wieder unverkauft ausgeführt werden.

Zollreklamationen.

Zollreklamationen sind entweder an die Provinzial-Zolldirektion oder an das königl. belgische Finanz-Ministerium zu richten; dieselben sind stempelfrei.

Der Exportverkehr nach Bulgarien.

Handels- und Zollvertrag.

Einen besonderen Handelsvertrag hat Deutschland mit Bulgarien nicht abgeschlossen.

Die Zollverhältnisse regeln sich vielmehr auf Grund des sog. Berliner Vertrages vom 13./7. 1878.

Bulgarien darf eine Erhöhung der Zollsätze bloss mit Genehmigung der beim Berliner Vertrage beteiligt gewesenen Staaten vornehmen.

Fracht-Begleitpapiere.

1. Ein Frachtbrief mit deutschem und bulgarischem Vordrucke (ТОВАРИТЕ ЛНИЦА.)

Der Frachtbrief ist in deutscher Sprache, aber mit lateinischer Schrift auszufüllen.

Ein Duplikatfrachtbrief ist hierzu nicht obligatorisch.

2. Zwei Zolldeklarationen (sogen. österreichische Deklarationen).

Siehe „Der Exportverkehr nach Österreich-Ungarn“: Frachtbegleitpapiere (Reglement vom 1./11. 1893).

3. Ein statistischer Anmeldeschein für die Ausfuhr.

Nachnahme und Provision.

Nachnahmen müssen auf Goldleva lauten, die Auszahlung erfolgt in Markwährung.

Die Nachnahmeprovision beträgt bis 125 Leva 1 %; über diesen Betrag hinaus ½ %.

Lieferzeit-Versicherung.

Die Lieferzeit ist für den Verkehr mit Bulgarien die gleiche, wie für den Verkehr mit jenen Ländern, für welche die Bestimmungen des internationalen Übereinkommens gelten.

Eine besondere Lieferzeit-Versicherung ist im Verkehre mit Bulgarien unzulässig.

Wertdeklaration.

Es ist gestattet, den Wertanspruch speziell zu deklarieren, und es beträgt sodann der Frachtzuschlag für je 150 km $^1/_{10}$ ‰ des deklarierten Betrages.

Frachtberechnung.

Bei Frachtgutstücken kommen mindestens 30 kg zur Berechnung; der Überschuss an Gewicht wird auf volle 10 kg abgerundet; bei Wagenladungen wird der Überschuss über 5000 kg auf 100 kg abgerundet.

Zollbestimmungen.

Auf den bulgarischen und orientalischen Eisenbahnen kann die Verzollung der auf Grund des direkten Tarifes abgefertigten Sendungen nur durch die Organe der Bahnverwaltung bewirkt werden.

Deutsche Waren unterliegen einem 14 % Wertzolle vom jeweiligen Werte der Waren zur Zeit und an dem Orte der Einfuhr; bei einzelnen Artikeln kommen noch Accisegebühren in den Städten hinzu.

Handlungsreisende.

Handlungsreisende müssen bei den Handelskammern oder bei den betr. Gemeindeämtern angeben, welche Firma sie vertreten und gleichzeitig eine Kopie ihrer Vollmacht beilegen. Die Vollmachten müssen von den betr. diplomatischen Vertretern und vom bulgarischen Ministerium des Äussern verifiziert sein.

Der Exportverkehr nach Dänemark.

Handelsvertrag.

Deutschland hat mit Dänemark keinen Handelsvertrag abgeschlossen, doch geniesst es daselbst die Vorteile der meistbegünstigten Nationen.

Fracht-Begleitpapiere.

Als Begleitpapiere sind für den Export nach Belgien vorgeschrieben:

1. Ein Frachtbrief (Fragtbrev), (deutsch-skandinavischer Frachtbrief) sog. Verbands-Frachtbrief.

Zolldeklarationen sind nicht erforderlich.

2. Ein statistischer Anmeldeschein für die Ausfuhr.

Die Ausfertigung des Frachtbriefes erfolgt in deutscher Sprache.

Frankatur.

In bezug auf Frankatur gilt das, was über diese bei Besprechung des internationalen Eisenbahnfrachtverkehrs gesagt wurde.

Lieferzeit-Versicherung.

In betreff der Lieferfrist ist von den Bestimmungen des internationalen Übereinkommens eine kleine Abweichung; die Transportfrist für je angefangene 300 km beträgt einen Tag bei Eilgut und für 100 km einen Tag bei Frachtgut.

Frachtzuschlag für versicherte Lieferzeit bei Entfernungen

bis	150 km		M. 1,—	pro Mille
von	151 „	bis 375 km	„ 1,50	„ „
über	375 „		„ 2,—	„ „

Wert-Deklaration.

Wertdeklaration ist bei nach Dänemark exportierter Ware zulässig. Der Frachtzuschlag beträgt $^1/_{10}$ ‰ der deklarierten Summe.

Umrechnungsfaktor.

Bei Umrechnung der Fracht, Nebengebühren, Bar- und Nachnahmebeträgen gelten 9 Mark = 8 Kronen dänisch.

Zollmanipulation.

Sollen Güter in den Freihafen nach Kopenhagen gehen und nicht der Zollmanipulation unterworfen werden, so müssen sie die deutliche Aufschrift tragen:

„Kopenhagen Freihafen“ oder
„Kopenhagen Freihafen=Zollboden“.

Handlungsreisende.

Dieselben müssen, um Kundschaften besuchen zu dürfen, einen Erlaubnisschein besitzen, der auf ein Jahr gilt und 160 Kronen kostet.

Vertritt ein Reisender mehrere Firmen, so hat er für jede weitere Firma eine Gebühr von 80 Kronen zu entrichten.

Handlungsreisende dürfen nur bestimmte Städte, sog. „Handelsplätze“ besuchen.

Der Exportverkehr nach Frankreich.

Handlungsverträge.

Deutschland geniesst das Recht der meistbegünstigten Nation auf Grund der Frankfurter Verträge vom 18./5. und 11./12. 1871 bezüglich der England,

Belgien, den Niederlanden, der Schweiz, Österreich-Ungarn und Russland gewährten Begünstigungen.

Fracht-Begleitpapiere.

Als Fracht-Begleitpapiere sind für den Export nach Frankreich vorgeschrieben:

1. Ein Frachtbrief mit deutsch-französischem Vordruck [internationaler Frachtbrief].

2. Zwei in französischer Sprache ausgefertigte Deklarationen.

Wenn das Gut bei der Beförderung ausser belgischem auch noch niederländisches Gebiet berührt, so sind drei Deklarationen nötig.

Bei den im Transit durch Frankreich gehenden Waren ist der endgiltige Bestimmungsort anzugeben.

Es ist auch erforderlich, das Bruttogewicht in allen Fällen anzugeben und das Nettogewicht in dem Falle, als darnach der Eingangszoll eingehoben wird.

Nach dem Nettogewicht werden alle Waren verzollt, deren Eingangszoll mehr als 10 fcs. für 100 kg beträgt. Die Zolltara ist festgesetzt für Kisten oder Fässer mit 12%, für Ballen, Säcke oder Körbe mit 2%.

3. Ein statistischer Anmeldeschein für die Ausfuhr.

Die Ausfüllung des Frachtbriefes kann in deutscher oder französischer Sprache erfolgen. Üblich ist die deutsche Sprache unter Anwendung der lateinischen Schrift.

Frachtberechnung.

Die Fracht wird in Frankenwährung berechnet und nach dem jeweiligen, durch Schalteraushang bekannt gemachten Kurse umgerechnet.

Sendungen unter 20 kg werden für 20 kg angenommen, das darüber hinausgehende Gewicht wird mit 10 kg steigend so berechnet, dass je angefangene 10 kg für voll gelten.

Frankaturen für einen bestimmten Teil der Transportstrecke sind nicht zulässig.

Nachnahme-Provision.

Die Verwaltungen sind zu Vorschüssen (débourses) auf Güter nicht verpflichtet.

Nach dem Ermessen der Versandstation werden solche indessen, insofern es sich nicht um Objekte handelt, die raschem Verderben unterliegen, bis zum Betrage von 375 Franken gewährt und dem Versender sofort bei Aufgabe des Gutes ausbezahlt.

Nachnahmen (remboursements) sind im direkten Verkehre mit der französischen Nordbahn in unbeschränkter Höhe und im direkten Verkehre mit der französischen Ostbahn bis zur Höhe des Wertes der Sendung zulässig.

Die Nachnahme-Provision beträgt bis 125 fcs. 1%, über diesen Betrag hinaus ½%.

Lieferzeit-Versicherung.

Die Expeditions- und Transportfrist ist nach den Bestimmungen des Internationalen Übereinkommens vom 14./10. 1890 festgesetzt.

Im Falle der Deklaration des Interesses an der rechtzeitigen Lieferung ist ein Frachtzuschlag zu entrichten, welcher für je 1000 fcs. der deklarierten Summe (angefangene 10 fcs. für voll gerechnet) per Kilometer 25 cts. beträgt.

Wert-Deklaration.

Bei Deklaration eines höheren als des gemeinen Handelswertes ist neben der tarifmässigen Fracht ein Zuschlag zu entrichten, welcher $^{1}/_{10}$ ‰ der ganzen deklarierten Summe ausmacht.

Spezialgebühr.

Zu gunsten der französischen Staatskassen wird für jede Sendung eine Stempelgebühr berechnet, und zwar für Eilgut 35 cts. und für Frachtgut 70 cts.; diese Gebühr wird beim Empfänger eingehoben.

Handlungsreisende.

Die französische Generalzolldirektion hat im Jahre 1895 folgendes Zirkular erlassen: „Nach dem Gesetze v. 15./7. 1880 sind Handlungsreisende fremder Nationen hinsichtlich der Gewerbesteuer auf demselben Fusse zu behandeln, wie die französischen Handlungsreisenden bei diesen Nationen.“

Einer Gewerbesteuer unterliegen daher derzeit nur die Handlungsreisenden Belgiens, Dänemarks, Hollands, Russlands und Schwedens. Alle Reisenden sind beim Eintritte in Frankreich bei Gefahr der Beschlagnahme, Geld- bezw. Freiheitsstrafe gesetzlich verpflichtet: Gold- und Silberwaren, Kolonialwaren, Manufaktnrwaren, sowie alle nicht gebrauchten Gegenstände, die sie vom Auslande nach Frankreich bringen, den Zollbeamten anzugeben und vorzuzeigen.

Ursprungszeugnisse
für die Wareneinfuhr nach Frankreich.

Ursprungszeugnisse werden in Frankreich zur Zeit nur für folgende Waren verlangt:

1. Für die Erzeugnisse des türkischen Reiches und
2. für Rohseide, Weine, geschälten Reis und nicht flüchtige vegetabilische Öle.

Für andere Waren werden Ursprungszeugnisse bei der Einfuhr nach Frankreich nicht abverlangt. Diese Atteste können von allen französischen Konsulaten und Ortsbehörden ausgestellt werden.

Ausserdem werden Ursprungs-Zertifikate auch als gültig angesehen, wenn sie von dem Vorstand des Zollamtes, über welches die Ware nach Frankreich ausgeführt wird, unterzeichnet und mit dem Dienststempel versehen sind.

Eine bestimmte Form ist für solche Ursprungsnachweise nicht vorgeschrieben; unerlässlich ist indessen, dass sie in 2 Exemplaren ausgestellt werden und dass sie das Gewicht der Ware in Worten angegeben enthalten.

Stempelabgaben für Ursprungszeugnisse: 60 cts. (kleines Papierformat), fcs. 1,20 (grösseres Papierformat), fcs. 2,40 (grösstes Papierformat).

Der Exportverkehr nach Grossbritannien.

Handelsvertrag

mit Deutschland abgeschlossen am 30. Mai 1865; derselbe hat Gültigkeit bis 1 Jahr nach Kündigung.

Fracht-Begleitpapiere.

Als Begleitpapiere sind für den Export nach Grossbritannien vorgeschrieben:

1. Ein Frachtbrief: „Englisch-Deutscher Güterverkehr" („Trafic des marchandises Anglo-Allemand"). Ausfertigung in deutscher Sprache.

2. Bei Sendungen über Belgien 2 Zolldeklarationen in französischer Sprache mit Ersichtlichmachung der unter dem Abschnitte „Der Exportverkehr nach Belgien" angeführten Daten.

3. Ein statistischer Anmeldeschein für die Ausfuhr.

Frachtberechnung.

Die Fracht wird in Franken berechnet und nach dem von seiten der Eisenbahn festgesetzten und durch Schalteraushang bekannt gemachten Kurse umgerechnet.

Nachnahmen.

Wertnachnahmen sind nicht zulässig.

Vorschüsse sind nur zulässig für die Kosten der An- und Abfuhr der Güter; Lagergelder, Reparaturkosten und sonstige Auslagen für Güter nach dem Ermessen der Versandtstation bis zum Betrage von 100 fcs. (4 £).

Lieferzeit- und Wertversicherung.

Für die Strecke Antwerpen-London beträgt die Lieferzeit für Eilgut 3 Tage, für Frachtgut 4 Tage.

In England sind Sonn- und Festtage bei Berechnung der Lieferfrist ausgeschlossen; ebenso die Zeit, während welcher die Güter Antwerpen oder Harwich auf die Verladung in die Schiffe warten müssen.

Der Frachtzuschlag bei Versicherung des Interesses an der Lieferung (Verlust, Beschädigung, Verspätung) beträgt für den Landtransport 3 vom

Tausend der deklarierten Summen für je angefangene 200 kg der Landtransportstrecke. Die Deklaration der zu versichernden Summe gegen die Gefahren des Wasserweges muss auf dem Frachtbrief an hierfür vorgesehenen Stellen mit Buchstaben in Frankenwährung eingetragen werden.

Die Provision für die Wertversicherung beträgt $^1/_4$ ‰, welche von 100 zu 100 fcs. des versicherten Wertes berechnet wird.

Bei Gütern, welche nicht besonders versichert sind, wird für Beschädigung und Verlust während des Seetransportes keinerlei Entschädigung geleistet.

Tarifwesen.

Es bestehen zur Zeit nur direkte Tarife von und nach London.

Güter nach anderen englischen Stationen werden auf der Station Harwich umspediert und es ist der genauen Adresse des Empfängers blos der Vermerk zuzusetzen: „via Harwich".

Um die Verfrachtung nach dem Innern Englands zu erleichtern, hat die „Grosse Englische Ostbahn" (Great Eastern Rlw. Co.) in Köln eine Generalagentur errichtet.

Warenbezeichnungen.

In betreff der Warenbezeichnungen ist durch die sog. „Merchandise Marks Act" vom 23./8. 1897 folgendes festgesetzt:

Nach England oder über englische Häfen gehende Waren oder Produkte dürfen keine direkt oder indirekt irreführende Etikettierung aufweisen.

Sie haben einen in die Augen fallenden englischen Zusatz von ihrem Ursprung zu enthalten, z. B. „Made in Germany" oder „Produce of Austria".

Durch das Gesetz vom 11./5. 1891 wurde bestimmt, dass auch die Zolldeklaration über eingeführte Waren in diesem Sinne zu verfassen ist.

Der Gebrauch der Worte „patent", „Trade mark", „registered" oder „copy right" wird nicht beanstandet; werden dieselben aber unrechtmässig benutzt, so unterliegen die betreffenden Waren der Konfiskation.

Der Exportverkehr nach Italien.

Handelsverträge.

Mit Deutschland besteht ein Handelsvertrag vom 6./12. 1891, welcher bis 21. Dezember 1903 Gültigkeit hat.

Fracht-Begleitpapiere.

Als Begleitpapiere sind für den Export nach Italien vorgeschrieben:

1. Ein Frachtbrief. (Intern. Frachtbrief mit deutsch-französisch-italienischem Vordrucke) [„Frachtbrief" „Lettera di vettura"; lettre de voiture"].

Ist die Anwendung des Transitverkehrs vorgeschrieben, dann ist ein zweites Exemplar des Frachtbriefes notwendig.

Die Ausfüllung des Frachtbriefes kann in deutscher oder französischer Sprache erfolgen; wird derselbe deutsch ausgefüllt, so muss dazu die lateinische Schrift benutzt werden.

2. Zolldeklarationen. Wenn die Brennerroute im Frachtbrief vorgeschrieben ist, sind 3 italienische Zolldeklarationen auszufertigen.

„Deutsch-italienischer Güterverkehr" (servizio merci italo-germanico).
Erklärung für die Zollämter: Dichiarazione per le Dogane.

Wenn die Gotthardroute im Frachtbriefe vorgeschrieben ist, 2 italienische Zolldeklarationen und 1 schweizerische (gelbe) Zolldeklaration (Deklaration für die Geleitschein-Abfertigung).

3. Ein statistischer Anmeldeschein für die Ausfuhr und

4. Ein Ursprungszeugnis.

Diejenigen Güter, welche nach dem Handelsvertrage bei der Einfuhr nach Italien Meistbegünstigungszölle geniessen (auch Postfrachtstücke), müssen von Ursprungszeugnissen begleitet sein.

Formular:

Ursprungszeugnis.

Die unterzeichnete Handelskammer bescheinigt hiermit, daß die nachstehend bezeichnete Firma .... in .... an die Firma .... in ....:..... .... versandten Güter (per ....) **deutsches Industrie-Erzeugnis** sind.

Certificato d'origine.

La sottoscritta Camera die Commercio di .... certifica che le merci qui sotto descritte speditte dalla ditta .... di .... alla ditta... di .... sono di **produzione dell' industria Germanica.**

Marke Marca	Nro. Numero	Kolli Colli	Gewicht Peso kg	Inhalt Contenuto	Empfänger Destinatario	Bestimmungsort Destinazione

.... den 19

Handelskammer zu ....

Der Präsident — Das Mitglied

.... addì 19

Camera di Commercio

Il Präsidente — Il Membro

Frachtberechnung.

In betreff der Frachtberechnung gilt das, was unter demselben Titel bei dem Exportverkehr nach Frankreich mitgeteilt wurde.

Italienischer Transit-Tarif.

Für den Durchzug von Gütern durch Italien besteht ein ermässigter Spezialtarif.

Bei solchen Sendungen wird an der Grenze ein Sicherheitsbegleitschein für ausländische Güter (Boletta di cauzione per merci estere) oder ein Schein für zollfreie Durchfuhr (Boletta di esenzione da dazio per transito) beigegeben.

Ausser der Vorschrift: „Nach italienischem Transittarif" hat der Versender im Frachtbriefe folgende Erklärung abzugeben:

„Die unterzeichnete Firma erklärt, dass die im gegenwärtigen Frachtbriefe verzeichneten Güter vom Auslande herkommen und für das Ausland bestimmt sind.

Dieselbe erklärt ferner, die reglementarischen Bestimmungen und Strafandrohungen zu kennen, welche für den Fall des Wiedereintrittes dieser Güter in das italienische Gebiet festgesetzt sind."

Nachnahme.

Nachnahmen sind bis zur Höhe des Wertes des Versandobjekts zulässig (Maximalbetrag jedoch 2000 Lira).

Der Nachnahmebetrag ist in Lira anzugeben, wird jedoch nach Eingang in Mark ausgezahlt.

Nachnahmeprovision: 1 % bis einschl. 100 M. und ½ % bei Nachnahme in grösseren Wertbeträgen.

Für bare Auslagen, welche ebenfalls nachgenommen werden können, darf eine spezielle, erhöhte Provision eingehoben werden.

Lieferzeit-Versicherung.

In betreff der Lieferzeit und der Deklaration des Interesses an der Lieferung gelten die für den internationalen Frachtenverkehr bestehenden Bestimmungen.

Zollbestimmungen.

Die Zölle werden von dem wirklichen Nettogewichte erhoben, wenn die Waren mehr als 40 Lira pro 100 kg Zoll zahlen, und von dem gesetzlichen Nettogewicht, wenn die Waren über 20 bis 40 Lira pro 100 kg Zoll bezahlen; alle anderen Waren werden nach dem Bruttogewichte verzollt.

Das gesetzliche Nettogewicht wird durch Abzug nachstehender Tarasätze bestimmt.

1. Umschliessungen aus Fayence oder Porzellan . . . 20 %
2. Gefässe und Büchsen aus Weissblech . . . . . . 15 %
3. Tonnen und Kisten . . . . 15 %
4. Fässer, Eimer . . . . 8 %
5. Körbe . . . . 5 %
6. Ballen zum grössten Teile aus Leinen mit Eisenreifen 5 %
7. Ballen mit Umschliessungen aus Matten und Rohr . 4 %

Handlungsreisende.

Handlungsreisende legitimieren sich für den Geschäftsbetrieb in Italien durch Gewerbelegitimationskarten, welche jene Behörden des Heimatlandes auszustellen befugt sind, welche die Passkarten ausfertigen.

Der Exportverkehr nach den Niederlanden.

Handelsvertrag.

Mit Deutschland abgeschlossen am 31./12. 1851 gültig bis 1 Jahr nach Kündigung; (gültig für die Niederlande und ihre Kolonien).

Fracht-Begleitpapiere.

Als Begleitpapiere sind für den Export nach den Niederlanden vorgeschrieben:

1. Ein Frachtbrief (Internationaler Frachtbrief mit Duplikat; deutsch-französischer Vordruck).

Der Frachtbrief ist in deutscher Sprache auszufüllen; ebenso wie bei Stückgütern muss auch bei Wagenladungen die Anzahl und Gattung der Frachtstücke genau bezeichnet werden; es genügt also nicht etwa die Angabe: „1 Wagen: Eisen“.

Zolldeklarationen sind nicht erforderlich.

2. Ein statistischer Anmeldeschein für die Ausfuhr.

Frankatur.

Dieselbe wird in Markwährung berechnet; im übrigen gelten die Bestimmungen des internationalen Übereinkommens.

Nachnahme und Provision.

Der Nachnahmebetrag ist in Markwährung anzugeben; des weiteren gelten sowohl für die Nachnahme als für die Provision die Bestimmungen des internationalen Übereinkommens.

Lieferzeit-Versicherung.

Die Deklaration des Interesses an der rechtzeitigen Lieferung muss behufs ihrer Gültigkeit in dem Frachtbriefe an der dafür vorgesehenen Stelle erfolgen und der Betrag seitens des Frachtbriefausstellers in Buchstaben angegeben werden.

In betreff des Frachtzuschlages gilt das, was bei Dänemark angegeben wurde, auch für den Export nach den Niederlanden.

Transittarif.

Nach den Hafenplätzen:

Amsterdam, Dortrecht, Hoek van Holland, Middelburg, Rotterdam (Delftsche Poort, Freyenoord und Handelsterreinen) und Vlissingen bestehen ermässigte Transitfrachten, für solche Güter, welche an diesen Plätzen zur Umspedition gelangen.

Will ein Versender von dem ermässigten Tarife Gebrauch machen, so muss er rechts oben auf dem Frachtbrief neben der Empfangsstation **„transit“** bemerken.

Zollbestimmungen.

Mit Rücksicht auf die Verzollung sollen in den Frachtbriefen (da Zolldeklarationen nicht erforderlich sind) nachstehende Daten angeführt werden:

a) Die Angabe, ob die Waren zur Einfuhr, Durchfuhr oder für eine Zollniederlage bestimmt sind.

b) Das Gewicht der zu einer Sendung gehörenden Frachtstücke.

c) Die Benennung, Menge und der Wert der Waren unter Berücksichtigung des niederländischen Zolltarifes.

Da die Waren in den Niederlanden meistens nach dem Werte verzollt werden, ist es am Platze, diesen stets im Frachtbriefe anzuführen.

Bei Angabe eines exorbitant niedrigen Wertes übernimmt die Zollbehörde strafweise die Ware zu dem so angegebenen Werte und erhebt den Zoll nach dem höheren und von ihr festgestellten Werte.

Mit Rücksicht auf jene Waren, für welche Gewichtszölle festgesetzt sind, bestehen gesetzliche Tarasätze (diese sind für Waren in Fässern oder Kisten aus Holz 15 %; für Waren in Leder, Latten, Kiste, Leinen verpackt 8 %; jedoch wird auf Wunsch der Partei auch das wirkliche Gewicht ermittelt und es erfolgt sodann die Verzollung nach diesem Gewichte.

Handlungsreisende.

Deutsche Handelsreisende zahlen, um in den Niederlanden Geschäftsabschlüsse machen zu dürfen, die vertragsmässig vereinbarte Licenzgebühr von jährlich 15 fl. 36 cts.

Behufs Ausfertigung der Bewilligung müssen sie eine Bescheinigung der Heimatsbehörde beibringen und das Bestehen, sowie den Umfang der Geschäftsthätigkeit der durch ihn vertretenen Firma durch die Besteuerungsdokumente nachweisen.

Muster, welche keinen Handelswert besitzen, können zollfrei seitens der Reisenden nach den Niederlanden mitgenommen werden.

Norwegen (s. Schweden und Norwegen).

Der Export-Verkehr nach Österreich-Ungarn.

Handelsvertrag.

Handelsvertrag, abgeschlossen am 6. Dezember 1891, gültig bis 31./12. 1903.

Fracht-Begleitpapiere.

Als Begleitpapiere sind für den Export nach Österreich-Ungarn vorgeschrieben:

1. 1 Frachtbrief (internationaler Frachtbrief mit deutschem Vordruck mit Duplikat).

2. 2 Zolldeklarationen. Bei Waren in Wagenladungen müssen die für die Zollbehörde erforderlichen Angaben im Frachtbriefe enthalten sein.

   Die Angaben in den Zolldeklarationen müssen in deutscher Sprache gemacht werden. Es ist genau anzugeben, ob die Sendung zur Ein- oder Durchfuhr bestimmt ist, an der Grenze verzollt oder freigeschrieben oder an ein anderes Amt angewiesen werden soll; insbesondere aber ist der Ursprung der Ware genau festzusetzen: z. B. „Aus dem freien Verkehre des deutschen Reiches".

3. 1 statistischer Anmeldeschein für die Ausfuhr.

Frankatur und Nachnahme.

Die Frankatur wird in Markwährung berechnet, die Höhe der Nachnahme nach Eingang ist unbeschränkt.

Lieferzeit-Versicherung.

Die Berechnung des Frachtzuschlages bei Interessendeklarationen weicht insofern von dem gewöhnlichen Vorgang ab, als nur die wirklichen Entfernungen und nicht die auf je 200 km abgerundeten Ziffern der Berechnung zu Grunde gelegt werden.

Handlungsreisende.

Deutsche Kaufleute oder die in ihren Diensten stehenden Reisenden, welche Ankäufe machen oder Bestellungen nur unter Mitführung von Mustern entgegennehmen, haben keine weiteren Abgaben hierfür zu entrichten.

Zum Behufe der Kontrolle müssen dieselben Gewerbe-Legitimationskarten von den Behörden ihres Heimatlandes besitzen.

Für die von Handlungsreisenden mitgeführten Muster werden, wenn sie binnen einer im voraus zu bestimmenden Frist unverkauft zurückgeführt werden, keinerlei Zollabgaben erhoben.

Die Musterkoffer dieser Reisenden werden, wenn die Besitzer die vorgeschriebenen Formalitäten nach jeder Richtung hin erfüllen, auf den österreichischen Staatsbahnen und einigen Privatbahnen zu besonders ermässigten Tarifen expediert.

Der Exportverkehr nach Rumänien.

Handelsvertrag.

Handelsvertrag vom 21. Oktober 1893; giltig bis 31. Dezember 1903.

Fracht-Begleitpapiere.

1. 1 Frachtbrief (internationaler Frachtbrief mit deutschem Vordruck (mit Duplikat).

   Die Frachtbriefe sind in deutscher Sprache und in deutlicher lateinischer Schrift auszustellen.

2. 2 österreichische Zolldeklarationen.

   In betreff der Ausfüllung derselben gilt dasselbe was an dieser Stelle beim Kapitel „Der Exportverkehr nach Österreich-Ungarn“ gesagt wurde.

3. 2 Exemplare der Faktur.

   Diese müssen dem Frachtbriefe beigegeben (angeheftet) sein. Die eine derselben bildet das Original (Zolldokument), die andere ist hiervon eine Kopie und kann ungestempelt sein.

   Es ist indess die Stückzahl der zur Verladung gebrachten Gegenstände anzugeben.

   Bei Transitogütern wird die genaue Angabe des Wertes der Güter im Frachtbriefe verlangt.

Bei Gütern, deren Verzollung an der Grenze erfolgt, müssen diese Papiere der Eisenbahn mit dem Frachtbriefe übergeben werden; bei Gütern jedoch, deren Verzollung erst am Bestimmungsorte stattfindet, können die für die Verzollung nötigen Dokumente auch an den Übernehmer der Waren abgehen, der sie dann der königlich rumänischen Zollbehörde vorzulegen hat.

(Zirkular der rumänischen Zolldirektion 29./7. 1897).

Frankatur, Nachnahme und Lieferzeit-Versicherung.

Wie bei Oesterreich Ungarn.
(Für Güter, welche weniger wiegen als 5 kg, besteht Postzwang).

Beachtenswerte Momente beim Exporte nach Rumänien.

1. Das königlich rumänische Generalkonsulat macht wiederholt darauf aufmerksam, dass die Deklaration über Waren, welche in Rumänien

eingeführt werden, genaue Spezifikationen enthalten muss, da der Exporteur sonst schweren Geldstrafen unterliegen bezw. das Gut reteniert werden würde.

2. Wenn ein Accept das Giro einer anderen Person trägt und mangels Zahlung des Acceptanten protestiert wird, muss die Klage innerhalb 15 Tagen vom Eigentümer des Wechsels gegen den haftenden Vormann beim rumänischen Gericht eingebracht werden, wenn derselbe nach dem rumänischen Handelsgesetz (§ 345) nicht ausser Obligo kommen soll.

Es empfiehlt sich daher, ein solches Accept mit dem Auftrage zur event. Protesterhebung und Klage einzusenden.

3. Die Originalfakturen, welche als Zolldokumente dienen, müssen die Gattung der Ware genau nach den Bestimmungen des rumänischen Zolltarifs benennen, oder sie müssen zum mindesten volle Klarheit über die Provenienz der Gattung der Ware geben, die dann in der Deklaration genau nach der Klasse des Zolltarifes zu bezeichnen ist. Allgemeine Bezeichnungen, wie Kurzwaren, Lederfabrikate, Garne oder ähnliche sind unzulässig.

Handlungsreisende.

Zur Besorgung von Einkäufen, sowie zur Besorgung von Verkäufen auf Grund von Mustern sind lt. Art. 3 des Handelsvertrages v. 21./10. 1893 alle diejenigen berechtigt, die sich darüber ausweisen können, dass sie in dem Staate, in welchem sie ihren ständigen Wohnsitz haben, zum Gewerbebetriebe berechtigt sind und ihre Abgaben ordnungsgemäss entrichten.

Beim Entgegennehmen von Bestellungen dürfen sie aber lediglich Muster vorlegen und keine Waren den Interessenten übergeben.

Reisende haben sich darüber auszuweisen, welche Häuser sie zu vertreten berechtigt sind.

Für zollpflichtige Gegenstände, welche als Muster von den Handlungsreisenden eingeführt werden, ist Befreiung von Eingangs- und Ausgangsabgaben zugestanden, es muss jedoch bei Einfuhr nach Rumänien hierfür Sicherheit geleistet werden.

Reisende, Kommissionäre oder Agenten müssen sich durch Vollmachten ausweisen können, dass sie thatsächlich in Vertretung ausländischer Firmen Käufe oder Verkäufe bewerkstelligen.

Eine solche Vollmacht, die von der Handelskammer oder von der Gesandtschaft visiert sein muss, hat zu lauten:

„Endesunterzeichnete.... bevollmächtigt hiermit seinen Vertreter für Rumänien, Herrn .... zu ...., für mich Aufträge, deren Effektuierung ich bis zu meiner Bestätigung mir vorbehalte, aufzunehmen, ferner bevollmächtige ich ihn, Dispositionswaren von den Kunden und Transport-Gesellschaften zu beheben und anderwärts zu plazieren und überhaupt alle zur Wahrung meiner Interessen nötigen Schritte bis auf Weiteres zu thun.“

Geschehen in .... am .... 19.......

....

(Unterschrift)

Die Unterschrift wird von seiten einer Handelskammer oder Ortsbehörde beglaubigt und sodann dem nächsten rumänischen Konsulate zur Legalisierung übersendet.

Der Exportverkehr nach Russland.

Handelsvertrag.

Deutschland hat mit Russland am 10./2. 1894 einen Handelsvertrag abgeschlossen, der bis 31./12. 1903 gilt.

Fracht-Begleitpapiere.

Als Begleitpapiere sind für den Export nach Russland vorgeschrieben:

1. 1 Frachtbrief mit deutsch-russischem Vordruck (internationaler Frachtbrief),

2. 1 Frachtbrief mit der Bezeichnung:

Zolldokument (russische Bezeichnung)

Die Frachtbriefe sind genau gleichlautend in deutscher Sprache auszufüllen.

Insbesondere empfiehlt es sich, die Zeichen, Nummern und einzelnen Warenpositionen genau und deutlich anzugeben. Die Gesamtzahl der Stücke ist in Buchstaben anzugeben.

Ferner ist in der Rubrik „Erklärung etc." der Wert der Ware anzugeben.

Auf den Frachtbriefen darf nach einer neueren russischen Zollvorschrift auch die Angabe der Empfangsbahn nicht fehlen.

Da aber die Versender in den seltensten Fällen in der Lage sein werden, die betreffende Bahn anzugeben, so werden sie gut thun, sich jedesmal mit der Güterabfertigungsstelle dieserhalb vorher in Verbindung zu setzen.

Lt. Zirkular vom 1./8. 1896 müssen in den Frachtbriefen, von denen der eine, der den Stempel „Zolldokument" trägt, die Einfuhrdeklaration vertritt, genaue Daten über die Art der Verpackung mit Rücksicht auf die gesetzlich festgestellte Zolltara enthalten sein. Es muss auf Grund der offiziellen Taratabelle die Art der Verpackung deklariert werden.

Fehlen die Angaben, so gilt das Zolldokument als nicht vorschriftsmässig ausgefüllt und wird dem Warendeklaranten zurückgestellt.

3. 1 statistischer Anmeldeschein für die Ausfuhr.

Zollbestimmungen.

Ausser den bei Besprechung der Frachtbriefe 1. und 2. angeführten Zollformalitäten sind im Exportverkehr nach Russland noch folgende Umstände zu berücksichtigen:

Die russische Zollkammer verlangt bei Wagenladungsgütern die Bezeichnung der einzelnen Kolli nach Zeichen und Nummern genau so, wie bei Stückgütern.

Die Verzollung der Ware erfolgt beim Eintritte, falls sich am Bestimmungsorte ein zu solcher Abfertigung befugtes Amt nicht befindet; wenn aber auch ein solches vorhanden ist, kann die Verzollung doch an der Grenze erfolgen, falls der Versender dies im Frachtbriefe beantragt.

Über Odessa hinaus bestimmte Güter müssen entweder an der Grenze oder in Odessa zur Zollabfertigung gelangen.

In letzerem Falle sind solche an eine Vermittelungsadresse, oder an die Zollagentur der russischen Südwestbahnen daselbst zu adressieren und ihr die Weisung für die Weiterbeförderung zu geben.

Was den Weg betrifft, der betreten werden soll, falls zu Beschwerden in Zollangelegenheiten Anlass wäre, empfiehlt es sich, vorerst den in Russland vorgeschriebenen Instanzenweg (Zolldepartement, Finanzministerium, dirigierender Senat) selbst zu betreten und bezw. sich dortselbst vertreten zu lassen, event. wäre es auch empfehlenswert, den betreffenden Vorfall zur Kenntnis der Direktion des deutsch-russischen Eisenbahn-Verbandes zu bringen und diese um Abhilfe zu bitten.

Ursprungszeugnisse.

Die im nachfolgenden genannten Artikel bedürfen bei Einfuhr nach Russland eines Ursprungszeugnisses:

Blei in Rollen, Blättern, Draht oder Röhren,

Zink in Blöcken, Bruchstücken und Zinkblech.

Als Ursprungszeugnisse gelten:

1. Originalfakturen und Briefe der Fabrikanten, deren Unterschriften von den örtlichen Stadt-, Kommunal- oder Polizeibehörden beglaubigt sind.

Diese Art der Ursprungsnachweisung ist nur dann zulässig, wenn die nach Russland eingeführte Ware unmittelbar aus dem Ursprungslande kommt.

2. Ursprungszeugnisse, die von russischen Gesandtschaften, Konsulaten und Konsularagenten bei den dortigen Handelskammern, Kommunal- und Polizeibehörden unter Beifügung des Amtssiegels ausgefertigt sind.

Frankatur.

Bei jeder Sendung werden die Frachtbeträge für die deutschen Strecken in Mark und für die russischen Strecken in Rubel ausgerechnet.

Die in Rubel ermittelten Beträge werden nach dem jeweilig von der Eisenbahn bekannt gegebenen Kurse in Mark umgerechnet.

Es ist jedoch auch gestattet, die in Rubel berechneten Frachtbeträge in russischem Gelde zu bezahlen.

Nachnahmen und Provision.

Nachnahmen nach Russland sind sowohl in Mark, als in Rubelwährung zugelassen, und es unterliegt der Betrag in betreff der Höhe keiner Beschränkung.

Die Auszahlung erfolgt in Mark zu dem von der Eisenbahn bekannt gemachten Kurse.

Sind Nachnahmescheine nach Verlauf von sechs Wochen seit Abgang der Sendung noch nicht an die Stationen zurückgelangt, so hat dieselbe auf Grung einer Reklamation im Dienstkorrespondenzwege Anfrage nach dem Stande der Angelegenheit zu halten.

Ist dann nach weiteren drei Wochen die Angelegenheit nicht geordnet, so hat die Absenderstation die Auszahlung der Nachnahme auf Gefahr und Kosten der säumigen Empfangsbahn zu veranlassen.

Lieferzeit-Versicherung.

In betreff der Lieferzeit gelten die Bestimmungen des internationalen Übereinkommens.

Für die Überführung der Güter zwischen Eydtkuhnen und Wirballen, sowie zwischen Praga und Warschau, ist eine Zuschlagsfrist von 48 Stunden festgesetzt.

Bei Angabe eines bestimmten Betrages als des Interesses der rechtzeitigen Lieferung wird ein Frachtzuschlag erhoben, welcher für je 10 M. für die ersten 150 Transportkilometer 0,01 M. beträgt.

Geldsendungen nach Russland.

Nach neuester Verfügung sind Postsendungen von russischen Banknoten nach Russland stets für den vollen Wert bei der Post zu versichern.

Die frankierten Sendungen werden vor der Ablieferung an dem Empfänger geöffnet, und wenn der Wert nicht mit der Deklaration stimmt, werden 25% zu Gunsten jener Beamten, welche diesen Umstand entdecken, konfisziert.

Handlungsreisende.

Die von der kaiserlich russischen Regierung zur Ausführung des Handels- und Schiffahrtsvertrages zwischen Deutschland und Russland mit Rücksicht auf Handlungsreisende erlassenen Bestimmungen vom **10./2. 1894** enthalten der Hauptsache nach folgendes:

Ausländische Handlungsreisende sind beim Betreten des russischen Reiches verpflichtet, in einem Grenzzollamte einen Kommisschein 1. Klasse zu lösen.

Dieser Schein muss an den Nationalpass des Reisenden angenäht und im Vereine mit der Legitimationskarte dem Kameralhofe oder dem Steuerinspektor der betreffenden Gemeinde behufs Visierung vorgewiesen werden.

Die vom Handelsreisenden eingeführten zollpflichtigen Warenproben werden zollfrei zum Verkehre zugelassen; insofern sie nicht verkauft werden, müssen sie jedoch innerhalb einer sechsmonatigen Frist wieder ausgeführt werden.

Für den Kommisschein (gültig bis Ende des Kalenderjahres) sind 500 Rubel und für die Legitimationskarte 50 Rubel zu bezahlen.

Für Finnland gilt die Verfügung der finnländischen Oberzollverwaltung vom 21. Sept. 1894. Dieselbe betrifft die Behandlung der eingeführten Muster. Abgaben für die Berechtigung der Entgegennahme von Bestellungen sind dort nicht zu entrichten.

Der Export nach Schweden und Norwegen.

Handelsvertrag.

Schweden. Ein eigentlicher Handelsvertrag besteht zwischen Deutschland und Schweden nicht; massgebend ist der Bundesratsbeschluss vom 20. Febr. 1885.

Norwegen. Deutschland geniesst, trotzdem kein Handelsvertrag besteht, die Rechte der meistbegünstigten Nation.

Fracht-Begleitpapiere.

Als Begleitpapiere sind für den Export nach Schweden sowie nach Norwegen vorgeschrieben:

1. ein Frachtbrief (deutscher Frachtbrief), ausgefüllt in deutscher und schwedischer Sprache — Zolldeklaration ist nicht erforderlich —,
2. ein statistischer Anmeldeschein für die Ausfuhr.

Tarifbegünstigung.

Die Versendung der Güter nach Schweden und Norwegen erfolgt am geeignetsten über norddeutsche Seehäfen unter Anwendung des Seeausfuhrtarifs.

(Siehe „Wissenswerte Daten über den Export nach überseeischen Ländern mit Umspedition in deutschen Hafenplätzen".)

Frachtberechnung.

Die Fracht wird nach dem Zollgewicht berechnet und beträgt im Minimum: für Eilgut 20 kg, für Stückgut 30 kg, für Wagenladungsgüter 5000 kg.

Frachtgelder werden, falls sie bei der Aufgabe des Gutes vom Versender nicht berichtigt werden, auf den Empfänger zur Zahlung angewiesen.

Nachnahme.

Nachnahmen, welche 90 Mark und mehr betragen, werden dem Aufgeber nicht eher ausbezahlt, als bis die Aufgabestation von der Empfangsstation die Anzeige über den erfolgten Eingang des Betrages erhalten hat.

Lieferzeit-Versicherung.

Im Exportverkehr nach Schweden und Norwegen ist eine Deklaration des Interesses an der rechtzeitigen Lieferung weder für den Land- noch für den Seeverkehr zulässig.

Warenbezeichnungen und Zollbestimmungen.

Wenn an einer in Schweden eingeführten Ware der Name eines Ortes, einer gewerblichen Anlage oder eines Gewerbetreibenden in Schweden oder auch eine andere Bezeichnung angebracht ist, welche den Anschein erweckt, als ob die Ware in Schweden hergestellt sei, wird dieselbe mit Beschlag belegt.

Von Warenproben, Emballagen werden in Norwegen und Schweden Zölle eingehoben. Im allgemeinen sind die Zölle aber nicht hoch.

Die zollamtliche Abfertigung der mittels der Eisenbahn beförderten Sendungen kann auf der Grenzstation oder auf der Bestimmungsstation, nicht aber auf einer zwischenliegenden Station erfolgen.

Handlungsreisende.

Nach der schwedischen Verordnung vom 5. Okt. 1889, sowie nach dem norwegischen Gesetze vom 27. Juli 1896 müssen ausländische Kaufleute, welche, um Geschäfte zu machen, in Schweden oder Norwegen herumzureisen beabsichtigen, bei ihrer Ankunft der Polizeibehörde der nächsten Stadt die Dauer ihres Aufenthalts schriftlich anzeigen und, in jedem der genannten beiden Staaten besonders, für je einen Monat gegen Ausfertigung eines Monatspasses („Handelspass“) 100 Kronen = 112.50 Mark erlegen.

Der Exportverkehr nach der Schweiz.

Handelsvertrag.

Handelsvertrag mit Deutschland, abgeschlossen am 10./12. 1891, gültig bis 31./12. 1903.

Fracht-Begleitpapiere.

1. Ein Frachtbrief.

Bei Sendungen nach der Ostschweiz kann das internationale Frachtbriefformular mit deutschem Vordrucke (mit Duplikat) in Anwendung kommen.

Im Verkehr nach der Westschweiz dagegen ist das internationale Frachtbriefformular mit deutsch-französischem Vordrucke (ebenfalls mit Duplikat) notwendig für Sendungen auf der Gotthardbahn (südlich von Airolo ist das dreisprachige internationale Frachtbriefformular (mit deutsch-französ.-italienischem Vordrucke) zu benutzen.

Wenn der Versender die Anwendung eines bestimmten Tarifes wünscht, so muss er dies auf dem Frachtbrief speziell bemerken: z. B. „Spezial-Tarif" oder „niedrigster Tarif".

2. Eine Zollerklärung.

a) Für die Einfuhr in die Schweiz.

Die Deklaration zur Einfuhr hat folgende Angaben zu enthalten:

a) Gattung der Ware.
b) Menge (Brutto- und Nettogewicht in Kilogrammen, Stück oder Literzahl).
c) Verpackungsart (Kiste, Fass, Korb, Ballen, Sack, Kübel etc.).
d) Zeichen, Nummer, Anzahl der Warenstücke.
e) Herkunftsland.
f) Wert.
g) Unterschrift des Deklaratenten.
h) Datum der Ausstellung.

Die Gattung der Ware ist nach Nummer und Wortlaut des schweizerischen Gebrauchstarifes zu deklarieren.

Die Mengen-Angabe hat ausser dem für die Verzollung bez. für den Bezug der statistischen Gebühr massgebenden Bruttogewichte, ferner die Statistik auch das Nettogewicht der Waren in Kilogrammen zu liefern.

Die Angabe der Stückzahl ist dort erforderlich, wo dies der Gebrauchstarif ausschliesslich angiebt, z. B. bei Taschenuhren.

Als Land der Herkunft ist dasjenige Land anzusehen, in welchem die eingeführte Ware erzeugt wird.

Wo dasselbe nicht hinlänglich bekannt ist, soll das entfernteste bekannte Durchgangsland bez. der europäische Landungs- oder Zwischenhandelsplatz mit der Bezeichnung „Transit" deklariert werden, z. B. Marseille-Transit oder Antwerpen-Transit.

Für die nach dem Werte zu deklarierenden Waren ist der wirkliche Wert (Marktpreis am Versendungsort) unter Zuschlag der Transportkosten bis zur Schweizergrenze anzugeben.

b) Für die Durchfuhr oder Niederlage („Deklaration für die Geleitschein-Abfertigung.")

Die Ausfüllung dieser Deklaration erfolgt in ganz gleicher Weise wie die der Einfuhrdeklaration.

Für jede zur Geleitscheinabfertigung mittels Deklaration angemeldete Warensendung wird dem Zollpflichtigen ein Geleitschein verabfolgt. Wird die Ware nicht in der darin festgesetzten Frist wieder ausgeführt, ist der darauf lastende Einfuhrzoll verfallen und das Recht zur zollfreien Ausfuhr überdies verwirkt.

c) Für den Veredlungs- und Reparatur-Verkehr (Freipass-Verkehr).

Die Deklaration für die Freipassabfertigung ist im Wesentlichen ebenso auszufüllen, wie die Einfuhr-Deklaration.

Im Veredlungs- und Reparatur-Verkehr hat die Rückkehr der Warensendungen über das nämliche Zollamt zu erfolgen, von welchem der Freipass ausgestellt wurde.

3. Ein Anmeldeschein für die Ausfuhr.

Frankatur.

Die Frankatur wird in fcs. berechnet und nach dem von der Eisenbahn festgesetzten Kurse umgerechnet.

Lieferzeit-Versicherung.

Die Lieferzeit ist durch das internationale Übereinkommen festgesetzt.

Nachnahme und Provision.

Die Nachnahme (welche im Maximum 2000 fcs. ausmachen darf), muss in fcs. angegeben sein; die Auszahlung erfolgt jedoch unter Umrechnung in Markwährung.

Handlungsreisende.

Deutsche Handlungsreisende, welche die Schweiz bereisen und daher ausschliesslich mit Geschäftsleuten und nicht etwa mit Konsumenten in Verkehr treten, können, insofern sie keine Ware mit sich führen, im ganzen Gebiete der Eidgenossenschaft mit oder ohne Muster Bestellungen entgegennehmen, ohne dafür Taxen entrichten zu müssen; sie müssen sich aber zu diesem Behuf eine Ausweiskarte seitens der Kantonsregierung ausstellen lassen.

In jenen Branchen, in welchen die sofortige Übergabe der Ware an den Käufer im Interessse des schweizerischen Fabrikgewerbes liegt, kann auch die sofortige Übergabe der Ware durch Reisende erfolgen (z. B. im Handel mit Edelsteinen).

Um dies zu erwirken, muss ein Gesuch an die Regierung des betr. Kantons, welchen der Reisende zu besuchen gedenkt, von seiten des durch ihn vertretenen Hauses eingereicht werden.

Der Exportverkehr nach Serbien.

Handelsvertrag.

Handelsvertrag, abgeschlossen zwischen Deutschland und Serbien am 21. August 1892; gültig bis 31. Dezember 1903.

Fracht-Begleitpapiere.

Als Begleitpapiere für den Export nach Serbien sind vorgeschrieben:

1. Frachtbrief (deutsch-serbischer Frachtbrief), Verbands-Frachtbrief mit deutsch-serbischem Vordrucke (ТОВАРНИ ЛИСТ).

2. Zwei Zolldeklarationen, sogen. österr. Deklarationen (s. „Der Exportverkehr nach Österreich-Ungarn“, Frachtbegleitpapiere) [Reglement vom 1./11. 1893].

3. Ein statistischer Anmeldeschein für die Ausfuhr.

4. Eine unterschriebene Originalfaktur behufs Berechnung der serbischen Umsatzsteuer („Obrt“).

5. Ursprungszeugnisse [bedingt obligat] (s. Zollvorschriften).

Lieferzeit-Versicherung.

Lieferzeit wie in Bulgarien.

Nachnahme und Provisionen.

Die Nachnahme ist zulässig, jedoch blos in Markwährung. Provision wie Bulgarien.

Zollvorschriften.

Der Exporteur ist berechtigt, im Frachtbriefe genau zu bezeichnen, wer die Zollabfertigung veranlassen wird.

Ist im Frachtbriefe einer bezeichnet, so wird dies von Amtswegen der Zollagentur der serbischen Eisenbahnverwaltungen überwiesen.

Für Waren, welche je nach ihrer Herkunft verschiedenen Zollsätzen unterliegen, empfiehlt sich die Beigabe von Ursprungszeugnissen; diese müssen im betreff. Staate, welcher exportiert, vom königl. serbischen Konsulat bestätigt werden.

Von allen Fabrikaten wird bei Einfuhr in Serbien eine Steuer im Betrage von 7% vom Werte und bei allen Rohstoffen eine solche von 6% eingefordert.

Für Waren, welche einem Zolle von nicht mehr als 8 Dinar pr. 100 kg unterliegen, werden keine Taraabzüge gewährt.

Handlungsreisende.

Handlungsreisende müssen mit einem in vorgeschriebener Form ausgestellten Dokumente versehen sein (deutsche Sprache genügt). Dieses Legitimationspapier hat nachzuweisen, dass das Geschäftshaus, für dessen Rechnung die Reise vollzogen wird, in dem betreffenden Heimatlande die auf den Betrieb des Handels oder Gewerbes entfallenden Steuern entrichtet.

Kann ein solches Dokument nicht vorgelegt werden, hat der Reisende eine Steuer in Serbien zu entrichten.

Für alle Proben und Muster wird ein Einfuhrzoll erhoben und auf Verlangen ein Rückvergütungsschein ausgestellt.

Ausser diesem Zollsicherungsbetrag hat der Reisende nachfolgende Abgaben zu entrichten:

eine Ladegebühr	von	20	Para	pr.	100	M.	
„ Wiegegebühr	„	8	„	„	100	„	
ein Pflastergeld	„	10	„	„	100	„	
eine Lagergebühr	„	5	„	„	100	„	(pr. Tag).

Der Exportverkehr nach der Türkei.

Handelsvertrag.

Vertrag zwischen Deutschland und der Türkei vom 26./8. 1890, gültig bis 12./3. 1912.

Der Vertrag kann jedoch am Ende des 14. Jahres seines Bestandes, also am 26./8. 1904, revidiert und abgeändert werden.

Fracht-Begleitpapiere.

1. Ein Frachtbrief der orientalischen Bahnen (Lettre de voiture. Petite vitesse) in deutscher und französischer Sprache [Frachtbrief für den direkten Verkehr zwischen Österreich-Ungarn, Serbien, Bulgarien und der Türkei].

Ein Duplikatfrachtbrief ist hierzu nicht obligatorisch.

Die Ausfüllung muss in deutscher Sprache, aber mit lateinischer Schrift erfolgen.

Es empfiehlt sich indes, die Angaben in der Sprache des Bestimmungslandes oder in französischer Sprache nochmals zu bringen.

Nachnahme und Provision.

(Siehe Bulgarien.)

Lieferzeit-Versicherung.

Über Lieferzeit s. Bulgarien.

Eine spezielle Lieferzeit-Versicherung ist im Verkehr mit der Türkei unzulässig.

Wertdeklaration.

(Siehe Bulgarien.)

Zollbestimmungen.

Auf den orientalischen Bahnen kann die Verzollung der auf Grund des direkten Tarifes abgefertigten Sendungen nur durch die Organe der Bahnverwaltung oder durch die von derselben für die einzelnen Grenzämter bezeichneten Personen bewirkt werden.

Sämtliche eingeführten Waren zahlen einen Zoll von 8% vom jeweiligen Werte am Landungsplatze.

Durchfuhrswaren haben eine Durchfuhrabgabe von 1% zu zahlen.

Der Exportverkehr nach Spanien.

Handelsvertrag.

Ein Handelsvertrag besteht zwischen Deutschland und Spanien derzeit nicht.

Fracht-Begleitpapiere.

a) Direkter Transport nach Spanien mittels Eisenbahn.

Als Begleitpapiere sind für den Export nach Spanien vorgeschrieben:

1. Ein Frachtbrief (internationaler Frachtbrief mit deutsch-französischem Vordrucke; mit anhängendem Duplikatfrachtbrief),
2. Drei Zolldeklarationen (internationale Deklaration),
3. Ein statistischer Anmeldeschein für die Ausfuhr und
4. Ein Ursprungszeugnis (siehe unter dem speziellen Titel).

b) Transport mit Durchzug durch die Schweiz.

Es sind die obigen Papiere notwendig und überdies eine schweizerische Zolldeklaration (siehe Fracht-Begleitpapiere bei „Export nach der Schweiz“).

c) Transport mit Benutzung des Seeweges

(siehe über „Umspedition“ in den Artikeln: „Wissenswerte Daten über den Export nach überseeischen Ländern mit Umspedition in deutschen Hafenplätzen“).

Ursprungszeugnisse.

Den nach Spanien gehenden Sendungen müssen, wenn sie nicht einer höheren Verzollung unterliegen sollen, auch Ursprungszeugnisse beigegeben werden, welche einer Handelskammer, Polizeibehörde oder einem Magistrate zur Beglaubigung und dem spanischen Konsul zur Legalisierung übergeben werden müssen.

Legalisierungstaxe M. 4,10.

Formular eines Ursprungszeugnisses für Warensendungen nach Spanien.

Certificado de Origen.

La Cámera de Comercio de .... Certifica: que ....(Name des Versenders)..... fabricante, ségun consta por los documentos presentados, que le acreditan como tal, domiciliado le ....(Wohnort nebst Strasse)........ ha declarado ante ella, bajo su responsabilidad, que las mercancias que á continuación se expresan, son producto de su fabricación, y se destinan á ..(Ort des Empfängers).. á la consignación de ....(Name des Empfängers)..........

Número y clase de bultos	Numeraciòn	Marcas	Peso bruto	Clase Genérica de la mercancia

............................., de ....

Cámera de Comercio

....

Zollbestimmungen.

Gemäss einer Verordnung der Spanischen Regierung vom 25./7. 1896 wird mit Bezug auf Deutsche Boden- und Industrieerzeugnisse der ermässigte Zolltarif (Zweite Kolumne des Spanischen Zolltarifes) zur Anwendung gebracht.

Verkehrssteuer.

Durch das Gesetz v. 30./8. 1896 ist für eine bestimmte Dauer (15 Jahre) eine Verkehrssteuer auf den Handel an den Küsten und Grenzen Spaniens geschaffen worden.

Es wird im Handelsverkehr mit Europa für alle Waren, welche nach Spanien gelangen, eine Steuer von 1 Peseto 25 Centimes per Tour erhoben.

Handlungsreisende.

Deutsche Handlungsreisende, welche eine vorschriftsmässig ausgestellte Gewerbelegitimationskarte mit sich führen, können in Spanien ohne Bezahlung irgend einer Steuer reisen und Geschäfte aufsuchen.

Mit Rücksicht auf die von diesen Reisenden mitgeführten Muster gilt nachfolgendes:

Zollfrei auf Zeit werden diejenigen Warenmuster zugelassen, welche das Erzeugnis eines Vertragsstates bilden.

Die Einführer der Muster haben bei Vorlegung derselben zur Zollabfertigung die für die Wareneinfuhr vorgeschriebene Förmlichkeit zu beachten und in den Deklarationen die besonderen Markenzeichen, welche die als Muster dienenden Gegenstände tragen, sowie Datum und Ort der Ausstellung der Legitimation anzumerken.

Das Zollamt bestimmt nach Vorweisung des Ursprungszertifikates seitens des Einführers den Zollbetrag und verfügt die Hinterlegung desselben bis zur Wiederausfuhr des Musters. Der sodann ausgestellte Freipass (Schein zum freien Verkehre) hat durch ein Jahr Gültigkeit.

II. Der Export nach den Vereinigten Staaten von Amerika.

Handelsvertrag.

Bundesratsbeschluss vom 20./2. 1885 (an Stelle eines förmlichen Vertrages).

Fracht-Begleitpapiere.

(Siehe Artikel: Wissenswerte Daten über den Export nach überseeischen Ländern mit Umspedition in deutschen Hafenplätzen).

Markenschutz.

Die Zollbeamten sind auf Grund von Finanzministerial-Erlässen angewiesen, darauf zu achten, dass ausser den üblichen Handels-Schutzmarken (trade marks) ein besonderer Stempel auf den Einfuhrwaren angebracht sein muss. Die Stempelvermerke müssen so beschaffen sein, dass sie nicht von den Waren entfernt werden können.

Jedes für den Export aus Deutschland nach den Vereinigten Staaten bestimmte Kolli muss in deutlicher Schrift an der Aussenseite der Verpackung die Vermerke enthalten:

a) Made in Germany.

b) „In bond to“ unter Angabe des der Endbestimmung der Güter nächstgelegenen Ortes, in welchem ein „Bonded Warehouse“ sich befindet.

c) Ausfuhrgut.

d) Name und Wohnort des Empfängers.

e) Merkzeichen, (Buchstaben) Zahlen u. s. w.

f) Angaben über den Inhalt des Kolli.

Konsignation von Waren an Mittelspersonen.

Bei Konsignation von Waren an Mittelspersonen ist zu beachten:

Werden einzuführende Waren an einen Zollamtsmakler oder an eine sonstige Vertrauensperson konsigniert, lediglich zu dem Zwecke, dass diese die zur Einfuhr erforderlichen Formalitäten erfülle, ohne dass dieselbe selbst Käufer der Ware ist, so kann die Zulassung derartiger Waren verboten werden, falls diese Mittelspersonen nicht den Namen des letzten Konsignatars oder Käufers angeben, nicht ein beglaubigtes Exemplar der Faktur vorlegen können, durch welche das betreffende Handelsgeschäft bescheinigt wird.

Der Zollbeamte muss aus den ihm vorgelegten Papieren die volle Überzeugung schöpfen können, dass es sich nicht um eine Täuschung oder einen Betrug handle.

Vorschriften in betreff der Export-Fakturen.

Fakturen über Waren, welche nach den Vereinigten Staaten exportiert werden, müssen auf die Geldsorte des Landes, wo sie zur Ausfuhr gelangen, lauten.

In der Faktur ist weiter der Bestimmungshafen anzugeben. Kann dieser etwa nicht vorher angegeben werden, so ist derjenige Hafen der Vereinigten Staaten zu bezeichnen, welchen das Schiff zuerst anläuft; dort ist nun entweder die Faktur dem Zolleinnehmer zu übergeben, der sie dem Zollbeamten des Bestimmungslandes zustellt, oder es ist die Weiterbeförderung der betreffenden Güter unter Zollkontrolle zu erwirken.

Einer Einrichtung der neuesten Zeit entsprechend, müssen sämtliche Fakturen über vom Hamburgischen Konsulatsbezirke nach den Vereinigten Staaten verschiffte Waren zur Zeit und vor der Zeit der Verschiffung der Waren (nicht aber später) zur Legalisierung eingereicht werden.

Die Handelsabteilung des Deutschen Konsulats.

Zur Vermittelung von Geschäftsbeziehungen in den Vereinigten Staaten von Amerika besteht bei dem Kaiserlichen Deutschen Konsulat in Chicago eine Handelsabteilung; es empfiehlt sich in allen Fällen kaufmännischer Transaktionen, sich mit dieser Abteilung in Verbindung zu setzen.

Handlungsreisende.

Handlungsreisende haben in den Vereinigten Staaten keinerlei besondere Abgaben zu entrichten.

Zollpflichtige Gegenstände, welche von Handlungsreisenden als Muster eingeführt werden, sind frei von Ein- und Ausgangsabgaben unter der Bedingung, dass dieselben unverkauft wieder ausgeführt werden.

Die Frist zur Wiederausfuhr beträgt 12 Monate; durch Erlag des betreffenden Zollbetrages oder einer entsprechenden Kaution muss die Wiederausfuhr sichergestellt werden.

III. Der deutsche Exportverkehr nach Ostafrika.

Fracht-Begleitpapiere: 1. ein Frachtbrief („Deutsch-Ostafrika-Verkehr über Hamburg"), 2. ein statistischer Anmeldeschein für die Ausfuhr.

Im Frachtbriefe müssen nicht nur Stückgüter, sondern auch bei Wagenladungsgütern die Anzahl, Art der Verpackung, Zeichen und Nummern der Frachtstücke angegeben sein.

Bei sämtlichen Sendungen ist zum Zwecke der Verzollung und der Statistik im Frachtbriefe in der dafür vorgesehenen Spalte stets der Wert in Zahlen und das Ursprungsland anzugeben.

Ein Mindestgewicht behufs Frachtberechnung ist bei Stückgut nicht festgesetzt. Die Mindestfracht beträgt nach Hafenplätzen M. 10.—.

Nachnahmen sind nicht gestattet.

Verpackung und Bezeichnung der Güter, Lieferfristen und Interessedeklaration wie beim Export von Waren nach der Levante.

IV. Der Export nach überseeischen Ländern mit Umspedition in deutschen Hafenplätzen.

Zur Begünstigung des Exports deutscher Ausfuhrartikel über See nach ausserdeutschen Ländern und nach den deutschen Kolonien bestehen erhebliche Frachtermässigungen für den Eisenbahntransport von der deutschen Versandstation bis zum deutschen Hafenplatz.

Die hierbei zu beachtenden Bedingungen und die Kontrollvorschriften sind:

1. An Begleitpapieren ist der gewöhnliche deutsche Frachtbrief zu verwenden. Bei Wagenladungen nach Hamburg — sofern solche unter Zollverschluss gehen — hat der Versender zwei gleichlautende Frachtbriefe beizugeben, von denen der eine die Bezeichnung zu tragen hat: „Für die zollamtliche Abfertigung in Hamburg". — Die Beigabe von statistischen Anmeldescheinen ist im allgemeinen nicht erforderlich; nur wenn aus dem Frachtbriefinhalt ersichtlich ist, dass der Transport nach einem Freihafen bestimmt ist, sind solche beizufügen.

2. Die billigen Ausfuhrsätze werden von der Versandstation nur dann angewendet, wenn der Frachtbrief unter der Vorschrift „Etwa beantragter Transportweg" den **Ausfuhrvermerk** enthält. Dieser hat bei Stückgut zu lauten: „Zur Ausfuhr über See nach ausserdeutschen Ländern" bezw. „Zur Ausfuhr über See nach deutschen Kolonien". Bei Wagenladungen hat der Vermerk zu lauten: „Zur Ausfuhr über See", sofern nicht nach Vorschrift einzelner Tarife die Ausfuhr über See im Frachtbrief besonders vorgeschrieben sein muss. (Siehe „Wissenswerte Daten über den Export von Waren von irgend einem deutschen Platze nach der Levante".)

3. Der Versender ist verpflichtet, die zur Ausfuhr aufgelieferten Stückgüter neben der Bezeichnung des Verschiffungshafens mit der Bezeichnung: „Ausfuhrgut“ in dauerhafter und deutlicher Weise zu versehen.

4. Bei Ausfuhrgut in Wagenladungen ist auf der Rückseite des Frachtbriefes, und zwar auf derjenigen Frachtbriefhälfte, auf deren Vorderseite sich die Adresse befindet, einzutragen: die Zahl der in den Wagen verladenen Frachtstücke, Zeichen und Nummern derselben, und das Gewicht jedes Frachtstückes bezw. das Gesamtgewicht jeder Warengattung, sofern mehrere Frachtstücke ein und derselben Gattung verladen werden.

Sofern die Exportgüter seitens der Bahn dem Freihafen zugeführt werden, gilt damit die Ausfuhr als erwiesen.

V. Der Export von Waren von irgend einem deutschen Platze nach der Levante

(Malta, Alexandrien, Piräus, Syra, Smyrna, Salonik, Dedeagatsch, Konstantinopel, Burgas, Varna, Galatz, Braila, Odessa, den Stationen der sämtlichen bulgarischen Staats-Eisenbahnen und der orientalischen Eisenbahnen).

Für die Beförderung von Gütern durch die deutsche Levantelinie sind massgebend:

1. die Verkehrsordnung für die Eisenbahnen Deutschlands vom 15. Nov. 1892 nebst den allgemeinen Zusatzbestimmungen im Deutschen Eisenbahn-Gütertarif, Teil 1;

2. die für die Beförderung durch die deutsche Levantelinie geltenden Tarife und Bedingungen.

Die deutschen Eisenbahnen haften nur für die Beförderung bis Hamburg bis zur Übernahme der Güter durch die Rheederei, welche dann entsprechend den Bestimmungen des Konnossaments die Verantwortlichkeit übernimmt.

Verpackung und Bezeichnung der Güter.

Die Güter müssen, soweit deren Natur dies bedingt, seegemäss verpackt und mit deutlichen unauswischbaren Zeichen und Nummern versehen sein.

Waren, die nicht mit Marken oder Nummern versehen werden können, wie z. B. Stabeisen, müssen andere unauswischbare deutliche Unterscheidungszeichen tragen.

Anmeldung und Absendung der Güter.

Gütermengen im Gewichte von 30000 kg und darüber müssen der „Deutschen Levante-Linie“ in Hamburg spätestens 8 Tage vor dem Abfahrtstage des Dampfers angemeldet werden.

Frachtbriefe.

Jede Sendung muss von zwei gleichlautenden Levante-Frachtbriefen begleitet sein.

Diese Frachtbriefe führen den Titel: „Deutscher Levante-Verkehr über Hamburg seewärts“ (nach Hafenplätzen der Levante).

Diese Frachtbriefformulare können bei den Güterabfertigungsstellen (Bahnstationen) käuflich erworben werden.

Die Frachtbriefadresse hat an eine bestimmte Person oder an „Order Levantehäfen“, oder endlich an den Namen der Rheederei des Bestimmungshafens zu lauten.

Lautet die Adresse an „Order“, so versteht man darunter die Order des Versenders; derselbe hat durch Indossament des Konnossaments den wirklichen Bezieher zur Empfangnahme der Güter zu legitimieren.

Bei Adressierung an „Order“, welche sowohl bei Stückgutsendungen, als auch bei Wagenladungssendungen zulässig ist, ist ein bestimmter Empfangsplatz in der Frachtbriefadresse anzugeben; die Adressierung an „Order Levantehäfen“ — ohne Bezeichnung eines bestimmten Empfangsplatzes — kann angewendet werden, wenn im direkten Verkehr abzufertigende Güter in geschlossenen Wagenladungen an verschiedene Empfänger eines und desselben Hafens oder verschiedener Häfen befördert werden sollen.*) Bedingung ist jedoch, dass die geplante Wagenladungssendung zur Weiterbeförderung mit einem und demselben Dampfer bestimmt ist. Bei Sendungen an „Order Levantehäfen“ ist dem Frachtbrief eine Nachweisung beizugeben oder im schriftlichen Wege an die Gesellschaft zu senden, auf Grund deren diese die Verteilung übernimmt.

Bei Sendungen an „Order Levantehäfen“ ist der Versender verpflichtet, soviele statistische Anmeldescheine oder Zollbegleitpapiere beizufügen, als Anlaufhäfen der Deutschen Levante-Linie in Frage kommen.

See-Konnossamente und Avisierung.

In Übereinstimmung mit den Frachtbriefen fertigt die Dampferlinie die Konnossamente aus und sendet nach geschehener Verladung ein Exemplar mit dem Avis an den Adressaten des Gutes, falls dieser namentlich im Frachtbriefe bezeichnet ist, dagegen an den Absender, falls der Frachtbrief an „Order“ oder an „Order Levantehäfen“ lautet.

Zahlung der Fracht.

Die Bezahlung der Fracht kann nach Wahl des Versenders entweder bei Aufgabe der Güter oder am Bestimmungsorte erfolgen.

Sendungen an „Order“ bezw. an „Order Levantehäfen“ werden nur gegen Vorausbezahlung der Fracht übernommen.

---

*) Bei Stückgutsendungen ist die Adressierung an „Order Levantehäfen“ nicht zulässig.

Nachnahmen.

Nachnahmen auf Sendungen sind — Ordersendungen ausgeschlossen — zulässig, wenn sie den Wert der Ware nicht übersteigen.

Für dieselben, sowie für bare Auslagen, wird eine Provision von 2% erhoben.

Lieferfrist.

Die Verpflichtung zur Einhaltung bestimmter Lieferzeiten wird bloss für die Beförderungsstrecke von der Versandstation bis zur Übergabe an die Rheederei in Hamburg und zwar nur insoweit übernommen, als durch die Überschreitung der Lieferzeit die Mitnahme des Gutes mit dem nächstfälligen Dampfer unmöglich geworden ist.

Versicherung gegen die Gefahren der Beförderung auf der gesamten Beförderungsstrecke.

Die Rheederei besorgt die Versicherung gegen die Gefahren der Beförderung auf den gesamten Beförderungsstrecken von der Eisenbahnversandstation bis zum Bestimmungshafen nach Massgabe ihrer Verträge mit den Assekurateuren, wenn ein Auftrag zu einer solchen Versicherung im Frachtbriefe enthalten ist.

Dieser Auftrag wird als erteilt betrachtet, wenn die Versicherungsklasse und der zu versichernde Wertbetrag im Frachtbriefe angegeben werden.

Versicherungsbedingungen: Allgemeine Seeversicherungsbedingungen von 1867 (publiziert durch die Handelskammer in Hamburg [Verlag derselben]).

Versicherungsklassen:

Klasse I. Waren aller Art, soweit dieselben nicht unter Klasse 2—6 fallen.
„ II. Manufakturwaren.
„ III. Waren in Kisten mit verlötetem Blecheinsatz.
„ IV. Eisen, Stahl, Draht und Bleche.
„ V. Zucker in Säcken.
„ VI. Deckladung.

Neben der Versicherungsprämie, die zwischen ³/₈ und 1% schwankt, wird auch noch ein Polizenstempel erhoben.

Tarifbestimmungen.

Die Frachtberechnung erfolgt nach Kilogramm, wobei das Gewicht auf 10 kg steigend abgerundet wird.

Der Frachtbetrag wird stets auf volle 10 Pf. abgerundet.

Die Mindestfracht beträgt für jede Frachtbriefsendung:

a) der Tarifklasse 1 bis 6 $6\frac{1}{2}$ M.
b) „ „ 7 „ 12 $7\frac{1}{2}$ „

Diese Frachtsätze enthalten: Die Fracht für die Eisenbahnbeförderung bis Hamburg; die Gebühr für Entladung der Sendungen aus dem Eisenbahnwagen in Hamburg; die Vermittelungsgebühren in Hamburg (Ausfertigung der Konnossamente, freie Lagerung der Güter bis zur nächsten Dampferfahrt; Überführung der Güter an Bord des Seeschiffes, sowie die Seefracht von Hamburg bis zum Bestimmungshafen.)

In den Frachtsätzen sind nicht inbegriffen: Zuschläge für Interessen-Deklaration; Versicherungsprämie und Policenstempel; etwaige Kosten für Reparaturen an der Emballage der Ware; Nebengebühren der Versandstation: Krangeld in Hamburg und Löschungskosten.

Die Tarifklassen sind geteilt in

a) Für Sendungen unter 5000 kg.

b) Für Sendungen unter 100 kg, jedoch von mindestens 5000 kg.

c) Für Sendungen von mindestens 10 000 kg.

Die Frachtsätze für Mengen unter 5000 kg sind Stückgut-Frachtsätze; die übrigen Frachtsätze sind Wagenladungs-Frachtsätze.

Zu den Wagenladungsfrachtsätzen werden diejenigen Güter befördert, welche der Absender mit einem Frachtbrief für einen Wagen als „Wagenladung“ aufgiebt.

Im anderen Falle kommen die Stückgutsätze zur Anwendung.

Die Unterabteilung b (für 5000 kg und mehr) und c (für mindestens 10 000 kg) der Klasse 12 (s. d.) für Sammelklassen, welche für Güter aller Art mit Ausnahme der Klasse 6, 10 und 11 Anwendung finden.

Es ist jedoch gestattet, Güter der ebengenannten drei Klassen mit Gütern der Klasse 12 zusammenzuladen.

Beispiel:

Fracht von Leipzig nach Konstantinopel für eine Sammelladung bestehend aus 593 kg Hohlglas, 179 kg Wollgewebe, 96 kg Hüte, 8873 kg Bücher, Lederwaren etc. (zusammen 9741 kg).

600	kg	Klasse	6e	(à 3,74)	= M.	22,40
180	„	„	10c	(à 4,25)	= „	7,70
100	„	„	11c	(à 5,56)	= „	5,60
Rest 9120	„	„	12c	(à 3,56)	= „	224,70
				Fracht	= M.	360,40

Auszug aus den Tarifen für den direkten Frachtgutverkehr mit Rücksicht auf die Aufgabestation Leipzig.

Von Eilenburg, Leipzig (Berliner-, Eilenburger-, Magdeburger- und Thüringer Bahnhof), Plagwitz-Lindenau (Pr. Stb.) und Torgau, sowie Bayerischer Bahnhof, Dresdner Bahnhof und Plagwitz-Lindenau (S. St. B.).

Tarifklasse I.

(Blei; Zement; Eisen und Stahl (Roheisen, Stabeisen u. s. w.), Eisenvitriol, Steinsalz, Thon, Zink.)

a) (weniger als 5 000 kg)		M. 2,28
b) (weniger als 10 000 kg), (von 5000 kg ab)		„ 1,76
c) über 10 000 kg		„ 1,69

Tarifklasse II.

(Alaun, Asphalt, Düngemittel, Erden, Erdfarbe, Erze, Gips, Spate, Steine, Theer, Zinkblech, Zündholzschachteln.)

a) M. 2,34, b) M. 1,85, c) M. 1,78.

Tarifklasse III.

(Eisen und Stahl, grobe Façonstücke, Konstruktionsteile.)

a) M. 2,69, b) M. 2.20, c) M. 2,13.

Tarifklasse IV.

(Unedle Metalle und daraus gefertigte Waren.)

a) M. 3,—, b) M. 2,47, c) M. 2,39.

Tarifklasse V.

(Maschinen, leere Flaschen, Hohlblechwaren.)

a) M. 3,55, b) M. 3.—, c) M. 2,91.

Tarifklasse VI.

(Fahrräder, Hohlglas, Lampen.)

a) M. 1,35, b) M. 3,82, c) M. 3,74.

Tarifklasse VII.

(Glas, Kupfervitriol, Zucker, Soda.)

a) M. 3,40, b) M. 2,85, c) M. 2,74.

Tarifklasse VIII.

(Papier, Spiritus, Thonwaren.)

a) M. 3,40, b) M. 3,—, c) M. 2,89.

Tarifklasse IX.

(Bier, Garne, Gewebe, Farben, Holz, Öl, Seife, Stärke, Tinte.)

a) M. 3,84, b) M. 3,36, c) M. 3,25.

Tarifklasse X.

(Gewebe von Wolle, Möbel und Möbelbestandteile.)

a) M. 4,84, b) M. 4,36, c) M. 4,25.

Tarifklasse XI.

(Bürsten, Eisschränke, Filz, Pelzwaren, Schirme, Uhren.)

a) M. 5,84, b) 5,69, c) M. 5,56.

Tarifklasse XII.

(Alle anderen Güter.)

a) M. 4,84, b) M. 3,69, c) M. 3,56.

VII.

Geschäftsusanzen der wichtigsten überseeischen Exportplätze.

A. Usanzen im Exporte nach Arabien.

Für den Export nach Arabien kommt in erster Linie die Einfuhr aus British-Indien, einschliesslich der Straits Settlements, und Mauritius und sodann erst die Einfuhr aus den übrigen Ländern, vornehmlich der Türkei, Persien und Ägypten in Betracht.

Viele Güter werden von Indien nach Hedjas eingeführt, die zweifellos britisches Fabrikat sind, so dass die Frage entsteht, warum sie nicht direkt vom Produktionslande zur Einfuhr gelangen. Der Hauptgrund, weshalb dies nicht geschieht, ist in den ausserordentlich hohen Frachten von England (London und Liverpool) nach Hedjas im Vergleiche zu den sehr niedrigen Sätzen von London nach Bombay und von Bombay nach Jedda zu suchen. Es stellt sich die Verschiffung von Bombay nach Jedda wesentlich billiger als von London über Suez oder Aden nach Jedda.

Mit Ausnahme von Baumwollwaren ist für europäische Artikel, wie Eisen, Kupfer, Zinn und Fensterglas, in einem Lande wie Arabien der Bedarf natürlich sehr beschränkt, infolgedessen ist von Londoner Firmen nur ein kleiner oder kein Diskont zu erhalten, während von indischen Firmen günstigere Bedingungen zu erreichen sind.

Was den Import aus anderen Ländern als Indien und Grossbritannien betrifft, kommen weiter noch Deutschland, Frankreich und Österreich-Ungarn in Betracht.

B. Usanzen im Exporte nach Brasilien.

Beim Exporte nach Brasilien sind zwei Hauptformen zu unterscheiden:

1. Diejenigen Firmen Brasiliens, deren eigentlicher Zweck der Import ist, haben entweder ihre eigenen Filialen auf einem europäischen Platze, wie in Paris, London, Hamburg, Berlin oder Leipzig, oder sie haben ihre Korrespondenten.

In beiden Fällen kommt der europäische Fabrikant nicht mit dem brasilianischen Kaufmann in Verbindung.

Die Filialen oder Korrespondenten besorgen die Einkäufe; lediglich mit diesen hat der Fabrikant zu unterhandeln; in zahlreichen Fällen erfährt er überhaupt nicht, wohin seine Ware bestimmt ist; er erhält eben lediglich den Auftrag, dieselbe nach diesem oder jenem Hafen zu spedieren.

Für den Verkäufer ist sohin das Geschäft das glatteste und einfachste; derselbe hat mit der Verschiffung und Versicherung nichts zu thun; die Verkäufe werden mit wenigen Ausnahmen gegen bar oder auf kurze Termine mit Häusern geschlossen, über die man sich mühelos informieren kann.

2. Die andere Form des Imports besteht darin, dass der in Brasilien wohnhafte Importeur direkt vom Fabrikanten kauft.

In diesem Falle erzielt wohl der Fabrikant bessere Preise, er trägt aber auch ein wesentlich grösseres Risiko.

Vorsicht ist hier umsomehr am Platze, als es sich nicht nur darum handelt, zu wissen, ob der Käufer zu zahlen in der Lage ist, man muss auch versichert sein, dass man es mit keinem Chikaneur zu thun habe.

Denn wird die Ware zur Verfügung gestellt, weil sie nicht nach Muster oder Übereinkunft geliefert, oder nicht richtig verpackt, oder nicht zur Zeit verschifft ist, so verliert der Exporteur oft den grössten Teil des Wertes der Waren. Es ist daher unbedingt nötig, beim Abschlusse eines Geschäfts alle Daten über Preise, Qualität der Ware, Zahlungsbedingnisse, Kondition, Verpackung und Versicherung genau festzustellen.

Da der Käufer in vielen Fällen bezüglich Spedition und Seeversicherung selbst vollkommen bewandert ist, muss auch der Exporteur alle vorteilhaften Routen sich zu eigen machen, wie solche von Hamburg, Antwerpen, Havre, Marseille und Genua aus bestehen.

Es ist empfehlenswert, nur mit solchen Dampfern zu verladen, die Santos anlaufen, da die Umladung in einem anderen Hafen Verzögerung und damit Kapitalzinsenverlust im Gefolge hat.

Die Versicherung wird für Manufakturwaren, überhaupt für feinere Artikel immer gegen Totalverlust und teilweise Havarie gemacht.

Die Verpackung muss eine solide sein, ohne jedoch dadurch die Kolli zu sehr zu erschweren.

Für feinere Ware werden die Holzkisten mit Blech ausgeschlagen, und nachdem dieselben vollgepackt sind, wird das Blech hermetisch zugelötet.

Die Faktur muss ausser den Konditionen, Preisen etc. das genaue Brutto- und Nettogewicht jeder Kiste enthalten.

Bei Stoffen muss angegeben werden, ob dieselben aus Baumwolle, Wolle, Seide, Wolle und Seide etc. angefertigt sind; diese Angaben sind für die Verzollung von höchster Wichtigkeit.

Der Inhalt jeder einzelnen Kiste muss natürlich ebenfalls auf der Faktur notiert sein.

Ausser der gewöhnlichen Marke (gewöhnliche Initialen des Käufers) muss auf jedem Kollo der Name des Bestimmungshafens, für den Staat S. Paulo der Name „Santos" ausgeschrieben stehen.

Bei Offerten sind die Preise franko an Bord („fob") zu stellen, damit der Käufer, welcher die Preise bis zum Seehafen nicht kennt, seine Kalkulationen machen kann.

Die Zahlungsbedingungen werden verschiedenartigst gestellt; viele europäische Häuser verkaufen auf 6 Monate Ziel; sie verschiffen die Ware und senden alle Dokumente an den Käufer, welcher ihnen innerhalb 6 Monaten Deckung auf London oder Paris zu remittieren hat; andere ziehen auf den Käufer 3 oder 6 Monate; andere übergeben die Verschiffungsdokumente mit einer Tratte einer Bank, welche die ersteren nur gegen Accepte der letzteren aushändigt (Deckung mit Dokumententratte); endlich verlangen manche aber auch Deckung, bevor die Ware verschifft wird, und so giebt es eine Anzahl von Kombinationen.

C. Usanzen im Exporte nach China.

Fast der gesamte Export nach den chinesischen Seestädten erfolgt auf feste Bestellung seitens chinesischer Händler und es muss deshalb jedem Abschlusse eine genaue Instruktion seitens des Fabrikanten vorangehen.

Bei Ausführung der Lieferungen ist auf peinlichste Mustertreue, sowie auch auf sorgfältige Verpackung und Ausstattung Bedacht zu nehmen.

Mehr als bei anderen Ländern muss der Exporteur bei Versendungen nach China auf dortige Usanz achten, da die geringste Abweichung von der auf chinesischen Plätzen gangbaren Marke bei dem konservativen Charakter der Bevölkerung Misstrauen erweckt.

Ebenso werden etwaige Einführungen neuer Artikel zweckmässiger durch Tientsiner Importfirmen als durch deutsche Exporthäuser erfolgen.

Nachdrücklichst sei aber hervorgehoben, dass Waren, welche europäischen Häusern, die in China Niederlassungen unterhalten, zum kommissionellen Verkaufe gesendet werden, fast nie mit Nutzen verkauft werden können.

Die chinesischen Händler bewirken nämlich durch festes Zusammenhalten, dass für solche Waren nur niedrige Angebote gemacht werden und benützen die Zwangslage des Konsignanten.

Bei dem grossen Abstande der chinesischen von der europäischen Kultur und Lebensweise kommen verhältnismässig nur wenige Artikel beim regelmässigen Export in Betracht; es sind dies in erster Linie Erzeugnisse der Textilindustrie, dann in grösseren Mengen Nadeln, Messingknöpfe, Regenschirme, Spieldosen, Uhren und Petroleumlampen.

Der Exporteur bezw. der exportierende Industrielle wird zu berücksichtigen haben, dass, wenn auch nach der Eigenartigkeit der Lage des Marktes die Profite sehr klein ausfallen, doch das Reich infolge der unberechenbar grossen Zahl der Konsumenten, wenn alle Verhältnisse sorgfältig beachtet werden, ein dankbares Importgebiet bildet.

Wir gehen nun zur Besprechung des Geldwesens über, dessen genaue Kenntnis für den Exporteur von grösster Wichtigkeit ist.*)

Die Rechnungseinheit ist der Tael (zu deutsch Unze) = 10 Tien (oder Mäce) à 10 Jen (oder Kandarines) à 10 Li (oder Käsch).

Massgebend für Zahlungen und Verrechnungen ist der Kanton- (Hai-Kwan) Tael = 37,783 g Silber.

1 Kanton-Tael = 1,114 Shangai-Taels,
1 „ = 1,05 Tientsin-Taels,
1 „ = 1,0875 Haikwan-Taels.

In der Zeit der Thee-, Seiden- und der Rohbaumwolle-Exporte zirkulieren zumeist mexikanische Dollars, sogenannte „gechopeds“ mit Aufgeld. Ausserdem begegnet man im dortigen Verkehre dem Straits-Dollar und dem alten spanischen Dollar.

Seit 1895 besteht in Hongkong ein Münzamt, welches den gleichfalls in China zirkulierenden Honkong-Dollar prägt.

Gold kommt in kleinen Lingots von 10, 50 und 70 Taels Gewicht auf den Markt. Chinesische Edelmetallhändler kaufen diese Lingots gegen Silbermünzen ein und exportieren dieselben nach Europa.

Im übrigen befinden sich feingeschmolzene Silberklumpen in der Form von Schuhen in Umlauf. Ferner zirkulieren kleine runde Kupfermünzen mit einem quadratförmigen Loche in der Mitte, zum Aufziehen auf Schnüren.**)

Die chinesischen Firmen zahlen bezogene Importware meist mittels auf 6 Tage Sicht ausgestellten Banküberweisungen, „Native-Ordres“ genannt.

Die in den Vertragshäfen etablierten fremden Banken geben an Geldesstatt entweder Anweisungen auf chinesische Kassierer, „Compradore- Ordres“ oder sie zahlen in Papiergeld, das aber nur am Platze selbst Gültigkeit hat.

Der Tael hängt in seiner Kaufkraft von den täglich morgens aus London einlaufenden Notizen für Barrensilber ab.

Eine grosse Rolle im Verkehre spielen die telegraphischen Transfers.

Für Verschiffungsordres von Seide, Thee und Baumwolle werden Zahlungen per Kabeltransfers geleistet und umgekehrt erfolgen Einschiffungen nach London in ganz bedeutenden Summen.

Bei Wechselzahlungen werden wie in England 3 Respekttage eingehalten. Vor dem dritten Tag nach dem Verfallstage erfolgt die Präsentation nicht, dagegen muss im Nichtzahlungsfalle noch an diesem Tage der Wechsel zu Protest gegeben werden.

Wechselstempel existiert in den chinesischen Vertragshäfen nicht.

Die Zinsenberechnung erfolgt nach englischer Berechnungsart, d. h. das Jahr zu 365 Tagen, der Monat zu Kalendertagen.

---

*) Eine Reform des chinesischen Geldwesens dürfte in allernächster Zeit eintreten.

**) Li (auch Käsch genannt) siehe oben.

Die täglich von seiten der Brokers (Makler) ausgegebenen Kursnotizen umfassen die Plätze bezw. Länder: London, Deutschland, Frankreich, die Vereinigten Staaten von Amerika, Indien, Hongkong und Japan.

So lauten z. B. die Notizen auf Deutschland:

Banken nach Sicht $\pm$ 3,12 M. per Shangai-Tael,
Privatpapier 6 Monate Sicht $\pm$ 3,16 M. per Shangai-Tael.

Der Regulierungsdiskont ist in Mäce und Kandarin per diem ausgedrückt.

Ist derselbe z. B. 1 Mäce und 5 Kandarin notiert, so bedeutet dies:

0,15 Taels per 1000 Tael und Tag, sohin ca. $5\frac{1}{2}$ %.

$$\frac{0{,}15 \times 365}{54{,}75}$$ Taels per 1000 Taels, sohin $5\frac{1}{2}$ Taels per 100 Taels.

Import aus China.

Jeden Morgen finden sich in den europäischen Kontors Makler ein, um event. Kauforders entgegenzunehmen.

Schriftliche Abmachungen finden dabei fast niemals statt.

Die meisten europäischen Firmen bedienen sich bei ihren Einkäufen von Thee, Seide etc. spezieller Sachverständiger.

Die Geschäfte werden fast ausschliesslich per Kasse abgeschlossen. In Shangai ist es Usus, chinesische Exportartikel einen Tag nach Abgang des Dampfers zu begleichen.

D. Usanzen im Export nach Japan.

Die Warenbestellungen für Japan erfolgen zumeist in folgender Weise: Jedes dortige europäische Importhaus besitzt ein oder mehrere Musterzimmer, in welchen für das kaufende Japan alle jene Handelsartikel in Mustern ausgestellt sind, die auf dem Importmarkt Geltung erlangt haben.

In einem solchen Handelshause fällt dem japanischen „Banto" eine wichtige Rolle zu; er ist die treibende Kraft für das japanische Geschäft; er ermittelt unter Oberaufsicht des europäischen Firmarepräsentanten den Verkauf und Einkauf der Ware und geniesst, da er sowohl Gebräuche, Charakter und Behandlungsweise seiner Landsleute kennt, grosses Vertrauen.

Erfolgt nun von Seite eines japanischen Käufers bei dem europäischen Kaufmanne in Japan, entweder nach vorliegenden Mustern oder auf Grund schon erhaltener Waren die Bestellung einer Lieferung aus Europa, so geschieht dies in zweierlei Form; entweder mittels definitiven oder mittels bedingten Kontraktes.

In einem definitiven Kontrakt wird ausgesprochen, dass eine bestimmte Ware zu einem festgesetzten Preise an einem gewissen Zeitpunkt sowohl zu liefern, als von dem japanischen Käufer abzunehmen ist; in dem bedingten

Kontrakte heisst es, dass die Ware abzunehmen sei, wenn sie innerhalb einer festgesetzten Frist und genau nach Vorschrift und Muster zu einem von dem Japaner begrenzten Preise geliefert werden kann.

Ein „bargain money“ (Angeld) wird in den seltensten Fällen erlegt.

Hat nach rechtzeitig erfolgtem Anlangen der Ware der japanische Händler Geld zur Verfügung und findet er die Ausführung der Order in Ordnung, so bezahlt er den Kaufpreis entweder bar oder mit einem Accept einer dortigen europäischen Bank; er erhält gegen seine Zahlung eine Auslieferungsanweisung auf die Ware.

Im Exportgeschäfte Japans nach Europa fungieren als Hauptartikel: Seide, Thee, Reis, Kupfer u. s. w. Der Exportverkehr liegt in der Hand von Zwischenhändlern, welche die Erzeugnisse von Produzenten im Innern einkaufen, selbige der Qualität nach sortieren, nach den Hafenplätzen transportieren und dort entweder direkt oder mit Zuhilfenahme des Banto dem Exporteur zum Kaufe anbieten.

Der Kommissions-Export nach Japan wickelt sich wie folgt ab:

Ist die in Japan etablierte Importfirma, wie dies bei vielen deutschen und englischen Häusern der Fall ist, gleichzeitig in Japan und in Europa etabliert, so stellen sich die Chancen günstiger, weil die Wechselwirkung in der Import- und Exportthätigkeit eine wesentliche Verringerung der Spesen mit sich bringt.

Hat ein in Japan etabliertes europäisches Importhaus in Europa keine selbständige Vertretung, so erteilt es seine Orders an eine ihr verantwortliche kaufmännische Vermittlungsperson oder direkt an den Fabrikanten.

In beiden Fällen, sei es nun, dass Ware von den Agenten des Importeurs eingekauft wird, oder dass die Ware direkt vom Fabrikanten bezogen wird, tritt die Frage in den Vordergrund: Wie wird die Finanzierung des Geschäftes in genügender Weise sichergestellt und was für eine Rolle spielt der Bankkredit dabei?

In erster Linie wird der „bestätigte Bankkredit“ benützt (Tratte mit Verschiffungsdokumenten).

Dieser Kredit ist der verhältnismässig billigste; der Gewinn der Bank liegt schon im Kurse und in den Zinsen, welche dieselbe dem kreditnehmenden Hause berechnet (zumeist 6 % per Jahr vom Tage der Bezahlung der Tratte an bis zu dem Tage, an welchem der Gegenwert sich in den Händen der Bank befindet.

Die Banken, welche den Geldverkehr mit Ostasien vermitteln, sind gewöhnlich dort und in Europa etabliert.

Die Verschiffungsdokumente über nach Japan exportierte Warensendungen werden daher am besten direkt an die europäische Bank, welche den Kredit bestätigt hat, eingesendet und diese sendet sodann einen Check in der Höhe der Faktur zurück.

Bei Konsignationsimporten verbleibt der Entsender, oft der Fabrikant selbst, bis zu dem durch den Importeur in Japan vollzogenen Verkauf, Eigentümer der Ware und der Verkauf geschieht auf seine Rechnung.

Alle auf der Ware lastenden Spesen fallen dem Entsender zu und werden, soweit sie dem Importeur erwachsen sind, nach erfolgtem Verkaufe der Ware in der Verkaufsrechnung als Abzüge vom Erlöse behandelt.

Es sind dies namentlich: Boots- und Kulimiete, Verzollung, Lagermiete und Feuerversicherung, deren Sätze von der Handelskammer in Yokohama bestimmt sind.

Bei Konsignationsimporten kommt es häufig vor, dass der Kommissionär oder Agent in Japan dem Entsender der Ware durch Bankvermittelung einen Vorschuss giebt, welcher sich in seiner Höhe ganz nach der Gangbarkeit des Artikels richtet.

Für den Import japanischer Gegenstände — „Japanwaren" — ist in erster Linie der Frachtsatz, den die betreffende Schifffahrtsgesellschaft normiert, massgebend. Ziffernmässig sind allerdings die Sätze aus Konkurrenzrücksichten ziemlich gleichartig; in der Praxis stellen sich dieselben jedoch sehr verschiedenartig, namentlich wenn dieselbe Schiffsgelegenheit, welche Japanwaren nach Europa brachte, zum Exporte von europ. Artikeln benutzt wird.

Die Kommissions- und Maklergebühren betragen nach den Bestimmungen der Handelskammer in Yokohama dort, wo es nicht anders bedungen ist:

für Einkauf von Thee und Seide 3 %;
" " " japanesischen Kuriositäten 10 %;
" Verkauf von Droguen 5 %;
" Inspektion von Thee oder Seide 1 %;
" Verpackung und Markierung von Thee per Kiste 60 cents.

Die Frachtsätze der Peninsular and Oriental Steam Navigation Company betragen derzeit für Rohseide nach London oder Marseille 7,80 Dollars per Ctr., für Thee 50—55 sh. per Raumtonne, für Kaufmannsgüter nach London ebenfalls 50—55 sh. per Raumtonne.

Die Sätze der Pacific Mail Steamship Company sind zumeist etwas höher.

Die Deckung für aus Japan bezogene Artikel erfolgt zumeist durch „dokumentierte Kreditbriefe."

Der Vorgang hierbei ist folgender:

Der Importeur in Europa lässt sich durch eine hervorragende Bank bei der er akkrediert ist, einen Kreditbrief, zahlbar in der betreffenden Stadt in Japan, wo sein Einkäufer domiziliert, ausstellen. In diesem Kreditbriefe heisst es ausdrücklich, dass dem Inhaber nur unter der Bedingung jene Summe, auf welche der Kreditbrief lautet oder eine Teilsumme ausbezahlt wird, wenn er in der Höhe derselben Konnossamente und Faktur der dortigen Bank zu übergeben in der Lage ist. So erhält der japanische Einkäufer, sowie er die Ware auf das Schiff verladen lässt, auf Grund des Kreditbriefes und der Dokumente die Zahlung.

E. Usanzen im Export nach Indien.

In der Regel werden Offerte auf europäische Artikel „cif Bombay" gemacht.

Man bedient sich hierbei englischer Masse und Gewichte und rechnet die Verpackungskosten hinzu.

Die Preise sind in englischer Währung anzugeben, da es Usance ist, dass die indischen Importeure das Risiko des Wechselkurses tragen.

Die Verhältnisse werden sich ändern, wenn Indien zum Sovereign als Geldeinheit übergeht, was wohl in kürzester Zeit der Fall sein wird.

Was die Zahlungen anbelangt, so ziehen die Verkäufer auf die Käufer auf 30 Tage Sicht, wobei an die Tratte nachstehende Dokumente angeheftet werden:

1. eine Abschrift der Faktur,
2. der Ladeschein, und
4. die Assekuranz-Police.

Der hierbei am häufigsten geübte Vorgang ist folgender. Wenn der Bankier in Bombay von seinem europäischen Korrespondenten die Dokumententratte des Verkäufers empfängt, so sendet er dieselbe unmittelbar an den Käufer, der sie innerhalb 24 Stunden acceptieren und retournieren muss.

Die übrigen Dokumente behält der Bankier noch bei sich.

Bei Ankunft des Dampfers verständigt die Bank den Käufer davon, welcher die Tratte entweder sofort oder bei Verfall bezahlt; hin und wieder erhält er eine Frist von 14 Tagen. Im allgemeinen zahlen die Käufer bei Ankunft des Schiffes, um die hohen Kosten zu vermeiden.

Dieser Umstand macht es den Verkäufern möglich, im Besitze der Ware zu bleiben, bis die Tratte bezahlt ist.

Manchmal zahlt der Käufer, bevor er die Ware gesehen; dann muss er eine Garantie dafür bekommen, dass die Ware nach Muster ist und alle seine Vorschriften eingehalten wurden.

Diese Garantie besitzt er dadurch, dass der Fabrikant bereit ist, ihn eventuell bis zur Höhe des im „Survey Report" bestimmten Betrages zu entschädigen.

Die Prüfung der Ware erfolgt binnen acht Tagen nach deren Empfang und wird von zwei europäischen Kaufleuten vorgenommen, von denen der eine vom Käufer und der andere vom Verkäufer oder von deren Agenten ernannt wird.

F. Usanzen im Exporte nach Mexiko.

Der Handel von Mexiko ist nahezu ausschliesslich in der Gewalt der grossen Kommissionshäuser von Hamburg, Paris, Liverpool und London.

Man unterscheidet drei grosse Kategorien von Handelshäusern:

1. Die „Ropa"-Häuser, deren Spezialität der Handel mit Textilwaren aller Art ist.

2. Die „Ferreteria"-Häuser, welche alle Gattungen Metallwaren, hier und da auch Glaswaren und Waffen verkaufen.

3. Die „Abarrotes"-Häuser, welche sich mit dem Verkaufe von Weinen, Liqueuren, Konserven und Esswaren beschäftigen.

Zu dieser Gruppe kann man noch die Drogenfirmen zählen.

Die hervorragenderen Importhäuser Mexikos haben an europäischen Hauptplätzen Kommissionäre oder Gesellschafter, welche Einkäufe besorgen.

Mit dem Geschmacke der mexikanischen Bevölkerung vollständig vertraut, treffen sie die geeignete Auswahl, regeln die Fakturen der Fabrikanten, expedieren die Ware und tragen dabei für die zahlreichen komplizierten Formalitäten, insbesondere des Zolldeklarationswesens, Sorge, welche sonst eine endlose Quelle von Verlegenheiten für jene Häuser bilden, welche mit Mexiko direkten Verkehr unterhalten, ohne genügend in betreff der Usanzen bewandert zu sein.

Wohl wird man annehmen, dass sich hierdurch infolge der Provision, welche der Kommissionär beansprucht, der Preis der Waren erhöht.

Dies ist aber nicht der Fall, da die Einkäufer zumeist in grossen Posten Abschlüsse machen und infolgedessen seitens der Fabrikanten Bonifikationen erhalten.

Aber noch ein zweiter Umstand spricht ganz ausserordentlich zu gunsten des Importes durch Kommissionäre.

Der eng begrenzte Konsum an europäischen Waren gestattet den mexikanischen Händlern nicht, sich auf den Verkauf einzelner Artikel zu beschränken. Sie unterhalten daher zumeist Bazare, in welchen zahlreiche Sorten auf Lager gehalten werden.

Bei der grossen Verschiedenartigkeit der Artikel wäre es, ohne verwickelte Korrespondenzen zu unterhalten, kaum möglich, dem Bedürfnisse in geeigneter Weise Rechnung zu tragen.

Der Kommissionär trägt die Verantwortung beim Versandt, er prüft die Ware mit Sachkenntnis, sorgt für geeignete Verpackung, setzt die Konsular-Fakturen auf, trägt für Assekuranz und Einschiffung Sorge, leistet an den Fabrikanten vermöge seiner lokalen Bankverbindungen Vorschüsse und gewährt zumeist den dort länger arbeitenden Firmen 6—9monatlichen Kredit.

G. Usanzen im Exporte nach Persien.

Der grösste Übelstand im Exporte nach Persien ist der Mangel eines kodifizierten Insolvenzgesetzes.

Bei einem leichtsinnig verschuldeten Fallimente berichtet der europäische Kaufmann an den Gouverneur der Provinz und giebt seine Ansprüche bekannt.

Der Gouverneur verständigt davon die Medschliss (Handelskammer) oder die Genossenschaft der ältesten Kaufleute unter dem Vorsitze des Malek ut-tudschan (König der Kaufleute), welchen Titel der Vorsitzende der Handelskammer führt.

Diese entscheiden nicht selten zu Gunsten des Schuldners; der europäische Kaufmann protestiert und wendet sich zu diesem Behufe an den Gouverneur, der die Untersuchung der Angelegenheit zusagt. Wendet sich nun aber der Schuldner in seiner Bedrängnis an den Priester, so nimmt sich das „bast“, die Religionsgenossenschaft seiner an und die Hereinbringung der Forderung ist unmöglich geworden.

Deshalb empfiehlt es sich, nach Persien lediglich mit angesehenen dortigen Firmen zu arbeiten, einen ständigen Vertreter zu benutzen und vor Warenauslockern auf der Hut zu sein.

H. Usanzen im Exporte nach Straits-Settlements
(Malakka, Penang, Singapore, Provinz Wellesley).

Die in Penang und Singapore etablierten europäischen Häuser beschäftigen sich lediglich mit dem Grossohandel, während das Detailgeschäft nahezu ausschliesslich in den Händen der Chinesen ruht.

Die Importe werden auf zweierlei Arten bewerkstelligt und zwar 1. für eigene Rechnung (own account), 2. in Consignation (consignment) beziehungsweise zum kommissionellen Verkaufe.

Vorschüsse werden seitens des Konsignatars in den seltensten Fällen gegeben.

Die von Penang ausgehenden Aufträge sind entweder

1. Einkäufe für eigene Rechnung (Spekulation) der betreffenden Firma,

2. behufs Erwerbung eines Kommissionslagers oder

3. sogenannte Indents d. i. Bestellung von Waren in Europa auf Grund bereits in Dollarpreisen entgegengenommener Bestellungen der Einheimischen.

Der Zahlungsmodus beziehungsweise das Kreditsystem in Penang wie in den Straits-Settlements im allgemeinen ist ein zweifaches und zwar:

1. Der grösste Teil der Waren wird gegen Barzahlung (cash) abzüglich 4 % Diskont verkauft; dieser Modus bezieht sich durchwegs auf Manchester- und Bradfordwaren (sogenannte staple-goods).

Die Ware wird in der Regel immer in 4—8 Wochen eingeliefert und es wird 6—10 Wochen nach Ablieferung die betreffende Rechnung bezahlt.

2. Andere Warengattungen werden an Händler gegen 3 Monate laufende Promissory-Notes verkauft.

Die Platzwährung in Malakka, Penang und Singapore ist der mexikanische Dollar à 100 Cents. Kurs auf London derzeit ± 3 sh 4 d per Dollar.

J. Usanzen im Exporte nach der asiat. Türkei.

Vor allem sei betont, dass es im Osmanischen Reiche nötig ist, genauestens die Lieferungstermine einzuhalten.

Auch die Packung muss tadellos sein, da die Schiffsauslader häufig wenig sorgfältig sind und die Gesellschaften in den Konnossamenten zumeist festsetzen, dass sie für Bruch gebrechlicher Gegenstände nicht haften.

Die Verpackung darf nicht angerechnet werden, weil der Händler gewohnt ist, franko Emballage zu kaufen und auch wenn dies nicht bedungen ist, auf diesem Modus besteht.

Die Verkaufsbedingungen müssen genau spezifiziert werden. Soweit nur möglich, verkaufe man nach der asiatischen Türkei unter der Bedingung: „cif".

Dadurch geht die Ware auf Gefahr des Käufers, der im Augenblicke des Abschliessens Eigentümer derselben wird.

Der Exporteur ist jeder Verbindlichkeit enthoben, wenn er die Ware in geeigneter Qualität in den Verschiffungshafen gebracht und die Fracht und Assekuranzkosten entrichtet hat. Den Gegenbeweis hätte der Importeur zu liefern.

Dies ist nicht zu verwechseln mit „fob"; bei franko-Bordverkäufen zahlt der Verkäufer gleichfalls die Assekuranzkosten, nimmt aber überdies die Gefahr der Reise auf sich.

Der Käufer beansprucht in der Regel sehr langes Ziel.

Im Osmanischen Reiche belehnen die grossen Banken die besten Papiere nicht unter 7 %; der Zinsfuss bei Wechseln ist selten unter 12 %.

Es muss demjenigen, der mit Erfolg nach der Levante exportieren will, besonders nahegelegt werden, dass ein regelmässiger, vor Verlust gesicherter rentabler Absatz nur durch Überlassung der Vertretung an vertrauenswürdige Kommissionäre oder Agenten möglich ist.

Die Warenauslockung und berufsmässige Anstanderhebung ist in der Levante nur zu häufig anzutreffen. Der Käufer nimmt oft gar keinen Anstand, ganz ohne jede Veranlassung die Ware zu refusieren, um eine wesentliche Preisreduktion zu erzielen; er weiss, dass der Verkäufer, wenn er das Ansinnen zurückweist, bemüssigt ist, Spesen für die Beförderung, Zurücksendung, Ausladung, Lagerung oder Zoll zu tragen und so kommt es, dass der direkt Exportierende oft grossen Schaden erleidet.

Druckfehler-Berichtigung.

Seite 61, Zeile 31 (von oben): Die in effektivem Gold.
„ 81, „ 10 „ im Verzuge.
„ 104, „ 28 „ e) Die Order (den Remittenten).
„ 106, „ 36 „ bei Vorzeigung.
„ 121, „ 29 „ Seite 57.
„ 121, letzte Zeile: Seite 58.
„ 124, Zeile 11 (von oben): Mit Buchstaben:
„ 135, „ 8 „ Hamburg-Orienthäfen durch die deutsche Levante-Linie.
„ 136, „ 30 „ auf welchen im Frachtbrief Bezug genommen sein muss.
„ 176, „ 9 „ (Die Kündigung ist bereits erfolgt; — Zwischenstadium).

Spamersche Buchdruckerei in Leipzig.

Kolibri 360 GmbH
Ferdinand-Jühlke-Straße 7
99095 Erfurt, Deutschland
produktsicherheit@kolibri360.de